# 회남자

고대 집단지성의 향연

시대의 절대사상

# 회남자

고대 집단지성의 향연

| 김성환 | 유안 |

살림

# *e*시대의 절대사상을 펴내며

고전을 읽고, 고전을 이해한다는 것은 비로소 교양인이 되었다는 뜻일 것입니다. 또한 수십 세기를 거쳐 형성되어 온 인류의 지적유산을 제대로 이해하고, 그 바탕 위에서 새로운 자기만의 일을 개척할 때, 그 사람은 그 방면의 전문가가 될 수 있을 것입니다. 프랑스의 대입제도 바칼로레아에서 고전을 중요하게 취급하는 까닭도 그와 같은 이유 때문이겠지요.

그러나 예전에도, 현재에도 고전은 유령처럼 우리 주위를 떠돌기만 했습니다. 막상 고전이라는 텍스트를 펼치면 방대한 분량과 난해한 용어들로 인해 그 내용을 향유하지 못하고 항상 마음의 부담만 갖게 됩니다. 게다가 지금 우리는 고전을 읽기에 더 악화된 시대를 살고 있습니다. 변하지 않고 있는 교육제도와 새 미디어의 홍수가 우리를 그렇게 만들고 있는 것입니다.

고전을 읽어야 하지만, 읽기 힘든 것이 현실이라면, 고전에 친근하게 다가갈 수 있는 새로운 방법을 응당 고민해야 하지 않을까요? 살림출판사의 *e*시대의 절대사상은 이러한 문제의식을 가지고 기획되었습니다. 고전에 대한 지나친 경외심을 버리고, '아무도 읽지 않는 게 고전'이라는 자조를 함께 버리면서 지금 이 시대에 맞는 현대적 감각의 고전을 만들고자 했습니다.

고전의 내용이 지나치게 주관적으로 해석되어 전달되는 위험을 피할 수 있도록 그 분야에 대해 가장 정통하면서도 오랜 연구 업적을 쌓은 학자들이 자신의 경험을 응축시켜 새로운 고전에의 길을 열고자 했습니다. 마치 한 편의 잘 짜여진 다큐멘터리 프로그램을 보듯 고전이 탄생할 수 있었던 시대적 배경과 작가의 주변 환경, 그리고 고전에 담긴 지혜를 재미있게 습득할 수 있도록 내용을 구성했고 난해한 전문용어나 개념어들은 최대한 알기 쉽게 설명했습니다.

　　이전에 경험하지 못했던 새로운 감각의 고전 e시대의 절대사상은 지적욕구로 가득 찬 대학생·대학원생들과 교사들, 학창시절 깊이 있고 폭넓은 교양을 착실하게 쌓고자 하는 청소년들, 그리고 이 시대의 리더를 꿈꾸는 모든 사람들에게 생생하게 살아 숨쉬는 인류 최고의 지혜를 전달할 것이라고 확신합니다.

기획위원

서강대학교  철학과교수  강영안

이화여자대학교  중문과교수  정재서

# 들어가는 글

고전을 읽는 방법은 크게 두 가지이다.

첫째, 고전은 그것이 저술된 시대를 들여다보는 창이 될 수 있다. 정치사·경제사·철학사·문학사 등, 모든 종류의 역사적 고찰에서 이런 방식으로 고전을 읽는다. 둘째, 고전은 현재 우리의 삶을 반추하는 거울이 될 수도 있다. 물론 이런 고전읽기의 결과는 거울을 들고 있는 사람이 서 있는 지점과 각도에 따라 달라지게 마련이다. 이것은 해석학적 고찰이다.

이 책에서 『회남자』를 읽는 방식은 역사적이라기보다 해석학적이다. 지금 여기의 눈으로 『회남자』를 읽고, 이를 통해 현재의 문제를 해결하는 데 도움이 될 만한 지혜를 얻는 데 주력할 것이다. 사실 나는 『회남자』가 고대보다는 현재 혹은 미래에 더 어울리는 책이라고 생각한다.

　지금 동아시아는 민족주의의 발흥으로 긴장이 고조되고 있다. 이제까지 한·중·일 3국간의 마찰은 주로 일본을 진원지로 했다. 역사교과서 왜곡, 침략전쟁에 대한 사죄문제, 독도나 조어도釣魚島를 둘러싼 영토분쟁 등이 해묵은 쟁점이었다. 그런데 중국의 동북공정 등이 새로운 이슈로 떠오르면서 세 나라의 갈등이 한층 복잡한 양상으로 전개되고 있다.

　동아시아의 민족주의는 그 뿌리가 깊다. 일종의 문화대국주의인 '중화주의'와 이를 근거로 하는 패권주의는 중국의 수천 년 역사만큼이나 오래되었다. 일본은 천 수백 년에 걸친 천황제의 역사에서 배태된 '신국神國의식'을 가지고 있다. 한국에도 단군의 자손이라는 단일민족 의식에 더해, 외세에 맞서면서 형성된 강렬한 저항적 민족주의 기질이 있다. 그런데 여기에 한·중·일 삼국의 복잡한 국내외 정세가 얽혀 동아시아의 민족주의 부활을 부채질한다.

　19세기 중엽부터 동아시아는 서구열강의 침탈에 속수무책으로 무너졌다. 하지만 20세기 후반 이후 급속한 경제성장에서 자신감을 얻자 동아시아 각국에서 민족의 자부심을 회복하려는 욕구가 강하게 분출하고 있다. 게다가 냉전체제 종식 후 정체성의 혼란에 직면한 세 나라 지도자들은 시들어가는 인기를 만회하기 위해 언제라도 이런 민족감정을 이용할 준비가 되어 있다. 중국의 공산당, 일본의 자민당, 한국의 우파와 좌파 모두 여기서 예외가 아니다. 19세기에서 20세기 초의 유럽처럼, 동아시아 각국에 아직 통일 민족국가를 이루려는 사회적 욕구가 강하게 남아 있기 때문에 민족주의가 유행한다는 분석도 있다. 아마도 동아시아의 민족주의 부활 이면에는 이런 여러 요인들이 복합적으로 작용하는 것 같다.

그나마 위안을 삼을 수 있는 것은 모든 민족주의가 반드시 나쁘지만은 않다는 점이다. 어느 민족이든 자기 문화와 전통에 자긍심을 가지는 것을 나무랄 수는 없다. 또한 인접 국가와 민족들이 서로 경쟁하며 발전을 도모하는 것도 나쁘게 볼 일만은 아니다. 유구한 역사와 문화를 지닌 동아시아 여러 민족들이 서구에 대한 열등감을 벗고 자부심을 회복한다면, 이는 오히려 환영할 만하다.

그런데 이런 민족의 재발견은 반드시 다른 민족에 대한 이해와 배려를 전제로 해야 그 순기능을 발휘한다. 자민족의 위대함과 우월성을 일방적으로 강조하고 다른 민족과 그 문화를 업신여긴다면, 이는 아주 유치하고도 위험한 민족주의가 된다. 20세기 전반의 유럽에서 볼 수 있듯이, 이런 민족주의가 패권주의와 결합하면 '제국주의'처럼 인류의 삶을 통째로 위협하는 괴물의 출현으로 이어질 수 있다.

한 나라의 유치한 민족주의는 다른 나라의 유치한 민족주의를 고취한다. 이것은 마치 도미노처럼 연쇄적이다. 한국에 대한 중국의 멸시는 중국에 대한 한국의 분노를 일으킨다. 그것은 중국에 대한 한국의 멸시를 낳고, 여기서 다시 한국에 대한 중국의 분노가 폭발한다. 위험한 민족주의는 이렇게 꼬리에 꼬리를 물고 악순환한다. 이는 초등학생이라도 이해할 수 있는 일이다. 그럼에도 불구하고 사람들이 좋은 민족주의와 나쁜 민족주의를 현실에서 잘 구분하지 못하는 것은, '내가 하면 로맨스고 남이 하면 불륜'이라는 이중의 잣대로 민족을 생각하기 때문이다.

예를 들어 중국의 동북공정이 그렇다. 중국은 일본이 한때 북중국을 점령하고 만주국을 세웠던 사실에 알레르기 반응을 보인다. 그러면서도 한나라가 고조선을 정벌해 군현을 설치했던 사건을 과대평가해 고구려사가 한국사와 무관한 중국 변방사의 일부라고 억지를 부린다. 만약 일본이 만주국 역사가 중국사와 무관한 일본사의 일부라고 한다면 중국의 표정은 어떻게 변할까? 이 얼마나 유치한 이중의 잣대인가!

중국이 이렇게 민족감정을 자극하니, 한국의 민족주의 역시 부글부글 끓는다. 그리고 한국도 고대사 연구에 박차를 가해 중국의 동북공정에 대응한다. 하지만 이것은 단순한 역사의 문제가 아니다. 하나의 유치한 민족주의가 다른 민족주의를 연쇄적으로 고취하는 '나쁜 민족주의'의 악순환이 문제의 본질이다.

동북아시아의 고대사는 어차피 한국사와 중국사가 중첩되는 '혼성의 역사'이다. 거기서 중국이냐 한국이냐를 놓고 겨루는 것만으로 중국의 민족주의를 근원적으로 비판하는 힘(이성적이고 합리적인 판단)을 얻기는 어렵다. 다시 말해, 상대의 나쁜 민족주의에 나름의 민족주의로 대응하는 과정에서 자신의 민족주의도 나쁜 민족주의가 되어, 종국에는 '나쁜 민족주의' 자체를 비판할 근거를 상실하게 되는 것이다. 이렇게 되면 고구려 역사 해석 문제는 결국 민족주의 관점의 차이로 치환되고, 국제적으로 '고구려'는 그 역사의 귀속이 분쟁 중인 지역으로 남게 된다. 이것은 일본이 독도를 국제 영토분쟁 지역으로 만들려는 전략과도 비슷하다.

그러므로 차원을 달리해 문제를 성찰할 필요가 있다. 한 나라의 유치한 민족주의에 똑같은 민족주의로 대응하는 것은 수준 낮은 처방이다. 그것은 나쁜 민족주의의 악순환을 불러올 뿐만 아니라, 상대의 유치한 민족주의를 더 키워주는 결과를 초래한다. 그렇다고 무대응으로 일관할 수도 없다. 자칫하면 그것은 내 민족을 멸시하는 상대방의 오만을 묵인하는 꼴이 된다. 상책은 유치한 민족주의의 이중적 잣대와 독단을 비판하고 해체하는 데 집중하는 것이다. 이를 통해 상대의 유치한 민족주의를 누그러뜨리고, 나라와 민족 간에 서로 존중하는 국제질서를 이루는 게 최선이다.

이런 문맥에서 볼 때 『회남자』는 놀라운 고전이다. 오늘날 펼쳐지는 유치한 민족주의의 악순환을 예견이라도 한 듯, 이런 문제가 발생하는 철학적 이유와 해결방법에 대해 치밀하게 논의하고 있기 때문이다. 『회남자』는 중국 전형의 '중화주의'가 완성된 한나라 무제武帝 시기에 회남왕淮南王 유안劉安이 편찬한 책이다. 그런데 거기에는 중화주의 성립의 근거가 되는 이념과 사고방식을 반성하게 만드는 근원적인 성찰이 담겨 있다.

인생사의 다른 문제처럼, 나쁜 민족주의는 자기를 중심으로 세상을 바라보는 편협한 시각에서 생겨난다. 사람들은 대개 자기의 민족주의는 괜찮고 남의 민족주의는 나쁘다고 여긴다. 하지만 이야말로 '나쁜 민족주의'이다. 이런 사고방식은 단지 민족 문제에만 국한되지 않고, 이념·종교·관습·신념 등의 모든 정신 활동에서 발견된다. 곧 자기를 세계의 중심에 놓고 자기만 훌륭하고 옳다고 고집하면서 다른 것은 무시하고 배제하는 사고관습이다.

이런 사고관습에서 사람들은 자기가 세계의 중심에 있다고 생각하고, 자신을 '중심'으로 만들어주는 조건들(예컨대 특정한

국가, 종교, 지역, 이념 등)에 집착해 여기에 절대적인 가치를 부여한다. 그러므로 중심에 대한 갈망과 편견에 사로잡힌 사람들이, 여러 민족과 나라들이 조화를 이뤄 평화롭게 사는 미래의 희망을 일구기는 어렵다. 대신 새로운 미래는 중심에 포섭되기를 거부하는 변방에서 발견되고 구현될 수밖에 없다. 조선말의 선각자 연담蓮潭 이운규李雲奎가 "그늘이 우주를 바꾼다(影動天心月)"고 말한 바로 그 문맥이다.

『회남자』는 이런 변방의 시각에서 철학적 통찰을 얻는다. 세계에 단일한 중심이란 애초부터 존재하지 않으며, 따라서 어느 지점도 중심이 아니고 결국 모든 지점이 중심이라는 깨달음이다. 이런 통찰이 '중화 대 오랑캐'로 세계를 양분하는 중화주의가 정점에 달한 시점에서 나왔다는 점에서 자못 의의가 크다.

한나라는 중국 문화와 사상의 기틀을 세웠고, 긍정적으로든 부정적으로든 동아시아 문명에 지울 수 없는 흔적을 남겼다. 이런 한나라를 이끈 지배이념은 유교 경학經學이었다. 경학은 단일한 중심과 패권을 겨냥했고, 향후 이천 년 넘게 지속된 중화주의 이념의 기본 골격을 완성했다. 그러나 『회남자』는 경학의 강력한 라이벌이었던 도가 황로학黃老學의 견지에서 그때까지 축적된 사상과 문화와 학문을 집대성하고 새롭게 해석했다. 그 목표는 단일패권주의를 해체하고 다양한 가치와 문화가 병존하는 세상을 구현하는 데 있었다.

『회남자』의 이런 시도는 오늘날에도 여전히 시사하는 바가 크다. 우리는 『회남자』를 통해 한대에 형성된 중국 문화와 사상의 원형을 살피는 한편, 중국 문화의 주류가 된 이념을 비판적으로 성찰하는 기회를 동시에 얻을 수 있다. 더 나아가 오늘날 동아시아의 평화와 안정을 위협하는 요인들, 특히 중화주의와 유교의 부활을 꾀하는 중국의 국가적 욕망을 철학적으로 사유하고 비판하는 안목을 얻을 수 있다. 중국 고전에서 중국의 민족주의를 넘어서는 길을 발견하는 것이다.

지금 한국은 국내적으로 정치·경제·사회·문화적 지역분권, 다원주의적 의사결정, 인구의 분산 등을 이뤄야 할 필요에 직면해 있다. 국제적으로는 (특히 동아시아에서) 민족주의와 패권주의를 제어하는 실효성 있는 다자간 협의체계 구축, 인종·민족·종교적 편견의 치유, 문화적 관용성 확대, 문화다원주의 확산 등을 실현할 방안을 찾아야 한다. 그리고 이를 위해 무엇보다 사람들의 의식이 진화해야 한다. 그 방향을 모색하는 과정에서 『회남자』는 유익한 길잡이가 된다.


이 정도에서 두서없는 서론을 마치고 본론으로 넘어가야겠다. 여기서 제기된 문제들은 본론에서 다시 숙고할 기회를 얻게 될 것이다. 그 전에 개인적인 필요에서 지면을 약간 쓸

일이 있다. 이런저런 사정으로 탈고의 약속을 여러 번 어겼다. 오랫동안 기다려준 살림출판사 *e*시대의 절대사상 관계자 여러분께 죄송하다는 말씀과 함께 깊은 감사의 뜻을 전한다. "자전거 꽁무니에 막걸리병을 싣고 삼십리 시골길 시인의 집을 놀러가더라"는 '석양 대통령'의 미래역사를 노래했던 시인 신동엽을 떠올리며, 한 집에서 지내면서도 늘 바쁘다는 이유로 같이 시간을 보내지 못한 아내와 두 딸에게 이 책을 바친다.

2007년 5월 전주 完山書室에서

김성환

고대 집단지성의 향연

# 회남자

## 3부   본문

고대 집단지성의 향연

# 회남자

## 4부  관련서 및 연표

1부

『회남자』의 탄생

누구나 『여씨춘추』가 게시된 장소를 찾아와 댓글을 붙일 수 있었고, 선택된 댓글이 반영되어 텍스트가 지속적으로 조정될 가능성이 열려 있었다. 진리가 한두 사람에 의해서도 독점되지 않았으며, 열린 지성의 마당에 참여한 사람들이 함께 진리를 논의했다. 이것은 고대 '집단지성'이 발현된 놀라운 사건이었다.

유안은 바로 이런 집단지성의 전통을 계승했다. 여불위처럼 유안은 수천 명의 인재를 불러 모았고, 또 여러 문헌을 저술했다. 유안과 그의 동료들은 『내서內書』21편, 대량의 『외서外書』, 『중편中篇』 8권, 그리고 신선방술에 관한 20여만 자字의 저서 등을 편찬했다.(『한서』「회남형산제북왕전淮南衡山濟北王傳」) 그 가운데 『내서』만이 전하니, 이것이 곧 『회남자』이다.

1장

# 고대 집단지성과
# 만남

# 동아시아는 유교문화권인가?

흔히 인류문명이 등장한 후 여러 문화권이 형성되었다고 들 한다. '문화권'은 공통의 특징을 가진 문화복합체로, 지리 상 긴밀하게 통합된 권역을 이룬다고 알려져 있다. 이에 한 국·중국·일본 등을 포함하는 동아시아를 하나의 문화권으 로 보기도 한다. 특히 '유교문화권'이라는 말에 이런 인식이 담겨 있다. 하지만 알고 보면 이는 참으로 엉성한 개념이다.

동아시아의 다양한 문화현상을 '유교'라는 단일한 문화요 소로 환원해 설명하기는 어렵다. 심지어 중국에서조차 유교 는 단일한 문화요소가 아니었다. 공자와 맹자가 살았던 춘추 전국시기 내내, 수많은 학파의 논객들이 거리낌 없이 담론하 는 자유분방한 사상·학술 기풍이 펼쳐졌다. 한나라에 들어

와서야 유교가 국교로 등극했지만 그것도 잠시, 줄곧 유교만 성행하지는 못했다. 오히려 유·불·도 삼교가 엎치락뒤치락하며 공존하는 형세가 펼쳐졌다. 당나라 이후에는 불교와 도교가 더 번성했고, 유교는 오히려 지리멸렬해졌다. 이런 현실을 심각하게 고민한 송나라 유학자들이 도교와 불교의 사상을 빌려와 성리학의 이론체계를 구축했다는 것이 학계의 공인된 학설이다. 오죽하면 루신(魯迅, 1881~1936)도 "중국의 뿌리는 죄다 도교에 있다"고 했겠는가? 중국문화는 그만큼 다원적이다.

한국이나 일본에서 유교의 영향은 더욱 단기적이었다. 한국에서는 삼국시대 중엽인 기원후 4세기에야 유교가 불교와 함께 공인되었다. 이는 삼국 사람들이 미개했기 때문이 아니라, 신교神敎·선교仙敎·풍류風流 등으로 불리던 고유한 사상과 신앙체계가 강고했던 탓이다.[1] 고유 신앙의 영향력은 삼국시대가 끝나는 7세기까지 지속되었고, 그 뒤에도 신라와 고려는 근본적으로 불교국가였다. 하여, 14세기의 고려 말까지 1천 년 동안 유교의 위세와 영향력은 결코 불교를 넘지 못했다. 유교, 특히 성리학은 기껏해야 조선왕조의 지배이념이었고, 그나마 근대 이후에 급격히 쇠락했다. 일본에서 유교의 영향력은 한국보다 현저히 미약하고 단기적이었으며, 불교와 신도神道가 오히려 더 확고하게 뿌리내렸다.

흔히 근대에 들어서야 유교의 지배질서를 넘어서려는 움직임이 있었다고 알려져 있다. 하지만 이는 사실과 다르다. 실제로 동아시아에는 유교만이 아니라, 유교 지배의 패러다임을 넘어서려는 사회·정치·철학적인 시도들이 꾸준히 있었다. 예를 들어 중국에서는 일찍부터 노자와 장자, 황로학黃老學과 현학玄學 등이 일어났고, 불교 선종禪宗 등도 유교와 다른 철학의 목표를 향해 나아갔다. 동아시아에서 이념적으로 가장 완고한 유교왕국을 이뤘던 조선에서조차 탈유교의 목소리가 끊이지 않았다. 유학과 거리를 두고 선불仙佛을 넘나들었던 허균 같은 천재 지식인들, 혁명을 꿈꿨던 당취('黨取'에서 전음, 이른바 '땡추')승려들이 있었고, 구한말에는 동학 등에서 유교의 지배질서를 넘어서는 개벽과 상생의 염원이 폭발해 터져 나왔다.

이처럼 동아시아에는 유교만의 단일 문화가 존재하지 않았다. 유교 지배의 패권을 해체하려던 문화도 분명한 하나의 흐름으로 존재했다. 그러므로 동아시아를 '유교문화권'으로 간단히 부를 수 없는 것이다.

## 날조된 '유교문화권'

사실 '유교문화권'은 날조된 근대적 개념이다. 동아시아를 하나의 문화권으로 묶는 발상은 일본의 이른바 '대동아공영권'에 뿌리를 두고 있다. 그것은 20세기 초 독일 인류학과 지정학(地政學, geopolitics)에서 나온 '문화권'이나 '생활권' 개념을 적용해 일제의 아시아 침략과 지배를 정당화한 이념이었다.

한국·중국 등은 본래 일본과 하나의 문화권 내지 생활권이었으므로 이 지역에서 일본을 중심으로 '대동아공영권'을 구축해 서구열강에 맞서 공동의 생존권과 번영을 보장하자는 게 그 요지였다. 물론 이것은 식민지 지배를 정당화하기 위한 이데올로기였는데, 여기에 다시 '유교'의 외피가 부가되었다. 일제는 중국의 왕도王道유학 시대가 끝나고, 일본의 황도皇道유학 시대가 왔다고 주장했다. 그리고 여기서 이른바 '유교문화권' 개념도 생겨났다.

그런데 모두 알다시피 해방 이후 한국에서 일제의 잔재는 청산되지 않았다. 청산은커녕, 일제의 하수인들이 정치인을 비롯해 경찰·군인·법관·지식인으로 활개를 치며 기득권을 구축했다. 일제시기의 많은 지적 유산도 무늬만 바뀌어 계승되었는데, 그 가운데 황도유학의 이념이 포함되었다.

기독교 신자인 이승만이 유도회儒道會 총재를 맡아 "모든 국민은 오륜삼강五倫三綱을 알고 지켜서 자고로 예의지국이라는 문명 대우를 더욱 받도록 하자"는 대통령 담화문까지 발표했는가 하면, 박정희는 민족주체성을 함양한다며 유교의 충효사상을 정권의 지배이데올로기로 삼았다. 이는 일본 황도유학의 영락없는 복사판이었다. 그 와중에서 한국의 문화전통이 '유교문화권'의 틀로 설명되었고, 이는 독재정권의 이데올로기였던 이른바 '충효사상'의 정당성을 확보하는 데 활용되었다.

심각한 문제는 유교문화권 개념이 일본에서 나왔다는 데 있는 게 아니라, 그것을 반성적으로 검토하지 못하고 남용했다는 데 있다. 비록 그 개념이 일본에서 나왔다고 하더라도, 사실에 부합하고 호소력을 가진다면 무턱대고 배척할 수 없다. 그러나 앞서도 간략히 언급했듯이 '유교문화권'이란 다분히 허구적인 개념이다. 이 개념은 가치가 개입되고, 이데올로기적일 뿐만 아니라, 사실도 아니다. 그것은 많은 문제를 낳는다.

무엇보다 그것은 문화 단원주의(monism)의 오해를 낳는다. 동아시아 문화를 '유교'라는 단일하고도 결정적인 문화요소로 단순화하게 되는 것이다. 여기에서 다시 '문화적 환원주의'의 오류가 발생한다. 문화의 비슷한 측면을 동일한 것으로 단정하고, 서로 다른 것을 싸잡아 '유교'라는 한 가지 문화요소로 환원하는 것이다. 그리하여 전통적인 것이라면 으레히 '유교'에서 파생했다고 단정하고, 문화의 복합성과 다양성을 무시하게 된다. 그러나 동아시아의 문화현상에는 무속과 불교, 중국의 도교, 일본의 신도 등까지 복합적으로 깔려 있다. 이를 '유교'라는 하나의 코드로 단순화하고 환원하는 것은 잘못된 사고방식이다.

다른 한편, '유교문화권' 개념은 동아시아 문화가 고착된 어느 지점, 즉 중국에서만 기원한다는 '일원적 문화발생론'에 빠지게 한다. 이는 중국 아닌 지역의 독자적 문화 돌파, 비중국 지역으로부터의 문화 유입, 더 나아가 중국을 향한 문화 전파 등을 과소평가하게 만든다. 그러나 한·중·일 3국에는 "같으면서도 다르고 다르면서도 같은" 문화의 특성이 있고, 또 서로 영향을 주고받았다. 더 나아가 중앙아시아는 물론 인도나 아랍까지 이르는 문화 교류의 오랜 역사가 퇴적되어 있다. 따라서 동아시아를 중국의 유교라는 하나의 코드로만 가둬 볼 수 없으며, 복합문화의 시각에서 비교 분석해야 옳다.

## '유교 실낙원'의 환상

나는 한국의 동양철학 연구자들, 특히 유학전공자들이 이 점을 직시해야 한다고 생각한다. 한국의 유학전공자들은 대개 서양과 동양을 양분해 나누고, 동양 전통의 주류이념으로서 유교의 미덕을 드러내는 데 열중하는 경향을 보인다. 그러다 보니 '유교문화권' 개념을 남용하고, 유교 지배의 패권을 정당화하려고 애쓴다.

특히 한국 유학의 전통을 말하며 독보적인 유교의 영역을 개척했다고 강조하곤 한다. 조선성리학에 독창성이 없다는 주장이 일제 때 일본학자들이 유포한 비방임을 통박하고, 당쟁 때문에 조선이 망했다는 지적에 대해서는 당쟁을 정당정치에 비유해 옹호하기도 한다. 나름대로 일리 있는 지적이다. 일제강점기의 조선사상 연구는 식민주의에 지배되었기 때문에, 거기에서 악의적인 왜곡의 거품을 걷어낼 필요가 있다.

그렇지만 조선성리학을 새로운 신화로 만들어서는 곤란하다. 한국의 유학전공자들은 조선성리학을 일제와 서구라는 깡패에게 몰매 맞아 망신창이가 된 순수하고도 착한 모범생쯤으로 묘사하는 경향이 있다. 이런 이미지는 유교 전통의 순수함과 도덕성에 대한 연민과 동경, 그리고 거리의 깡패에 대한 원한과 분노를 불러일으킨다. 그러나 나는 조선성리학을 마치 우리가 되찾아야 할 '실낙원' 정도로 그려내는 이런 화법에 회의적이다. 나는 그 실낙원으로 돌아가고 싶지 않다. 조선성리학이 결코 순수하지 않았고 착한 모범생도 아니었음을 잘 알기 때문이다.

조선이 '철저한 유교국가'였다는 말은 조선이 근본주의 왕국, 원리주의 국가였다는 말과 같다. 성스러움의 숭배는 좋게 말해 도덕에 대한 열정이지만, 도덕을 향한 지배집단의 끔찍한 열정은 소수자와 약자에 대한 억압을 구조화했다. 성인의 가르침에 대한 확신은 좋게 말해 진리를 향한 열정이지만, 진리에 대한 무시무시한 사랑에서 관용과 상생을 모르는 독단과 오만이 자랐다. 사문난적斯文亂賊에 대한 배척은 좋게 말해 순수를 지키려는 열정이지만, 순수에 대한 결벽이 파벌의 집단의식을 키우고 적대와 증오의 감정을 눈 덩이처럼 불렸다.

그리하여 성스러움·도덕·진리·순수를 추구했던 조선은 좋게 말해 '유교왕국' '문화국가'였지만, 그것은 또한 유교와 중화를 무조건 추수하는 사대주의·권위·억압·파벌·독단·배타의 짙은 먹구름에 휩싸인 나라였다. 권력과 결합된 독단의 이념이 인간 정신을 억압하는 이런 근본주의 왕국, 원리주의 국가로 다시 돌아가야 할 이유가 있을까? 도덕의 왕국으로 돌아가 주자나 퇴계와 함께 문묘에 배향되느니, 차라리 허균이나 최시형과 함께 반도叛徒의 자유를 누리는 게 낫다.

# 유교 근본주의의 문제

'근본주의(fundamentalism)'는 본래 20세기 초 미국의 프로테스탄트 교파에서 일어난 보수적 신앙운동을 지칭한다. 그것은 성서에 일말의 오류도 없음을 주장하고, 예수가 처녀의 몸에서 태어났고 육체적으로 부활했으며 모든 사람의 죄를 대신해 죽고 기적을 행했음을 철저히 믿는 신앙운동이었다. 또한 사상적으로 자유주의를 공격하고, 진화론을 부정하며, 니체의 철학에 반대했다. 그것은 엄격한 가부장적 도덕주의와 권위, 주류 판매 금지, 사회악의 통제 등을 옹호하는 정치·사회적 운동으로 이어지기도 했다.

여기서 비롯되어, 오늘날 근본주의는 △자신이 신봉하는 진리 내지는 진리를 담은 경전이 절대적이어서 일말의 오류도 없다고 믿고 △다른 것에 오염되지 않은 이념의 성스러움과 순결함을 숭배하며 △다양한 해석을 배척하고 △다원주의와 상대주의를 거부하며 △자기편과 상대편, 진리와 비진리, 정통과 이단 사이를 본질주의(essentialism)적으로 가르고 △자기와 다른 타자를 적대하고 증오하며 △사람들을 끌어들여 집단을 이루는 데 열중하고 △이념·종교적이고 정치적인 권위(권력)를 중시하며 △엄격한 도덕성과 규율 규범을 강조하고 △악으로 간주하는 것을 철저히 배제하고 통제하는 사고방식과 행동양태를 폭넓게 지칭한다.

그런데 이런 사고방식과 행동양태가 단지 기독교에서만 발견되는 것은 아니다. 또한 최근에 갑자기 나타난 것도 아니다. 그것은 인류 문화에 널리 퍼진 현상이다. 근본주의가 유럽과 서남아시아에서 각각 기독교와 이슬람교를 중심으로 절대 진리의 성곽을 쌓았다면, 동아시아에서는 유교를 중심으로 배타적인 도덕의 절대화, 즉 도덕적 엄숙주의의 아성이 구축되었다. 그것이 곧 '유교 근본주의'이다.

사실 예수나 공자의 가르침 자체가 근본주의라고 할 수는 없다. 근본주의는 이런 가르침을 해석하는 모종의 이념적이고 심리적이며 사회적인 태도이다. 다시 말해, 특정한 이념을 절대화하고, 극단적인 맹신으로 마음의 위안을 얻으며, 선악 이분법으로 내 편과 네 편을 갈라 철저하게 적대하는 생각과 행위의 방식이 곧 근본주의이다. 유교의 경우도 이론 전개 과정에서 이런 근본주의가 성장했다.

유교에 만 가지 장점이 있다고 하더라도, 그것을 모두 덮고도 남을 만한 하나의 문제가 있다. 그것은 '중화中華'에 집착하는 사고방식이다. 흔히 근본주의는 특정한 고대의 전통에 집착한다. 기독교가 히브리 전통에 집착하듯, 유교는 이른바 요순의 가르침, 주나라의 예악에 집착한다.

'자기를 다스려 고대의 예악 전통으로 돌아가야 한다(克己復禮)'는 공자의 사상은 유교 근본주의의 한 실마리가 되었다. 그것은 진리가 단일하고도 순수한 근원으로부터 나왔다는 생각, 그리고 근원의 순수함을 다른 잡된 것으로부터 지켜야 한다는 결벽을 불렀다. 여기에서 요순으로부터 비롯된 것만이 진리이고 다른 것은 비진리라는 이분법이 자라났고, 애초부터 순수하고 오염되지 않은 '성인의 가르침'이라는 절대진리에 대한 믿음이 성장했다.

즉 '순수한 고대의 가르침'에 대한 집착에서 △진리의 순수성과 절대성에 대한 확신 △진리와 비진리, 정통과 이단을 확연히 가르는 이분법 △절대 불변하는 진리의 확고부동에 대한 맹신이 자랐다. 이는 또한 배타적 민족주의로 이어져, 요순의 도를 이어받은 중화와 야만 상태의 오랑캐라는 이분법을 낳았다. 이런 이분법에서 '중화'의 집단의식이 강화되었고, 권력은 그 집단의식을 통치수단으로 활용했다.

역사적으로 다소 거칠게 보면, 중국에서 유교 근본주의는 맹자(孟子, 대략 BC 372~BC 289)가 그 문호를 열고, 동중서(董仲舒, 대략 BC 179~BC 104)에 의해 크게 드러난 뒤, 주희(朱熹, 1130~1200)에 이르러 이론의 결실을 맺었다고 할 수 있다. 맹자는 전국시대의 다채로운 담론 속에서 양주楊朱의 도가사상과 묵적墨翟의 묵가사상으로 대표되는 이단을 배척하고 유교를 선양하는 일을 자신의 사명으로 삼았다. 그리하여 "이단을 멀리하면 곧 성인의 제자(距楊墨者, 聖人之徒)"라는 맹자의 언명은, 오랫동안 유교 근본주의자들의 지침이 되었다. 동중서는 "다른 모든 학파를 퇴출시키고, 오로지 유가 학술만 존중하자(罷黜百家, 獨尊儒術)"고 제안해 정치권력과 유교가 견고한 동맹을 맺는 계기를 제공한 것으로 알려져 있다. 그는 "불온한 학설이 소멸해야 사회의 기강이 하나로 통일되고, 법도가 명백해진다"(『한서』「동중서전」)고 단언했다. 주희는 도교와 불교를 견제해 유교의 도통론道通論 체계를 확립했다. 그는 유교를 제외한 일체의 사상을 배척했으며, 심지어 유교를 따르지 않으면 금수와 같다는 극단의 교설을 선포했다.

진리의 절대화, 선악 이분법으로 타자(다른 이념, 민족, 문화)를 적대시하는 배타성, 단일하고 순수한 이념과 계보의 숭배, 도덕적 엄숙주의, 이념과 권력의 결합 등, 근본주의의 기본적 성향이 유교적으로 구현되었다. 특히 성리학은 이론적으로나 실천적으로 근본주의 성향이 두드러졌다. 이것이 유교 근본주의의 문제이다.

## 『회남자』에서 중화의 패권주의에 대응하는 논리를 배운다

혹자는 유교, 특히 성리학이 중세적 사유체계라는 한계를 가지고 있으므로 나름의 시대적 합리성을 인정해야 한다고 주장한다. 나는 이런 견해에 동의한다. 그렇지만 21세기 개방사회의 한가운데로 유교 근본주의 망령이 다시 부활한다면, 그것은 우려할 만한 일이 아닐 수 없다. 그런데 실제로 이런 일이 벌어지고 있다. 한 예로, 이른바 '동북공정'의 이름으로 오래된 근본주의가 다시 부활하는 사태를 우리는 목도하고 있다.

흔히 동북공정은 역사나 국제정치의 문제로 알려져 있다. 그러나 그것은 역사나 정치의 문제이기에 앞서, 동아시아 세계를 사유하는 사고방식의 문제이기도 하다. 고조선이나 고구려, 발해 등을 중국의 변방사로 보는 시각은 동아시아 문명의 모든 뿌리를 하나의 근원, 이른바 '화하華夏'에 집합시키는 사고방식에 뿌리를 둔다.

지금 중국에는 동북공정만 있는 게 아니다. 이미 오래 전부터 남방으로는 베트남·태국 등 동남아시아의 역사를, 서방으로는 티베트와 위구르 등의 역사를, 북방으로는 몽골 등의 역사를 중국의 변방사로 편입시키는 작업이 진행되어왔다. 그 이론적 전제가 바로 '황하문명 중심론'이다. 그것은 유라시아 대륙 동쪽의 문명이 황하 유역을 중심으로 가장 일찍 성립됐고, 계속 주도권을 행사하면서 주변의 미개 지역에 끊임없이 영향을 미쳤다는 이론이다. 말하자면, 21세기 버전의 중화주의인 셈이다.

이런 사유방식은 수천 년 이상 중화와 오랑캐를 양분해온 유교의 '화이론華夷論'과 이어져 있다. 이를 증명이라도 하듯, 중국에서는 지금 유교가 화려하게 부활하는 중이다. 사회주의 정권의 성립 이후 한때 봉건사상의 괴수로 낙인찍혀 홍위병의 타도 대상이 되었던 공자가 다시 '만세의 사표師表'로 복귀하고 있다. 공자의 고향인 취푸(曲阜) 공자묘에서 관방이 주관해 대대적인 공자 제사를 치르고, 국가 지도자들은 기회만 생기면 공자 어록을 들먹이고 있다. 적잖은 학자들이 유교를 서구의 기독교처럼 중국인들의 정신적 '신앙'의 반열로까지 끌어올려야 한다고 주장한다. 일부 헌법학자들은 유가의 인의예지신 사상을 기본으로 하는 '유가헌정주의' 개념을 도입해야 한다고 주장하기까지 한다. 이런 일들이 심상치 않게 보이는 것은, 그것이 단지 학술 차원에 머물지 않고 고대 패권의 부활을 꿈꾸는 거대 제국의 야심으로 이해되기 때문이다.

이와 관련해 또 하나 흥미로운 사건이 '한무제 불러내기'이다. 한무제는 지금 중국에서 대중적으로 가장 사랑받는 역사적 아이콘의 하나이다. 최근 역사드라마 「한무대제漢武大帝」가 중국 국영 CCTV를 통해 황금시간대에 방영되었다. 그러자 『인민일보人民日報』등의 언론이 '중화민족정신을 발양하고 애국주의의 기치를 높이든 영웅서사시'라고 극찬을 아끼지 않았다. 이 드라마의 영향을 받은 젊은 시청자들, 특히 대학생 사이에서 강국을 이룬 한나라에 대한 관심이 급속히 높아졌고 민족주의와 대국의식이 크게 고양되었다.

경이롭지 않은가? 기다리기라도 했다는 듯이, 고대 혹은 중세의 유령들이 한꺼번에 부활하고 있다. 중화민족주의, 유교 근본주의, 그리고 한무제의 유령에 이르기까지. 그 모두가 한 덩어리를 이뤄 패권주의 중국의 재생을 부추기고 있

한무제. 중화주의 부활과 함께 중국의 영웅으로 부활하고 있다.

다. 마치 중화주의와 유교 그리고 군주의 절대권력이 하나가 되어 일어났던 한나라의 부활을 보는 듯하다.

그러나 자타가 예견하는 21세기 초강대국 중국의 미래가 고대의 패권을 재현하는 수준이라면,

이는 이웃한 나라들은 물론 전 세계적으로 새로운 재앙의 징조가 아닐 수 없다. 주변 국가와 민족을 중국 중심의 지배질서에 편입시키고, 중화를 세계 모든 문명의 근원으로 날조하며, 이웃을 벗이 아닌 지배 대상으로 삼으려 한다면, 이를 달가워할 민족이나 국가는 어디에도 없다. 하지만 이런 우려에도 불구하고, 오래된 유교근본주의와 퇴행적 민족주의의 망령이 동아시아를 배회하고 있다. 문제는 중국만 그런 게 아니라는 데서 더 커진다. 보수적 민족주의 정서가 우세한 것은 일본 역시 마찬가지다. 외부의 시각으로 보면, 우리나라 일각의 움직임도 이런 혐의에서 자유롭지 못하다.

물론 잘못된 고대사 해석의 문제는 바로잡아야 하고, 또 민족의 자강 노력도 게을리 하지 말아야 한다. 그러나 동아시아를 새로운 패권주의의 싸움터로 만드는 데 합류하는 것은 결코 현명치 않다. 그렇다고 조선시대의 사대주의자들처럼 중화문명을 금지옥엽으로 받들며 살라고 한다면, 그것은 더욱 받아들일 수 없다. 의심할 여지없이, 가장 바람직한 것은 다 함께 패권과 대결의 야욕을 거두는 것이다. 서로가 서로를 인정하고 평화적으로 공존하는 동아시아 공동체를 이룰 수 있다면, 그보다 좋은 게 없다. 하지만 냉혹한 국제정치의 현실에서 그것이 얼마나 어려운 일인지 모두가 잘 알고 있다.

그렇다고 반드시 불가능하지만도 않다. 유럽연합(EU)이

하나의 모범적 사례를 보여주고 있다. 유럽 각국도 불과 얼마 전까지 서로 잡아먹지 못해 으르렁대던 때가 있었다. 하지만 그들은 결국 공존의 큰 틀을 만들어냈다. 그 바탕에 지성의 힘이 있다. 끊임없이 패권을 무력화시키고 폐쇄적 집단의식을 해체한 지성의 힘. 동아시아에도 바로 이런 해체적 지성의 역할이 필요한 때이다. 그리고 이런 지성의 활동은 동아시아 문명의 내재적 동력에서 힘을 얻어야 한다. 동아시아가 유럽이 아닌 까닭이다.

유럽과 다른 사회·문화·정신적 토양을 가진 동아시아에서 유럽의 방식을 그대로 모방하는 공동체를 이루기는 어렵다. 유럽의 방식을 참고할 수는 있겠지만, 동아시아에 적합한 패권 해체의 비전을 동아시아 지성의 힘으로 제시해야 한다. 그 큰 방향은 어느 정도 분명하다. 미래의 동아시아 공동체는 근본주의에서 벗어나고, 권력의 집중보다 분산을 이루고, 단일함보다 다양성을 보장하고, 대립과 대결보다 공존의 가치를 존중하고, 민족주의적 집단의식의 경계를 허물고, 형식적이고 타율적인 규범보다 자율적인 조화의 정신으로 운영되는 그런 체제여야 한다.

그런데 지나온 역사의 경험으로 보더라도, '유교문화권'은 이런 체제와 거리가 멀다. 정치·사회·문화적으로 단원주의를 추구하는 유교에서 동아시아의 패권주의를 해체하는 동력을 얻기는 쉽지 않아 보인다. 일본이 과거에 유교를 끌어들여 '대동아 공영권'을 합리화했던 것도, 그것이 수직적 지배질서를 구축하는 데 유용했던 까닭이다. 조선의 지배집단이 성리학을 고수한 이유도 크게 다르지 않다. 더 거슬러 올라가, 한무제가 백가를 배척하고 오직 유교만을 숭상하는 이른바 '독존유술(獨尊儒術)'²⁾ 정책을 채택한 이유도 마찬가지다. 유교가 고대와 중세의 독점적 지배질서를 구축하고 유지하는 데 유용했기 때문이다.

우리가 유교 지배의 질서를 해체하려고 했던 동아시아의 지적 전통에 주목해야 하는 이유가 여기에 있다. 앞서도 말했듯이, 유교와 더불어 유교 지배의 패권을 해체하려던 사유도 동아시아 문화의 분명한 흐름으로 존재했다. 특히『회남자』에서 우리는 이런 사유의 오래된 계기를 발견할 수 있다.

기원전 2세기의 서한 초, 동중서에 의해 정초된 유교 경학은 단일한 이념으로 세상을 지배하고자 했다. 그러나『회남자』는 다양성이 존중되는 세상을 꿈꾸었다. 유교 경학이 한나라 문화의 절대적 우월성을 말할 때,『회남자』는 모든 나라와 민족 문화의 상대적 가치를 존중해야 한다고 말했다. 유교 경학은 한漢나라의 중앙권력이 모든 나라와 민족을 지배하는 게 정당하다고 주장했다. 그러나『회남자』는 모든 국가와 민족이 역사·사회·문화적 개성을 존중받으며 평화롭게 공존해야 하는 까닭을 밝힌다. 유교 경학이 폐쇄적 근본주의와 배타적 집단의식을 불러일으키는 동안, 『회남자』는 집단의식을 해체하는 집단지성의 놀라운 개방성과 활력을 보여주었다.

지배적인 것을 해체하는 동력은 지배의 구심력 안에서 발생하지 않는다. 그것은 지배의 구심력 바깥, 변방에서 생겨난다. 『회남자』는 이런 이치를 극명하게 보여주는 고전이다. 이 책은 '유교'를 지배이념으로 하는 한나라의 패권주의가 정점에 이른 시점에 그 구심력의 바깥, 변방에서 유교의 지배력을 해체하려고 시도했던 지성의 놀라운 기록이다.

# 집단의식과 집단지성

　절대성과 보편성을 지닌 하나의 진리가 있다는 생각은 중세적인 동시에 근대적이다. 그것은 이성주의의 사고방식이기도 하다. 하지만 단일하고 보편적이라는 '이성'의 신화는 이미 막을 내리고 있다. 굳이 포스트모던 시대의 증후를 들먹일 것도 없이 현대인의 일상은 다양성으로 차고 넘친다. 이런 시대에 진리의 독점이란 불가능하다. 21세기 지구촌 시민으로 살아가려면 다른 사람의 생각이 내 생각과 같아야 한다는 강박에서 벗어나야 한다. 하나의 지구촌이 되고 세계가 인터넷의 그물망으로 연결된 지금, 우리는 서로 소통할 수 있지만 같아질 수는 없다. 여기에서 '집단지성'의 중요성이 증대한다.

'집단지성(集團知性, Collective Intelligence)'은 피에르 레비 Pierre Levy가 제안한 개념으로, "어디에나 분포하며, 지속적으로 가치 부여되고, 실시간으로 조정되며, 실제로 동원될 수 있는 지성"으로 정의된다.(『집단지성』, 권수경 옮김, 문학과지성사, 2002) 이는 무엇보다 사이버공간에서 벌어지는 인간 의식의 무제한 교류와 지식의 교섭을 설명한다. 하지만 이를 단지 사이버공간에 국한할 필요는 없다. 집단지성은 진리를 향해 나아가는 인간 지성의 핵심적 역량이기 때문이다.

집단지성은 다양한 관점과 가치관이 공존하면서도 공통의 주제를 논의하는 자유로운 마당을 여는 지성이다. 그것은 독창성과 창의성이 마음껏 발휘될 수 있게 한다. 쌍방향으로 소통하는 집단지성은 영역의 제한 없이 수평으로 한없이 뻗어나가는 뿌리줄기와 같다. 이와 달리, 집단의식은 수직 방향으로 자라며 위계의 질서를 이루는 나무에 비유된다. 그것은 하나의 구심점, 예컨대 단일한 민족·국가·종교·파벌 등으로 모든 가치를 집합시킨다. 집단 내의 개인이나 핵심 그룹이 진리를 독점하고, 전체주의적이며 권력을 지향한다.

집단지성은 기존의 지식과 집단의식을 넘어 진리의 새로운 영토를 찾아가는 지성의 연대이다. 이런 집단지성은 권력에서 벗어나려 한다. 권력은 집단 내의 의사소통을 방해해 집단의식을 구축하려는 속성을 띠지만, 집단지성은 권력의 통제를 뿌리치고 끊임없이 뻗어가려는 속성을 가지기 때문이다. 인류 지성의 획기적 전환은 기본적으로 집단지성의 활동에 의존해왔다. 과거 지식의 경계를 허물고 새로운 지식의 영토를 개척하려는 노력이야말로 인류의 진보를 이끌어온 원동력이다.

하지만 이런 성취는 매우 더디게 진행되었다. 단일함·순수·정통 따위로 사람들의 의식을 통제하는 이념이나 종교가 권력과 결합해 지배담론을 독점하고, 다양한 지성의 활동을 억압해왔기 때문이다. 진시황이 분서焚書로 제자백가의 자유로운 담론에 족쇄를 채우고 한무제가 유교 경학으로 국가의 이념을 단일화시킨 것으로부터, 1980년대까지도 한국사회를 옭죄던 이른바 '금서' 목록에 이르기까지, 권력에 의한 이념 통제의 충동은 참으로 오랜 세월 동안 이어져왔다. 이런 충동은 특히 매체에 민감하게 반응했다.

인류 지성의 역사는 곧 매체의 역사라고 할 수 있다. 수천 년 전에 등장한 죽간竹簡·백서帛書에서 필사한 종이책과 인쇄물에 이르기까지, '책'으로 통칭되는 매체를 통해 인류의 지성과 지식이 순환했다. 그런데 문자와 책의 발명이 오래된 만큼, 매체를 지배해 이념을 통제하려는 욕망도 오래되었다. 권력과 지식종교의 복합체는 특정한 서적, 특히 '경전'으로 절대화·신성화된 책들을 독점적으로 유통시키고, 자신들의 의지에 반하는 내용을 담은 서적의 생산과 유통을 막아 사람들의 의식을 지배하려고 했다. 그러나 인류의 위대한 지성은 언제나 이런 이념의 억압을 벗어나 성장했다.

그러므로 "서양철학을 알려면 교황청의 금서목록을 읽어라"는 말이 있다. 마찬가지로 조선시대 지성의 진면목을 알려면 조선왕조의 금서목록을 읽을 필요가 있다. 거기에는 『설공찬전』이나 『홍길동전』 같은 한글소설, 도교·불교·양명학 계통의 서적들, 사문난적으로 탄압받은 윤휴나 박세당의 저서들, 『정감록』 등의 도참서, 『동경대전』『용담유사』 등의 동학 전적, 천주교 서적 등이 포함되어 있었다. 이들 금서를 통해 우리는 조선시대가 단지 성리학만의 시대가 아니었음을 알게 된다.

이런 문맥에서 볼 때, 지성의 역사는 독점적 권력에 의한 이념 지배의 역사이자, 이에 맞서는 자유로운 정신의 역사였다고 할 수 있다. 그리고 인류는 이제 무엇으로도 제약할 수 없는 매체가 인간 정신의 전면 개화를 이끄는 시대를 맞고 있다. 디지털 테크놀로지의 발전, 인터넷의 등장으로 국경·종교·이념을 초월하는 전 지구적인 지성의 소통이 이뤄지고 있다. 인터넷은 검열을 손상으로 간주해 검열을 피해 경로를 설정하는, 불후의 '검열불가능성'을 그 기술적 특징으로 한다. 그것은 지금까지 인류가 발견한 가장 분산적이고, 비위계적이며, 개방적인 매체이다. 따라서 아무리 막강한 국가나 종교의 권력이라도 인류의 의식을 전면적으로 통제하기 어렵게 되었다. 피에르 레비가 인터넷을 '집단지성의 기술적 기반시설'로 명명한 것은 참으로 적절한 표현이다.

정보시대가 어떤 문명사적 전환을 예고한다면, 그것은 곧 단일한 '집단의식'의 시대가 끝나고 국경과 종교·문화를 초월해 다양한 지성이 연대하는 '집단지성'의 시대가 열림을 의미한다. 물론 이런 비전이 저절로 실현되지는 않을 것이다. 수천 년간 이어져온 집단의식의 벽이 여전히 공고한 까닭이다. 고대적 패권의 부활을 꿈꾸는 민족주의나 종교적 근본주의의 반격 역시 만만치 않다. 그러나 새로운 여정은 이미 시작되었다.

그 여정에서 『회남자』는 자못 각별한 의미를 지닌다. 그것은 무엇보다 이 책이 아주 오래된 집단지성의 기록으로, 이념의 독단과 집단의식에서 해방되는 길을 우리에게 일러주기 때문이다. '집단지성'은 최근에 고안된 개념이지만, 그것은 『회남자』를 출현시킨 고대 지성의 특징을 설명하는 데도 충분히 유용하다.

# 『회남자』의 시대

집단의식과 집단지성은 통합적 지식(진리)을 추구한다는 점에서 보편적 지식을 거부하는 극단의 상대주의와 구별된다. 집단의식과 집단지성은 모두 지식의 통합을 추구한다. 그러나 통합의 성격과 방식에 큰 차이가 있다.

집단의식은 단일한 이념에 집단 내의 모든 사람을 종속시키는 방식으로 성장한다. 반면 집단지성은 차이가 있는 무수한 지식과 생각을 존중하는 가운데서 서로가 동의하는 질서를 발견하고자 한다. 『회남자』가 출현한 기원전 2세기는 중국 역사상 집단의식과 집단지성의 활동이 모두 두드러진 한 세기였다. 중국 역사와 문화의 일대 전환기였던 그 시대에, 무엇보다 사상과 지식을 통합할 필요성이 증대했기 때문이다. 그 배경을 이해하기 위해, 간략하게나마 고대 중국사의 굵직한 흐름을 살필 필요가 있다.

중국 역사상 첫 번째로 큰 변혁은 선사시대에서 문명시대로 들어가는 은殷나라 전반기에 발생했다. 은나라는 대략 기원전 16세기에 황하黃河유역을 중심으로 성립해 기원전 11세기 후반 주나라에 멸망되기까지 6세기 동안 지속되었다. 그 뒤 은나라 문화는 서주(西周, BC 1046~BC 771)로 계승되었다. 그런데 종교성이 강했던 은나라에 비해, 주나라는 상대적으로 인문주의 성향이 두드러지는 문화를 건설했다. 종법질서에 뿌리를 둔 봉건封建제도를 구축했으며, 종교 권위나 무력보다 '예악禮樂'으로 불리던 관습적 사회규범을 근간으로 정치·사회의 안정을 도모했다.

두 번째 변혁은 주나라 왕실이 약화되고 각 제후국들이 패권을 다투던 춘추전국(春秋戰國, BC 770~BC 221)시대에 시작되었다. 춘추전국은 서주에 대비되어 '동주東周'로도 불리는데, 특히 전국(BC 475~BC 221)시대에 본격적인 철기문화가 일어났다. 그와 더불어 씨족제가 무너졌으며, 중앙집권적 통일국가를 형성하려는 조짐이 생겨났다. 이런 변혁의 흐름은 진(秦, BC 221~BC 207)이 여러 제후국을 병합해 통일국가를 건설함으로써 일단락되었다. 그러나 통일 후 불과 20년도 지나지 않아 진나라가 망하고 한(漢, BC 202~AD 220)이 등장하면서, 시대변혁을 완결할 과제가 다시 한나라로 넘어가게 된다. 한나라는 중간에 왕망王莽이 건국한 신(新, AD 8~AD 24)에 망했다가, 광무제光武帝 유수劉秀에 의해 다시 재건된다. 역사상 신나라 이전을 '전한前漢' 또는 '서한西漢'이라고 하고, 그 이후를 '후한後漢' 또는 '동한東漢'이라고 한다.

오랜 분열 끝에 성립된 진한 제국의 시대적 과제는 한 마디로 '통일성의 확보'에 있었다. 여러 나라가 분립하는 정치적 혼란에도 불구하고, 춘추전국시대에 이른바 제자백가諸子百家의 자유로운 사상과 문화가 크게 꽃을 피웠다. 한편 천문·역법·수리·토목·건축·공예 등에서도 전례 없는 발전이 이뤄졌다. 정치·군사적으로 대립하던 나라들이 경쟁적으로 학문과 기술을 육성한 결과였다. 하지만 모든 것이 갈라진 시대였던 탓에 지식과 사상의 분열 또한 극심했다. 따라서 통일 제국이 등장하자, 극도의 혼란에 빠진 정치·경제·사회를 안정시키는 것은 물론 분열된 사상과 지식을 통합해야 할 필요성이 커졌다.

이에, 최초로 대륙을 통일한 진시황은 화폐·도량형·문자 서체부터 통일했다. 그리고 분봉分封제도를 폐지하고 군현郡縣을 설치해 중국 최초의 중앙집권제를 확립했다. 말하자면, 통일제국의 정치·경제·사회·문화적 하드웨어를 구축한 셈이다. 다음 과제는 소프트웨어, 즉 사상을 통일하는 일이었다. 여기서 진시황은 법가法家를 사상의 표준으로 선택했다. 그는 법가였던 재상 이사(李斯, ?~BC 208)의 건의를 받아들여 일체의 사립학교를 폐지하고, 방술과 농업 관련 서적을 제외한 민간의 모든 서적을 불태우는 이른바 '분서'를 단행했다. 즉 대대적인 매체 통제를 시도했던 것이다.

후대의 유학자들은 진시황이 분서로 사상과 문화를 말살했다고 줄곧 비난해왔다. 틀림없는 지적이다. 하지만 금서와 분서는 진시황뿐만 아니라 이념을 통제하던 동서양의 모든 세력이 사용한 매체지배의 수단이었다. 유학이라고 그 혐의에서 자유로울 수 없다. 예를 들어 『조선왕조실록』에 의하면, 조선 초의 태종 때 음양·도참 서적들을 모조리 불살랐는가 하면, 세조·예종·성종 연간에 걸쳐 수십 종의 선도仙道 계통 역사책과 천문·지리·음양·도참 서적에 대한 수거령이 시행되었다. 이를 위반하면 참형에 처하기까지 했으니, 그 통제가 얼마나 가혹했는지 알 수 있다. 그런데도 유학자들이 유독 진시황의 분서를 폭정의 상징으로 운운하는 것은 난센스다. 유교를 통제하면 폭정이지만, 유교가 이단을 통제하면 미덕이라는 사고방식이 문제다. 이는 '내가 하면 로맨스지만 남이 하면 불륜'이라는 이중의 잣대일 뿐이다. 분서는 물론 나쁘지만, 이런 이중의 잣대는 더 나쁘다.

어쨌거나 진시황의 시도는 실패했다. 지나치게 가혹하고

급격한 정책이 반발을 불러왔기 때문이다. 진시황이 죽자 진나라는 곧바로 무너졌다. 그러자 뒤를 이은 한나라는 진나라의 패망에서 교훈을 얻어 장기적이고도 차분한 변혁을 추진했다. 전한 초의 통치를 주도한 이념은 도가의 황로학黃老學이었다. 노자의 무위정치 사상을 골간으로 지배층의 무욕과 청렴을 강조하고 무리한 국가사업을 피했으며, 백성에 대한 간섭을 줄이고 부역과 세금을 최소화했다. 그 결과 수백 년의 전쟁으로 피폐했던 중원에 비로소 평화와 안식이 찾아왔다.

이런 통치가 주로 기원전 2세기 전반의 문제(文帝, 재위 BC 180~BC 157)와 경제(景帝, 재위 BC 157~BC 141) 시기에 꽃을 피웠으므로, 중국 역사에서 특히 이를 기려 '문경지치(文景之治: 문제와 경제의 치세)'라고 부른다. 중원 백성들이 진나라를 따서 '진인秦人'이라고 하지 않고, '한인漢人' 내지 '한족漢族'으로 자신을 일컬은 것이 바로 문경지치에 대한 향수 때문이라는 기록도 전한다. 문경지치의 태평성대를 노래하는 문구가 널리 회자된다.

> 도성에 헤아릴 수 없이 많은 돈이 쌓이니, 돈 꿰는 끈이 썩어 끊어져도 고칠 새가 없다네. 나라의 큰 창고에 곡식이 가득가득 쌓이고도 넘쳐 바깥에 노적해두니, 곡식이 남아돌아 썩어도 다 먹을 수가 없구나.(『한서』「식화지食貨志」)

그런데 무제(武帝, 재위 BC 141~BC 87) 유철劉徹의 시대에 와서 분위기가 반전되었다. 유철은 여러모로 진시황에 비견되는 인물이다. 그는 문경지치 기간에 축적된 국력을 토대로 대내적으로 강력한 중앙집권 체제를 구축하고, 대외적으로는 제국의 영토를 확장했다. 무제는 우리 민족과도 악연이 있는바, 고조선을 멸망시킨 인물이기도 하다. 『회남자』는 바로 무제의 시기에 편찬되었다. 책의 편찬자는 회남왕淮南王 유안(劉安, 대략 BC 179~BC 122)이다. 그는 무제의 숙부뻘 되는 인물이었다. 그들 사이에 얽힌 사연은 다음 장에서 상세히 설명하기로 하고, 우선 그들이 어떻게 '집단의식'과 '집단지성'이라는 상반된 지적 통합의 길을 걷게 되었는지부터 살펴보자.

# 고대 집단지성의 발현

『회남자』를 편찬한 유안은 회남淮南 지방의 제후왕諸侯王이었다. '회남'은 회하淮河 이남에서 장강長江, 양자강 이북에 이르는 비옥한 땅으로, 지금의 안후이(安徽)성과 쟝수(江蘇)성 일대에 걸쳐 있다. 유안은 한나라를 건국한 유방의 손자로, 아버지에 이어 회남왕에 봉해졌다. 유안은 한무제 유철의 통치기에 살았지만, 여러 면에서 유철과 대조된다. 무엇보다 유철이 무력을 상징하는 '무제武帝'의 시호를 얻은 것과 달리, 유안은 독서를 좋아하고 거문고 타기를 즐겼다. 하지만 말 타고 사냥하는 것은 좋아하지 않았다고 한다. 또한 은밀히 덕을 베풀어 백성들의 마음을 사로잡았으며, 그 명성이 높았다고 한다.(『사기』「회남형산열전淮南衡山列傳」)

『열하일기』에서 박지원은 "임금에게 잘 보이면 백성에게 인심을 잃고, 백성들의 마음에 맞게 하면 임금에게 의심을 사는 법"이라고 했다. 이 말처럼, 유안은 조카이자 황제였던 유철과의 불화로 끝내 파멸했다. 당시 기록은 유안이 반란을 도모했다고 전하지만, 무제가 반역을 빌미로 유안을 제거했다는 주장이 이미 오래 전부터 제기되었다. 진실은 역사의 신만이 알고 있다.

유안은 그 자신이 뛰어난 학자였을 뿐 아니라, 천하에서 몰려든 수천 명의 지식인들을 주위에 두고 있었다. 권력자가 지식인을 양성하는 것은 춘추전국 이래의 전통이었다. 그 대표적인 예가 제나라의 왕실에서 후원했던 직하학궁稷下學宮이다. 그것은 중국 고대의 국립학술연구원 격이었다. 진나라와 한나라에서도 이 전통은 계승되었다. 무엇보다 황실에서 박사博士 관직을 두고 지식인을 양성했다. 진시황은 물론 한나라의 역대 군주들이 인재들을 끌어 모으고자 노력했다. 그런데 황제 이외의 실력자들도 나름대로 인재들을 육성했다. 특히 진나라의 승상이었던 여불위(呂不韋, ?~BC 235)와 회남왕 유안을 대표로 꼽을 수 있다.

여불위는 본래 상인이었다. 그는 뛰어난 책략과 정치력으로 진시황의 아버지인 자초子楚를 장양왕莊襄王으로 추대하고, 자신은 진나라의 재상에까지 오른다. 하지만 그는 한때

여불위. 그가 지식을 모은 방식은 정보 공개(open source) 소프트웨어 개발방식을 떠올리게 한다.

자신의 첩이었던 여인의 아들 영정(贏政, 나중의 진시황)에게 숙청되어 독약을 마시고 자살한 비운의 정치가이기도 했다. 영정에게 숙청되기 전, 여불위는 변방에 치우친 진나라가 다른 나라들보다 학문이 뒤떨어졌음을 부끄럽게 생각하고 지식인들을 후하게 초빙했다. 그러자 3천 명에 달하는 인재가 그의 주위에 몰려들었다. 이에 여불위는 그들로 하여금 각자 아는 바를 기록하게 하고, 그 내용을 집대성해 『여씨춘추呂氏春秋』를 지었다.

그런데 여기서 그친 게 아니었다. 여불위는 이렇게 편찬된 책을 진나라 수도의 저자거리 문에 전시했다. 그리고 그 위에 천금千金을 걸어놓고는 천하의 지식인들을 끌어들여 한 글자라도 더하거나 빼는 자에게 이를 상금으로 주었다고 한다.(『사기』「여불위열전」) 이런 과정을 거쳐 『여씨춘추』가 최종 탈고되었다. 옛사람들이 '천지만물과 고금의 일을 모두 구비했다'고 평가한 이 기념비적 저서에는 제자백가의 여러 학설은 물론 천문·역법·수리·기술 등의 성과들이 총망라되었다.

이는 소스코드source code를 인터넷상에 공개해 공유함으로써 누구나 자유롭게 소프트웨어의 개발·개량에 참여할 수 있게 하는 오픈소스open source의 소프트웨어 개발방식을 떠오르게 한다. 비록 인터넷처럼 즉각적이지는 않았지만, 누구나 『여씨춘추』가 게시된 장소를 찾아와 댓글을 붙일 수 있었고, 선택된 댓글이 반영되어 텍스트가 지속적으로 조정될 가능성이 열려 있었다. 진리가 한두 사람에 의해서도 독점되지 않았으며, 열린 지성의 마당에 참여한 사람들이 함께 진리를 논의했다. 이것은 고대 '집단지성'이 발현된 놀라운 사건이었다.

유안은 바로 이런 집단지성의 전통을 계승했다. 여불위처럼 유안은 수천 명의 인재를 불러 모았고, 또 여러 문헌을 저술했다. 유안과 그의 동료들은 『내서內書』 21편, 대량의 『외서外書』, 『중편中篇』 8권, 그리고 신선방술에 관한 20여만 자字의 저서 등을 편찬했다.(『한서』 「회남형산제북왕전淮南衡山濟北王傳」) 그 가운데 『내서』만이 전하니, 이것이 곧 『회남자』이다. 『회남자』를 주석한 후한의 고유高誘는 이 책이 저술된 경위와 내용, 후대에 미친 영향 등에 관해 이렇게 말한다.

천하의 수많은 방사들이 유안에게 모여들었다. 그리하여 마침내 소비蘇飛·이상李尙·좌오左吳·전유田由·뇌피雷被·모기

毛技·오피伍被·진창晉昌의 여덟 사람 그리고 대산大山·소산小山 등의 유생들과 더불어 도덕을 논의하고, 인의를 총괄해 이 책을 저술했다.

그 중심 사상은 노자에 가까우니, 청렴하고 무위하며 마음을 비우고 고요함을 지켜, 떳떳한 도道에 출입하는 것이다. 그 광대함으로 말하자면 하늘을 비추고 땅을 실으며, 그 세밀함으로 말하자면 끝없이 미세한 것에 이른다. 고금의 치란治亂·존망存亡·화복禍福 그리고 세간의 기이하고 괴상한 일에 이르기까지, 그 의미가 모두 드러나며 그 문장이 풍부하다. 모든 사물의 종류를 언급하지 않는 바가 없지만, 그것이 크게 비교되어 결국은 하나의 도로 귀착된다. 이름 하여 '홍렬鴻烈'이라고 하는데, '홍鴻'은 크다는 뜻이고 '렬烈'은 빛난다는 뜻이니, 이로써 '크게 밝은 도(大明道)'의 이름을 삼는다.

그러므로 무릇 학자가 『회남자』를 논구하지 않고서는 큰 도의 깊이를 알 수 없다. 따라서 옛 현인으로 박식한 학자와 논객들 가운데 『회남자』에서 근거를 끌어다 경전을 징험하지 않은 자가 없다.(『회남홍렬해淮南鴻烈解』「서敍」)

인용문은 많은 방사(方術之士) 가운데서 선발된 여덟 사람, 그리고 여러 유생諸儒들이 함께 『회남자』를 저술했다고 밝히고 있다. 고유는 후한 때 사람으로, 대략 기원후 250년 무렵

회남왕 유안. 자
신을 비워내 고대
의 집단지성을 가
능하게 했다.

에 『회남자』에 대한 주석서를 썼다. 따라서 그가 쓰고 있는 개념은 그 시기의 언어 용례에 따라 풀이해야 한다. 당시의 용례로 볼 때, '방사'와 '유생'은 그들이 다루는 지식의 성격에 따라 구분되었다.

방사는 좁은 의미에서 신선방술을 전문으로 하는 지식인을 지칭한다. 유안이 신선술을 좋아하고 이에 관한 저술도 남겼던 사실로 볼 때, 그의 빈객 가운데는 신선방술에 밝은 방사들이 적지 않았을 것으로 추정된다. 하지만 넓은 의미에서 보면, 방사는 오늘날의 '테크놀로지스트(technologist: 과학기술자, 공학자)'에 더 가까운 개념이다. '방술'이 단지 신선방술만을 지칭하는 것이 아니라, 고대 과학기술의 범칭에 가까웠기 때문이다.

방사는 이른바 '방술'을 다룬다. 『한서』「예문지」의 분류 체계에 따르면, 방술은 크게 '방기方技'와 '수술(數術, 술수)'

두 분야로 이뤄진다. '방기'는 의약학과 성과학·양생학 등을 포함한다. 지금의 학문 분류 체계에 따른다면 포괄적인 의미의 생명과학, 특히 사람의 생명에 관한 고대 지식의 총체라고 할 수 있다. '수술'은 생명과학을 제외한 자연과학, 예컨대 천문학·기상학·지리학·물리학·수학·화학 등의 분야를 포괄한다. 거기에 점성술·풍수·점복 등, 고대의 신비학神秘學이 더해졌다. 그것은 우주 혹은 천지에 관한 고대 지식의 총체라고 할 수 있다.(아래 그림 참고)

한편 유생은 이른바 인의에 밝은 지식인이다. 좁은 의미에서 인의는 윤리를 의미한다. 따라서 유생은 곧 윤리학자라고 할 수 있다. 그러나 넓은 의미에서 볼 때, 유생은 오늘날의 인문사회학자 더 나아가 관료와 법관 등의 직능까지 포괄해 수행했다. '인의'가 단순한 윤리의 차원을 넘어 정치체제 및 사

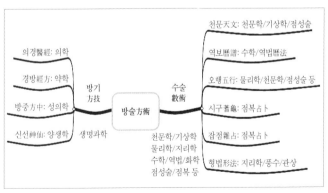

『한서』 「예문지藝文志」의 분류에 따른 '방술方術' 체계도.

회규범 등과 직결되었기 때문이다.

고유는 방사와 유생이 "더불어 도덕을 논의하고 인의를 총괄했다"고 한다. 여기서 '도덕'이란 우주의 질서를 의미하고, '인의'는 사회의 질서 체계를 가리킨다. 현대적으로 보자면, 『회남자』는 자연과학과 인문사회학을 아우르는 지식의 대통합을 시도했다고 할 수 있다. 그러므로 크다는 뜻의 홍鴻, 그리고 빛난다는 의미의 렬烈로 책이름을 삼은 것이다. 『회남자』는 본래 『홍렬鴻烈』 또는 『회남홍렬』로 불렸다. 이는 '회남 땅에서 고금의 모든 지식이 크게 집대성되어 밝게 빛난다'는 의미를 담고 있다.

## 지식의 대통합

『회남자』가 자연 질서로서의 '도덕'을 중시한 것은 노자 철학의 영향이다. 그러므로 고유는 『회남자』의 "중심 사상이 노자에 가깝다"고 평했다. 노자는 인간중심주의, 인문중심주의에 반대했다. "사람은 땅을 본받고, 땅은 하늘을 본받으며, 하늘은 도를 본받는다"(『노자』 25장)는 저명한 구절이 시사하듯, 노자는 인간이 만든 문물제도나 이념·종교보다 자연법칙이 더 궁극적이라고 여겼다. 더 나아가, 그는 인간사회의 불행과 고통이 자연법칙을 위배하는 데서 생긴다고 진단했다. 따라서 이런 질병을 치유하기 위해 자연 질서에 부합하는 삶을 살아야 한다는 처방이 내려진 것은 당연한 귀결이었다.

　노자에 의해 확고하게 뿌리내린 자연주의 경향은 그를 계승한 사상가들에 의해 더욱 심화되었다. 한 예로 장자는 "하늘이 하는 일을 알고, 사람이 하는 일을 알면 지극히 뛰어난 사람"이라고 했으며, 더 나아가 하늘과 사람이 결국 하나라고 설파했다.(『장자』「대종사」) 바로 이런 경향 때문에 유가인 순자荀子는 장자가 "하늘에 가려 인간을 보지 못한다"(『순자』「해폐解蔽」)고 비판하기도 했다. 그러나 이것은 역으로 유가 철학의 관점이 인간중심주의에 있음을 드러내는 것이기도 하다.

　어쨌거나 후대로 가면서 도가의 자연주의는 계속 세련되어졌다. 특히 그것은 전국 중후기에 크게 성행한 기론氣論, 그리고 추연鄒衍 등이 체계화한 음양오행설 등과 결합해 중국의 과학사상을 지배해왔다. 천문·역법·지리·화학·의학 등 중국 고대 자연과학의 중요한 성취가 대부분 도가의 자연주의사상에 뿌리를 두었다고 해도 과언이 아니다.

　고유는 『회남자』의 다양한 담론이 "결국 하나의 도로 귀착된다"고 말했다. '하나의 도'에 대한 신념은, 자연법칙이 우주와 천지만물을 관통할 뿐만 아니라 사회질서에도 적용될 수 있다는 생각에 뿌리를 두었다. 이런 생각은 인간을 포함한 천지만물이 궁극적으로 모두 기氣로 이뤄져 있고, 그 운동이 음양陰陽과 오행五行의 운행질서에 따른다는 이론으로 구체화되었다. 유안과 그의 동료들은 이런 자연주의 정신을 근거로 고대 자연과학과 인문사회학의 지식을 통합하려고 시도했다. 이런 시도는 자연법칙에 근거한 세계의 일체성, 그리고 인간과 자연의 통일성에 대한 확신을 전제로 했다. 제자백가로 분열된 지식의 대통합이 가능하다고 여긴 낙관적 태도는 바로 이런 확신에서 비롯되었다.

## 잡가雜家: 고대 집단지성의 이름

기원전 3~기원전 2세기에 중국에서는 지식과 사상을 통일하고자 하는 열망이 크게 커졌다. 동기는 분명하다. 약 5백년에 이르는 춘추전국의 혼란, 그리고 제자백가의 다양하고 자유분방한 지식활동의 결과를 어떤 방식으로든 총결할 시점에 이른 것이다. 이 지점에서 지식과 이념을 통일하는 두 갈래의 방식이 등장했다.

첫째는 『여씨춘추』에서 『회남자』에 이르는 지식의 대통합 방식이다. 이것은 천지만물을 관통하는 질서정연한 자연법칙이 있다는 자연주의적 신념, 그리고 개방적이면서도 연계된 담론을 통해 그 질서를 발견할 수 있다고 낙관하는 전망에 뿌리를 두었다. "도덕의 기틀을 세우고 인사人事를 망라해, 위로는 하늘을 살피고 아래로는 땅을 헤아리며 그 가운데로

는 사물의 여러 이치에 통달한다"(『회남자』「요략」)는 데서 그 정신을 엿볼 수 있다

둘째는 진나라의 법가나 한나라의 유교가 추진한 이념의 통합 방식이다. 이는 소수의 엘리트가 이념과 지식의 생산을 독점하고, 이렇게 생산된 이념에 성스러움과 신비 그리고 절대적 권위를 부여하는 한편, 규범적 질서가 지배하는 물신화되고 세속적인 공동체, 종교, 국가, 종족, 가문, 파벌 등에 개인과 집단을 종속시키는 프로젝트였다. "천자는 하늘의 명을 받고, 천하만물은 천자의 명을 받는다"(『춘추번로春秋繁露』「위인자천爲人者天」)는 말에 이런 사고방식이 잘 나타난다.

결과적으로 중국 고대 집단지성은 '절대권력─단일이념'의 복합체로부터 가해진 물리적이고도 이념적인 압박에 의해 질식되었다. 의미심장하게도 여불위와 유안은 모두 자살했다. 기원전 122년, 유안은 반란을 빌미로 일가가 멸족되는 화를 입었다. 그의 주위에 모여 있던 수천 명의 인재들 또한 떼죽음을 당했다. 이로써 『회남자』의 지식체계를 생산한 집단지성의 물리적 기반은 완전히 붕괴되었다.

한편 집단지성은 사상적으로도 평가절하되었다. 앞서 인용한 고유처럼 『회남자』의 가치를 높게 본 지식인은 그리 많지 않았다. 『한서』「예문지」의 전통적인 학문분류방식에 따르면, 『회남자』는 『여씨춘추』와 함께 '잡가雜家'에 귀속된다.

'잡가'라는 이름은 독창성과 일관성의 결여, 잡스러움, 조잡함 따위를 연상시킨다. 실제로 많은 학자들이 이런 관점에서 『회남자』의 가치를 낮게 보았다. "『회남자』는 매우 조잡하고 일관성 없는 책으로, 그 안에는 천문·역수曆數와 같은 것이 있는가 하면 신화와 전설도 있고, 민속신앙이 있는가 하면 병가와 법가의 설도 있으므로 일종의 백과전서와 같은 것"(정상구 역, 『중국 사상』)이라는 우노 데쯔도(宇野哲人)의 말은 『회남자』에 대한 혹평의 완결판이라 할 만하다.

하지만 백과전서의 영향과 정신을 무시하는 사람이야말로 집단지성의 가치를 이해하기 어렵다. 서양으로 눈을 돌리더라도, 18세기 유럽의 가장 위대한 지적 성취는 사실상 백과전서파에 의해 이뤄졌다. 백과전서는 가톨릭교회-절대왕정이라는 이념-권력의 복합체를 붕괴시킨 계몽주의시대의 지적 동력이었다. '잡스러움의 연대'야말로 단일한 이념의 폭력에 맞서는 집단지성의 가장 강력한 힘이었던 것이다.

기원전 3~기원전 2세기에 중국에 출현했던 '잡가' 역시 만물의 차이를 인정하고 절대적 규범을 강요하지 말라는 비전을 제시했다. 그러나 이유야 어찌되었건, 그 비전은 이내 빛을 잃었다. 그리고 지구상의 다른 문명과 마찬가지로, 중국에서도 전체주의적 집단의식이 2천 년 이상 사람들의 정신세계와 정치·경제·사회의 현실을 지배했다. 그러므로 이런 역사가 되풀이되는 것을 막기 위해서라도, 고대 집단지성의 비전, 그리고 그것이 좌절된 까닭을 함께 이해하는 게 중요하다.

# 권력과 지식의 결탁, '집단의식'을 향한 길

진한시대의 역사적 변혁기에 법가나 유가는 단일한 이념과 규범·윤리를 모든 사람에게 적용함으로써 사회통합을 이루는 방안을 제시했다. 이것이 절대권력을 장악한 전제군주들의 취향에 부합했다. 이른바 '코드'가 맞은 셈이다. 그리하여 진시황은 법가의 이념으로 천하의 학술을 '단일화'하려고 했다. 진시황의 시도는 실패했지만, 그가 활용했던 이념 통제의 방식은 한무제에게 고스란히 전승되었다. 단지 법가의 자리를 유교가 대체했을 뿐이다. 무제는 사실상 진시황의 충실한 계승자였다.

다소 직관적이기는 하지만, 진시황과 한무제의 공통점을 살펴보자. 첫째, 절대권력을 향유하려는 욕망으로 충만했다.

둘째, 힘이 곧 정의라고 믿고 군사력을 통한 영토 확장에 주력했다. 셋째, 단일한 이념에 의한 사상통제를 시도했다. 넷째, 신비주의적 신앙과 주술에 흠뻑 빠져 영생불사를 추구했다. 다섯째, 무리한 전쟁과 국가사업을 크게 일으켜 백성에게 과다한 부역과 세금을 지웠고, 결국 통치 후반기에 극심한 재정난과 민중봉기에 직면했다. 그들은 심지어 비타협적이고 남을 의심하는 성품까지 빼다 박은 듯이 닮았다. 히틀러나 부시를 연상시키기도 하는 이런 성향은 사실 세상의 모든 근본주의자들에게서 발견되는 공통점이다.

또 히틀러에게 로젠베르크(Alfred Rosenberg, 1893~1946)가 있고 부시에게 네오콘neocons이 있는 것처럼, 진시황에게는 이사李斯가 있고 한무제에게는 동중서가 있었다. 권력과 지식이 똘똘 뭉쳐, 한 시대를 지배하는 '집단의식'을 만들어내는 것은 예나 지금이나 이렇게 한결같다. 부시가 "야만인들로부터 민주주의를 지키는 것은 자연의 권리이자 사명"(레오 스트라우스Leo Strauss)이라는 이념을 네오콘으로부터 제공받듯, 중국의 황제들은 '이적夷狄들로부터 중화의 도덕질서를 지키는 것은 하늘이 부여한 권리이자 사명'이라는 이념을 유학자들에게서 공급받았다.

또한 황제의 이론가들은 특정한 고대 전통에 집착했다. 그들은 세상의 모든 문화가 단일한 근원, 즉 삼황오제三皇五帝

로부터 나왔다는 신화적 믿음을 역사의 사실로 각색했다. 본래 다양한 부족의 신화와 전설이었던 것을 서로 혼입시키고 재편해, 역사·정치·윤리적으로 처음부터 단일한 계통이었던 것처럼 만들었다. 여기에서 중화 근본주의가 크게 일어났다. 인의도덕의 발원지인 중화를 모든 문명의 꼭짓점으로 삼고 이민족을 멸시하는 이른바 '화이론華夷論'이 강화되고, 영토 확장 전쟁이 정당화되었다.

또한 한대의 유학자들은 군주의 권리를 우주적 자연권의 일부로 만들기 위해, 하늘天−군주君−백성民으로 이어지는 위계질서를 절대화하는 이념을 개발했다. '민심이 천심'이라는 원시유학의 사상이 약화되는 대신, 하늘로부터 부여된 군주권의 신성함이 우주적 자연 질서의 일부인 것으로 해석되었다. 더불어 '삼강오상三綱五常'의 윤리강령도 자연법칙의 수준으로 절대화되었다. 동중서는 "크고 작은 것은 같아질 수 없고, 귀천은 정해져 있다"(『춘추번로』「정화精華」)고 언명했다.

## 『회남자』, 자유롭게 살고 야성을 회복하는 삶의 입문서

이런 일련의 이념화 과정은 '집단의식'을 키웠을 뿐만 아니라, 권력과 지식의 결탁에 뿌리를 둔 전체주의 체제의 강화를 가져왔다. 그런데 이것이 중국에서만 일어난 일은 아니었다. 4세기의 로마에서는 제국과 가톨릭교회의 동맹이 이뤄졌고, 7세기의 아라비아에서는 사라센이슬람제국이 건설되었다. 그리고 근대세계의 파시즘에서 군국주의에 이르기까지, 비록 정도와 내용의 차이는 있으나 단일한 종교 내지 이념이 권력과 결탁할 때 언제 어디서나 전체주의가 성장했다.

이른바 '문명'이 시작된 이래, 지난 수천 년 동안 인류는 줄곧 어떤 '집단의식'의 터널 속에 파묻혀 지내왔다. '절대적 이념(종교)×집단의식=권력'의 공식은 독점적 지식과 이념으로 권력을 유지해온 자들의 보편적 문법이었다. 극히 최근에 와서야 집단의식의 문제를 통찰하고 전체주의 이념을 해체하려는 노력이 널리 확산되고 있다. 그렇다고 새로운 세상이 열린 것은 아니다. 여전히 많은 사람들이 집단의식의 동굴에 갇혀 있다. 인간의 자유로운 정신이 폐쇄적인 패거리 의식에서 해방되는 '미래'는 아직 도래하지 않았다.

우리가 얼마나 많은 패거리 의식에 둘러싸여 있는지 돌아보자. 국가는 애국을, 민족은 애족을, 종교는 믿음을, 가문은 혈연의식을, 직장은 직업의식을, 학교는 학벌의식을, 동네는 지연의식을 요구한다. 세상을 살아가려면 이런 집단의식을 받아들이지 않을 재간이 없다. 오히려 사람들은 어떤 패거리든 소속되기를 원하고, 패거리의 이념으로 자신의 정체성을 삼는다. 그것이 집단 간의 의사소통을 막고 지배욕과 갈등을 불러일으키지만, 그래도 세상은 여전히 이런 패거리를 중심으로 돌아간다.

이것은 어느 한두 집단의 문제가 아니라 뿌리 깊은 의식구조와 사고방식의 문제이다. 권력과 지식(종교)이 결탁한 수천 년의 역사를 통해 집단의식이 인류문화에 유전자처럼 각인되었다. 집단의식은 편재하며 여전히 현실을 지배한다. 그래도 '집단지성의 기술 기반시설'이라는 인터넷을 통해 인류가 집단의식의 터널을 빠져나올 것이라는, 그리하여 우리가 하나의 인류에서 다른 인류로 진화할 것이라는 낙관적 전망이 희망의 끈을 놓지 않게 한다. 만약 앞으로 진화가 이뤄진다면, 그것은 생물학적 진화라기보다 의식의 진화이며 문화의 진화일 것이다. 인류의 생각과 문화에 각인된 집단의식의 유전자가 자유로운 정신의 유전자로 바뀌는 그런 진화 말이다.

사실 동서고금을 막론하고 정신의 감옥에서 탈출하려는 시도가 끊인 적은 없었다. 하지만 그것은 늘 몇몇 개인이나 소수자들의 노력에 머물렀고, 또 쉽게 실패했다. 그들의 시도가 잘못이어서가 아니라, 집단의식의 감옥이 공고하고 매체를 지배하는 수단 또한 효율적이었기 때문이다. 그런데 인터넷의 보급, 정보사회의 출현으로 독점적 권력이 더 이상 매체를 통제하기 어려워졌다. 말하자면 감옥 벽에 커다란 구멍이 뚫린 셈이다. 그러나 인터넷의 역할은 단지 여기까지이다. 감옥을 빠져나갈지 아닐지를 결정해야하는 몫은 여전히 사람들에게 있다.

그런데 많은 사람들이 여기서 머뭇거린다. 통제에 길들여져, 자유를 더 두렵게 느끼기 때문이다. 오랫동안 사육한 동물을 풀어놓으면 곧바로 야생으로 돌아가지 않고 옛 주인 곁을 맴돈다. 따라서 야성의 본능을 회복하는 적응훈련이 필요하다. 마찬가지로 사람들이 집단의식의 감옥에서 벗어나 자유롭게 살고 야성을 회복하는 데도 적응훈련이 필요하다. 바로 이 지점에서 『회남자』의 가치가 빛난다. 그것을 '자유롭게 살고 야성을 회복하는 삶의 입문서'로 읽을 수 있기 때문이다. 그러므로 비록 오래되었지만 『회남자』의 지혜는 여전히 유효하다. 지금이야말로 고정관념의 틀을 벗어나 정신의 자유를 누리는 법을 배울 필요성이 절실한 시기이므로.

2장

# 유안의 꿈과 좌절

『회남자』의 사상을 논하기에 앞서 이 책이 등장한 시대에 관해 좀 더 살피고자 한다. 이런 회고는 『회남자』의 사상을 이해하는 데 중요한 배경 지식을 제공한다. 춘추전국에서 진한에 이르는 역사의 흐름, 그리고 당시의 시대 상황과 사회·문화적 분위기 등은 이미 앞 장에서 훑어보았다. 그러니 여기서는 주로 유안의 행적을 따라 2천여 년 전 한나라의 세밀한 풍경을 들여다보기로 보자.

# 반역자의 아들

앞서 말했듯이, 유안은 전한을 건국한 유방(劉邦, 대략 BC 247~BC 195)의 손자이다. 유안의 아버지 유장(劉長, BC 198~BC 174)은 3살이던 기원전 196년에 회남왕에 올랐다가 기원전 174년 20대 중반의 나이에 반역자가 되어 스스로 목숨을 끊은 비운의 인물이다. 유안 역시 어린 나이에 회남왕에 올랐다가 50대 중반에 결국 반역자로 몰려 자살했으니, 부자의 운명이 참으로 파란만장했다.

기개와 힘을 갖춘 대장부의 전형으로 일컬어지는 항우項羽를 제압하고 중국을 다시 통일한 한나라의 유방은 철저한 현실주의자였다. 유방은 대담한 반면, 목표를 이루기 위해 비굴함도 마다하지 않았으며, 치밀하면서도 포용력이 있었다.

그는 농부의 아들로 태어난 하급관리에 불과했지만, 마침내 황제의 자리를 거머쥐었다. 그 비결은 무엇보다 부하를 적재 적소에 활용하는 뛰어난 용인술에 있었다.

황제가 된 유방은 우선 봉건제와 군현제를 버무린 통치체제를 구축했다. 진나라가 급격히 군현제를 시행해 멸망했다고 보았고, 또 자신을 도와 한나라를 건국한 세력에게 보상을 주지 않을 수 없었기 때문이다. 하여, 그는 건국에 공이 큰 각 지방의 군벌과 공신, 친인척들을 제후왕과 열후列侯로 각지에 내보냈다. 그러나 여러 세력의 지방할거를 용인하는 이런 정책은 애초부터 불안한 것이었다. 난국을 통일하는 데는 지방 세력의 도움이 절대적으로 필요했으나, 통일 후에는 중앙 정부에 위협이 되었다.

실제로 유방이 황제에 오른 지 1년도 지나지 않아 연나라 왕 장도臧荼가 반란을 일으켰다가 진압되었다. 그 뒤 유방은 한신韓信·팽월彭越·영포英布·경포黥布 등의 공신 제후들을 모반으로 엮어 차례로 제거했고, 자신의 친척이나 자식들을 그 자리에 대신 앉혔다. '피가 물보다 진하다'는 중국 고대 봉건제도의 기억이 되살아났던 셈이다. 결국 유방은 제후왕을 한나라 황실의 일족으로 제한한다는 규정을 만들어 황권의 안정을 꾀했다.

유안의 아버지 유장은 이런 시대 흐름 속에서 회남왕이 되었다. 기원전 196년, 유방은 반란을 빌미로 회남왕 영포를 제거하고 나이 어린 아들 유장을 회남왕으로 세운다. 그런데 유장은 태생적으로 이율배반의 운명을 타고났다. 그가 잉태되던 순간부터 역설은 시작되었다.

기원전 199년, 한고조 유방이 동원東垣에서 한왕韓王 신信의 반란을 토벌하고 회군하던 길에 조나라를 들른 일이 있다. 당시 조나라의 왕은 장오張敖였다. 공신 제후들이 차례로 제거되던 시점이었으므로 장오 역시 유방의 눈 밖에 나지 않으려고 전전긍긍한다. 급기야 그는 자신이 아끼던 미인을 유방에게 바치기까지 하는데, 이로 인해 미인은 유방의 아이를 가진다. 하지만 얼마 후 조왕 장오는 역모로 걸려든다. 이와 연루되어 임신 중이었던 미인도 옥에 갇히고, 옥중에서 아이를 출산한다. 그녀는 자신이 무고하며 아이가 유방의 아들이라고 끈질기게 호소했으나 무시당하고 끝내 옥중에서 자살했다. 이 사실을 뒤늦게 알게 된 유방이 자신의 불찰을 뉘우치고 아이를 거둬 황후로 하여금 기르게 하였으니, 그가 곧 유장이다.

이처럼 유장은 황제와 제후왕, 중앙과 지방의 갈등 한복판에서 태어났다. 사실 그의 출생 자체가 미스터리이다. 유장이 유방의 친아들인지조차 불분명하기 때문이다. 많은 전문가들이 유방과 유장의 혈연관계를 의심해왔고 그럴 만한 사유도 충분하다. 한 예로 『유안평전劉安評傳』을 쓴 중국의 왕윈 두王云度 교수는 유방이 조미인과 하룻밤을 지내고 14개월이 지난 뒤에 유장이 태어났음을 들어 유장이 유방의 아들이 아니라고 확언한다. 만약 유장이 유방의 친아들인 게 맞더라도, 유장의 운명은 비극으로 가득하다. 그의 어머니가 모반과 연루되어 자살했고, 유장 역시 모반으로 자살했으며, 그의 아들인 유안도 모반으로 자살했기 때문이다. 3대에 걸쳐 비극이 되풀이된 셈이다.

어찌되었거나, 유장은 일찌감치 황족의 일원으로 편입되었다. 핏덩이인 채로 황실에 들어온 유장은 황후인 여후呂后를 잘 따랐고 여후 또한 그를 사랑했다. 그것은 유장에게 큰 행운이었다. 유방이 죽고 여후의 아들인 유영이 황위를 계승해 혜제惠帝가 되면서 여후가 실권을 잡았기 때문이다. 여후는 유방의 다른 부인들과 그녀들이 낳은 자식들을 박해한다. 유방이 특히 총애하던 척부인戚夫人에 대한 보복은 잔혹한 궁정 암투의 표본처럼 회자된다. 여후는 척부인의 아들인 유여의劉如義를 암살한 뒤, 척부인의 귀를 불로 지지고 벙어리가 되는 약을 먹였으며, 두 눈을 파내고 손발을 자른 후 변소에 가둬 인분 속에서 신음하게 만들고는 '사람돼지'로 부르는 만행을 저지른다. 이처럼 잔혹한 여후가 자신의 친아들도 아닌 유장을 돌봐주었으니, 이는 유장에게 천우신조가 되었다.

여후가 죽고 정권을 장악했던 여씨 일족이 제거된 뒤, 기원전 180년 유방의 넷째 아들인 유항劉恒이 황제에 오른다. 그가 전한의 제5대 황제인 문제文帝이다. 그 무렵 이미 장년이 된 유장은 어릴 때 봉해진 회남에 내려가 왕으로 봉직한다. 문제는 앞서 말한 '문경지치'의 치세를 열었던 인물로, 그는 자신의 일곱 형제 가운데 유일하게 살아남은 유장을 잘 돌봐주었다.

유장은 무쇠 솥을 던져 뒤집을 정도로 힘이 장사였는데, 성격 또한 교만방자했다고 한다. 그런데 문제가 자신을 하나뿐인 동생으로 보살피자, 그는 날로 교만해졌다. 유장은 자주 조정에 들었고, 황제와 한 수레를 타고 다니며 문제를 '형님'으로 불렀다. 그래도 문제가 용인하자 유장은 더욱 방자해졌다. 심지어 그는 제멋대로 조정 대신을 죽이기에 이르렀다. 유장은 평소 벽양후辟陽侯 심이기審食其에게 앙심을 품고 있었다. 자신의 어머니가 옥에서 죽을 때 심이기가 이를 방조했다고 여긴 까닭이다. 기원전 177년, 유장은 어머니의 원한을 갚는다며 심이기를 철퇴로 내리쳐 죽였다. 문제는 마음이 상했으나 하나뿐인 동생의 일이므로 그 죄를 묻지 않았다. 그후로 유장은 더욱 교만해졌고, 황실과 조정에서 모두 유장을 두려워하기에 이르렀다.

심이기의 일로 불편해진 조정과 유장의 갈등은 갈수록 심화되었다. 『사기』는 유장이 한나라의 국법을 지키지 않고 멋대로 법령을 제정하는 등 황제처럼 군림했다고 전한다. 아마도 이것이 유장의 모반에 대한 꼬투리가 되었을 것이다. 174년 유장은 결국 반란을 도모한 죄로 장안에 압송되었다. 평소 유장을 못마땅해 하던 대신들이 많은 죄목을 들어 그의 사형을 주청한다. 그러나 차마 동생을 죽일 수 없었던 문제가 유장을 촉蜀 땅으로 유배 보냈는데, 유장은 유배를 가던 도중 자신의 교만함을 한탄하다가다 옹雍 땅에서 스스로 굶어 죽었다. 이 소식을 들은 문제는 동생의 죽음을 탄식하고 자신의 처사를 후회하며, 유장을 열후列侯의 예로 장사지냈다.

유장은 유방이 자신의 일족을 제후로 봉하던 시기에 회남왕이 되었다. 유방의 아들이나 인척은 대개 어린 나이에 각지역의 제후왕에 봉해졌는데, 유장 역시 회남왕으로 봉해질때 3살에 불과했다. 이로써 유방은 황실의 권력을 공고히 할수 있었다. 그러나 세월이 흘러 제후왕들이 장년이 되자 이들은 다시 황실에 위협이 되었다. 피는 물보다 진하지만, 세월이 흐르면 그 결속력이 옅어질 수밖에 없다. 따라서 혈연에 의존하는 통치는 단기적으로 유효하지만 장기적으로는 불안정하다. 영욕이 엇갈린 유장의 삶은 바로 이런 시대상황을 반영했다. 그는 황실의 권력을 공고히 하려는 의도에서 회남왕에 봉해졌지만, 또한 황실 권력에 위협으로 간주되어 몰락했다. 그리고 동일한 운명이 그의 아들 유안에게 대물림 되었다.

# 중앙집권과 지방분권의 모순

　유장이 죽고 2년이 지난 기원전 172년, 그의 죽음을 안타깝게 여긴 문제가 7~8세에 불과하던 유장의 네 아들을 모두 열후로 봉했다. 큰 아들이었던 유안은 부릉후阜陵侯로, 유발劉勃은 안양후安陽侯로, 유사劉賜는 양주후陽周侯로, 유량劉良은 동성후東成侯로 봉해졌다. 그런데 문제가 단지 유장의 죽음에 대한 안타까움만으로 유안 형제를 열후로 봉했던 것으로 생각되지는 않는다. 민심의 동향이 심상치 않았던 것이다. 백성들은 유장의 죽음을 황실의 권력다툼으로 이해했다. 세간에 문제와 유장의 반목을 풍자하는 노래가 나돌았다. "한 치의 베라도 같이 꿰매 입을 수 있고, 한 말의 곡식이라도 같이 절구질할 수 있건만, 형제 두 사람이 서로를 용납하지 못하는구나!"

이런 민심을 전해들은 문제는 죽은 유장을 여왕厲王으로 추존하고, 제후의 위상을 복권시켜주었다. 그리고 기원전 164년, 이미 열후로 봉했던 유장의 세 아들들을 다시 제후왕으로 삼았다. 유안이 회남왕에, 유발이 형산왕衡山王에, 유사가 노강왕盧江王에 봉해졌다. 유량은 그 전에 죽었고 자식도 없었으므로 제외되었다. 그리하여 유장이 다스렸던 땅이 모두 그의 자식들에게로 귀속되었다.

사실 이것은 유장의 자식들에 대한 시혜라기보다는 문제가 취한 통치전략의 일환이었다. 중앙정부는 지방의 독립적이고도 강력한 세력의 성장에 민감할 수밖에 없었다. 이에 문제는 태중대부太中大夫로 있던 가의賈誼의 건의를 받아들여 제후의 영지를 분할하는 정책을 쓴다. 즉 제후의 영지를 그의 자손들에게 고루 나눠주어 개별 영지의 규모를 축소시키고자 했다. 예를 들어, 제齊왕 유비劉肥가 죽자 영지를 여섯 개로 분할해 그의 자식들에게 나눠주었고, 유장의 영지는 그의 세 아들에게 나눠주었다. 이런 분할책을 꾸준히 시행한 결과, 유방 말년에 9개였던 제후국이 문제 말년에는 17개로 늘어난다. 어쩌면 유장은 이런 통치전략의 재물로 희생되었던 것인지도 모른다.

회남왕으로 오를 당시 유안의 나이는 15살이었다. 비록 어리기는 했으나 아버지의 몰락이 남긴 교훈을 가슴에 새길 정도

는 되었다. 그는 무인 기질이 다분하던 유장과 반대로 독서를
좋아하고 문장에 몰두했다. 유안의 이런 취향이 타고난 기질
때문일 수 있지만, 유장의 죽음에서 얻은 교훈 때문일 수도 있
다. 무력을 좋아하다가는 반역자로 몰리기 십상인 지방 제후의
처지를 일찌감치 간파했는지 모른다. 어쨌거나 유안은 젊어서
부터 문장으로 이름을 날렸다. 한 예로, 기원전 158년 문제가
『이소전離騷傳』을 지을 것을 명하자 유안은 아침에 명을 받고
저녁에 작품을 완성할 정도로 뛰어난 문장력을 발휘했다.

그러나 중앙과 지방의 갈등은 필연적이었다. 기원전 156
년 문제가 죽고 경제景帝가 즉위하는데, 이로부터 3년밖에 지
나지 않아 이른바 '오초칠국吳楚七國의 난'이 일어났다. 기원
전 154년, 오나라 제후 유비劉濞를 중심으로 일곱 제후국이
반란을 일으킨 것이다. 반란의 빌미는 경제가 제공했다. 제후
국 분할정책에도 불구하고 제후국의 세력은 갈수록 강해졌
고, 불안을 느낀 경제는 새로운 정책을 모색했다. 이에 조착
晁錯이 삭번책削藩策을 건의한다. 제후들이 조금만 잘못해도
그 처벌로 영토의 일부를 몰수해 중앙정부에 귀속시킨다는
정책이었다. 경제는 이를 받아들여 곧바로 여러 제후들의 영
지 일부를 삭탈했다. 그러자 불만을 느낀 제후들이 오나라의
유비를 중심으로 반란을 일으키니, 이를 곧 '오초칠국의 난'
이라고 한다. 반란군은 동월과 흉노 등의 이민족와도 연계해

강대한 세력을 이뤘으나, 조정 군대에 밀린 데다 내분까지 겹쳐 10개월 만에 진압되었다.

당시 회남왕 유안도 반란군에 가담하라는 오왕 유비의 제안을 받고 잠시 동요했던 것으로 보인다. 그래도 결과적으로 유안의 형제들은 모두 난에 휩쓸리지 않고 나라를 보존했다. 하지만 그것이 끝은 아니었다. 오초칠국의 난을 겪으면서 제후국에 대한 중앙정부의 감시와 통제가 크게 강화되었다. 한나라 조정은 영지에 대한 제후의 통치권을 약화시키고, 중앙에서 파견한 상相이 실질적인 정사를 처리하도록 했다. 또 영지의 분할책과 삭번책도 예전과 같이 시행해 제후의 권한과 영향력을 크게 축소시켰다.

이처럼 전한 초의 정치 지형은 중앙집권과 지방분권, 황제 중심 군현제와 제후 중심 봉건제의 모순으로 복잡하게 얽혀 있었다. 처음에는 황실과 공신 제후들의 갈등이 문제였지만, 유씨 일족이 제후를 독차지한 이후에도 중앙과 지방의 모순은 해소되지 않았다. 황제를 중심으로 단일한 통치체계를 구축하려는 중앙집권주의와 제후국의 상대적 독립성을 확보하려는 지방분권주의가 충돌했다. 갈등은 정치적일 뿐만 아니라 사상적이기도 했다. 단원주의와 다원주의, 위계주의와 평등주의, 권위주의와 탈권위주의, 더 나아가 인간중심주의와 자연주의 간에 은밀하면서도 치열한 논전이 진행되었다.

# 유안의 꿈과 좌절

　　오초칠국의 난은 중앙권력과 지방세력 간의 충돌이었다. 유안은 이 충돌에 휘말리지 않았으나, 중앙권력에 의해 지방 세력이 붕괴되는 사태를 지켜봐야 했다. 대세는 중앙집권주의가 강화되는 방향으로 나아갔다. 이에 유안의 고민이 깊어졌다. 중앙정부가 언제 자신의 목줄을 죄어올지 모르는 현실이 불안했을 것이다. 바로 이 시기에 유안은 천하의 지식인들을 초빙해 담론을 벌이는 데 열중했다.

　　기원전 141년 무제 유철이 제7대 황제로 즉위했다. 그 2년 뒤인 기원전 139년, 유안이 조정에 들어가 새로 지은 『내편』(『회남자』)을 바쳤다. 『회남자』 같은 거작이 한두 해의 준비로 완성되기는 어렵다. 3천여 명의 빈객들을 불러들이는 데 걸렸을 시간까지 감안한다면, 오초칠국의 난이 일어났던 기원전 154년 이후 유안이 줄곧 학술 활동에 주력했음을 추정할 수 있다. 당시의 시대상황에서 지방 제후가 인재를 끌어 모으는 것만으로 모반의 의심을 살 수 있었다. 이는 중앙정부가 지방 제후를 감시하면서 가장 민감하게 주시하는 사안이기도 했다. 그런데 수천 명의 빈객이 회남 지방에 몰려들어도 용인했다는 것은, 유안의 활동이 학술적이고 평화적이라는 점을 중앙정부도 어느 정도 인정했음을 의미한다.

유안은 『회남자』가 완성되자마자 무제에게 바쳤다. 유안이 『회남자』의 내용에 자신이 있었고, 또한 황제가 이 책의 내용에 따르기를 바랐음을 보여주는 대목이다. 무제 역시 『회남자』를 아껴 깊숙이 보관했다고 하니, 유안이 허황된 기대를 품었던 게 아님은 분명하다. 이때만 해도 유안은 한나라가 다원주의를 허용하는 평화국가로 남을 것을 낙관했던 듯하다. 어찌되었거나 황로학의 평화사상에 기반을 둔 '문경지치' 시대가 펼쳐졌고, 17세에 불과했던 무제의 권력욕도 아직 수면 위로 드러나지 않았기 때문이다. 게다가 무제의 할머니로 황실의 실권자이던 두태후竇太后가 황로학을 숭상했던 것도 중요한 변수로 작용했다.

유안은 도가의 자연주의를 토대를 하는 정치철학과 지식의 통합을 통해 중앙과 지방의 대립과 갈등을 해소할 수 있다고 생각했다. 『회남자』의 내용을 요약한 「요략」에서 유안의 이런 희망을 읽을 수 있다.

> 이 책을 저술하는 것은 도덕道德의 기틀을 세우고 인사人事를 망라해, 위로는 하늘을 살피고 아래로는 땅을 헤아리며 그 가운데로는 사물의 여러 이치에 통달하기 위해서이다. 비록 현묘한 도道의 내용을 모두 드러내지는 못하더라도, 제법 다채로워 그 대강을 살필 만하다. …… 그리하여 20편의 책을 지었으니, 천지의 이치가 깊이 연구되고, 사람의 일을 상세히 파악했으며, 제왕의 도를 모두 구비했다.(『회남자』 「요략」)

앞서도 언급했듯이, 여기서의 '도덕'은 자연법칙을 의미하고 '인사'는 사회질서를 가리킨다. 『회남자』는 자연질서와 사회질서가 하나로 통일되는 근원을 '도'에서 찾았다. 이는 천지만물과 인간의 삶이 우주의 질서에 하나로 통합되어 있다는 생각을 반영했으며, 현실 정치 제왕의 도도 이런 질서에 부합해야 한다는 메시지를 담고 있었다.

사실 통치자가 자연질서와 사람의 일에 두루 통달해야 한다는 생각은 『회남자』의 독창이 아니었다. 그것은 중국만이 아니라 거의 모든 고대 문명에 보편적인 사고방식이었다. 유안이 자연법칙과 인사를 두루 포괄하고 통치술까지 망라한

'우주적 질서(道)'의 백과전서를 무제에게 바친 것은 전혀 이상한 일이 아니었다.

그러나 황제 주위에는 이미 유안의 강력한 사상적 라이벌들이 포진해 있었다. 동중서를 위시한 유학자들이 황제에게 헌상할 유교 경학經學의 이념을 정비하고 있었던 것이다. 유학과 황로학은 한나라 초기부터 조정에서 치열하게 대립했다. 그런데 황실의 실권자들이 대개 황로학을 선호했고, 유학은 크게 위축되어 있었다. 특히 두태후가 황로학을 애호하고 유학을 혐오했으므로, 그녀가 살아 있는 동안 유학자들은 숨을 죽여야 했다. 하지만 기원전 136년 두태후가 사망하면서 사태가 반전되었다. 할머니의 위세에 눌려 있던 무제가 본격적인 친정체제를 구축하기 시작했다. 이미 스물을 넘긴 무제 유철은 우선 조정에서 두태후의 세력을 몰아냈는데, 이는 곧 황로학의 퇴조를 의미하기도 했다. 이 무렵 유철이 시행한 '독존유술獨尊儒術' 정책은 사실상 황로학 배척에 초점이 맞춰져 있었다.

결국 『회남자』를 편찬하고 이를 유철에게 헌상하면서 기대했던 유안의 꿈은 좌절되었다. 유철은 겉으로 유안을 잘 대접했다. 한 예로, 기원전 126년 유철은 나이든 유안에게 등받이 의자와 지팡이를 하사하고 계절마다 조회하지 않아도 좋다는 특혜를 베풀기도 한다. 그러나 황제와 조정은 줄곧 유안에 대한 감시의 눈초리를 거두지 않았다. 심지어 유안의 아들인 태자 천遷의 부인에게 줄을 대어 은밀히 유안 일가의 동정을 내사하기까지 한다. 이를 부담스럽게 여긴 유안이 아들과 모의해 며느리인 태자비가 이혼을 자청하도록 일을 꾸밀 정도였다.

결국 유안은 모반의 그물망에 걸려든다. 기원전 124년 유안의 측근이던 낭중郎中 뇌피雷被가 태자와 검투놀이 도중 실수로 태자를 다치게 하는 사건이 일어났다. 그러자 뇌피는 장안으로 도망쳐 회남왕의 모반을 고발한다. 이에 무제는 일단 회남왕의 영토에서 2개 군郡을 삭탈하는 처벌로 사건을 마무리한다. 하지만 그 이듬해, 유안의 서자인 유불해劉不害의 아들 유건劉建이 태자를 폐위시키려다 발각되자 회남왕 일가의 모반을 다시 무제에게 밀고했다. 기원전 122년, 마침내 유안의 처형이 결정되었으나, 이를 시행할 관원이 회남에 도착하기 전 유안은 목을 매어 자결한다. 그 직후 왕후와 태자 천을 포함한 일족이 멸족되었고, 유안의 빈객 수천 명이 목숨을 잃었다. 또한 회남국은 공중분해되어 구강군九江郡으로 편입되었다.

이상이 『사기』와 『한서』 등에 전하는 '회남왕 모반사건'의 전말이다. 그런데 유안이 실제로 반란을 도모했는지는 분명히 알 수 없다. 모반이 조작되었을 수도 있다. 일찍부터 많은 학자들이 회남왕의 모반사건을 조작으로 의심해왔다. 하지만 사태의 진상과 무관하게 지방 제후인 회남왕 유안의 파멸은 이미 예정된 일이었다. 유안이

유안의 묘. 유학과 황로학의 대결에서 밀려난 유안은 결국 자살을 선택한다.

시시각각 목을 조여 오는 중앙정부의 위협을 느끼고 반란을 시도했건, 무제가 군현제를 확대하는 과정에서 유안을 희생양으로 삼았건, 어느 경우라도 사태의 본질이 크게 달라지지는 않는다.

무제는 통치 시기 내내 군현제를 확대해 중앙집권체제를 강화했으며, 회남국의 멸망은 이런 정책시행 과정의 일부였을 뿐이다. 그것은 중앙집권과 지방분권, 단원주의와 다원주의, 집단의식과 집단지성의 갈림길에서 단원주의적 집단의식으로 무장한 중앙집권 세력이 역사의 전면에 나섰음을 의미한다.

# 21세기 동아시아와 『회남자』의 복권

　하나의 시대가 전복될 때, 고전 특히 철학적이고 정신적인 지혜를 담고 있는 고전이 진가를 발휘한다. 한때 금서나 잡서에 불과했던 책이 불티나게 읽히는가 하면, 한때 불변의 진리를 담고 있다고 숭배되던 책이 구닥다리 폐품으로 전락하기도 한다. 그리고 이런 일이 벌어지면 흔히 문명의 전환이 이뤄지곤 했다. 고대 그리스철학의 복권이 유럽 중세를 전복시킨 계몽주의를 열었고, 니체의 복권이 서구 근대를 전복시키는 해체주의 담론에 불을 지폈다. 한데 지금 동아시아의 고전을 향하는 우리의 시선은 어디로 향하는가? 여전히 『춘추번로』나 주자朱子의 길인가? 아니면 『회남자』의 길인가?

　역사에는 가정이 없다고 한다. 그렇다. 역사는 사실史實의 영역이고, 사실의 영역에서 가정은 무의미하다. 역사의 눈으로 볼 때, 유안은 패배자이고 시대낙오적인 인물이다. 역사는 유안을 패망에서 구할 수 없다. 그러나 가치의 영역에서는 그렇지 않다. 노자의 말처럼 "절대적인 정상이란 없다. 정상은 다시 비정상으로 변하고, 선은 다시 악이 된다."(『노자』58장) 그러므로 철학은 유안과 『회남자』에 새로운 가치를 부여할 수 있다.

역사 속의 사건은 변하지 않지만, 그 사건의 가치는 시대와 장소에 따라 달리 평가된다. 만약 유안이 4세기의 로마나 7세기의 아라비아에서 『회남자』와 같은 사상을 펼쳤다면 어떻게 되었을까? 십중팔구 기원전 2세기 중국에서와 같이 비운의 주인공이 되었을 것이다. 중앙집권·단원주의·집단의식·위계질서가 '정상'인 사회에서, 지방분권·다원주의·집단지성·탈위계는 '비정상'이고 더 나아가 '악'으로까지 배척되기 때문이다. 그러나 지금도 그런가? 현대사회에서는 오히려 중앙집권·단원주의·집단의식·위계질서에 대한 거부가 폭넓게 확산되고 있다. 가치전도가 일어나고 있는 것이다. 비록 아직 충분치는 않더라도 말이다. 그러니 『회남자』와 유안이 수천 년 만에 복권할 것을 조심스럽게 점칠 수도 있지 않겠는가?

2부

『회남자』의 정신세계

오랫동안 사육한 동물을 풀어놓으면 곧바로 야생으로 돌아가지 않고 옛 주인 곁을 맴돈다. 따라서 야성의 본능을 회복하는 적응훈련이 필요하다. 마찬가지로 사람들이 집단의식의 감옥에서 벗어나 자유롭게 살고 야성을 회복하는 데도 적응훈련이 필요하다. 바로 이 지점에서 『회남자』의 가치가 빛난다. 그것을 '자유롭게 살고 야성을 회복하는 삶의 입문서'로 읽을 수 있기 때문이다. 그러므로 비록 오래되었지만, 『회남자』의 지혜는 여전히 유효하다. 지금이야말로 고정관념의 틀을 벗어나 정신의 자유를 누리는 법을 배울 필요성이 절실한 시기이기 때문이다.

1부에서 살펴본 것처럼, 『회남자』는 세계와 인간사회를 통합해 이해하려고 시도했다. 이는 특히 자연법칙을 근간으로 인간사를 해명하는 방식으로 이뤄졌다. 그러니 우리도 그런 문맥에 따라 『회남자』의 자연철학을 먼저 알아보고, 다음으로 사회철학을 살피기로 하자.

1장

# 우주의 자연 질서:
# 도덕道德

# 천지만물은 어디서 왔는가

인간은 지구에서 유일하게 세계와 자신의 존재 의의에 대해 질문하는 생명체다. 언제부터였을까? 4만 년 전 충북 청원의 두루봉동굴에 살았던 현생인류 호모 사피엔스 사피엔스의 선조들은 죽은 자에게 꽃을 바치는 마음을 가지고 있었다. 두루봉동굴에서 유골이 발견된 이른바 '홍수아이'는 편편한 석회암 위에서 고이 장례 치러졌고, 시신 곁에는 국화꽃이 헌화되었다. 후기 구석기 시대를 살았던 인류의 의식 안에 이미 사후세계의 관념과 의례, 그리고 삶과 죽음의 근원을 묻는 철학적 사고의 불꽃이 타오르고 있었던 것이다.

인간은 미지의 것에서 두려움을 느끼고, 무질서 속에 질서를 부여하려고 한다. 대체 우리가 어디에서 왔으며 왜 여기

있는가에 대해 뭔가를 말할 수 있어야 한다. 이 지점에서 우주의 비밀을 설명하는 최초의 이야기, 신화가 탄생했다. 정확히 말해 인간이 신화를 창조했다. 그 가운데 특히 중요한 것이 우주의 기원을 설명하는 창세 시나리오였다. 무수한 민족과 문화에서 창세신화가 만들어진 만큼 그 주인공과 스토리는 헤아릴 수 없이 다양하다. 동아시아만 보더라도, 한국인들은 삼신三神이 세상을 창조했다고 믿었고, 중국인들은 반고盤古의 몸에서 천지가 생겼다고 믿었으며, 일본인들은 하늘의 세 신령이 만들어낸 이자나기イザナミ와 이자나미イザナミ 신으로부터 일본이 생겨났다고 믿었다. 수많은 이야기가 등장한 것은 자연스러운 일이다. 사람들이 자기 주위의 사물과 사건, 자연조건, 생활방식, 역사 경험 등을 소재로 직관과 상상력을 발휘해 신화적 사유를 펼쳤기 때문이다.

그런데 자연계에 대한 지식이 축적되고 개별의 자연현상을 관통하는 법칙을 인식하면서, 보다 과학적으로 우주의 생성과 운동을 설명하려는 시도가 생겨났다. 사람들은 점차 자연계의 필연적 관계들을 법칙적으로 사유하기 시작했고, 세계가 질서정연하며 몇몇 자연법칙들로 설명될 수 있다고 생각하기에 이른다. 한 예로 기원전 6세기에 이오니아의 탈레스가 일식을 예언했고, 원의 지름이 그 원의 면적을 반으로 나눈다는 것을 증명함으로써 본격적인 기하학 연구를 시작했다. 더 나아가 그는 모든 물질이 궁극적으로 물로 이뤄진다고 주장했다. 얼마 지나지 않아 탈레스는 아리스토텔레스의 표현처럼 '물리과학의 아버지'로 추앙되었다. 동아시아에서도 비슷한 시기에 자연의 통일성과 자발성에 대한 인식이 증대했다. 중국에서 이런 인식의 뿌리는 기원전 6세기경에 살았던 노자로 거슬러 올라간다. 널리 알려진 것처럼 노자는 '도道' 개념으로 우주가 운행하는 길, 즉 자연 질서를 가리켰다. 또한 자연 질서가 인격적 주재신(上帝)보다 선행하며 자발적으로 운행한다(自然)고 강조했다. 노자에서 비롯된 자연주의는 계속 세련되면서 중국의 과학 사상을 지배해 왔다.

이런 일련의 흐름 가운데서 중국 고대에 특징적인 우주론이 체계화되었다. 우주론은 간단히 말해 우주의 생성과 구조 등을 설명하는 시나리오인데, 『회남자』는 특히 시공간과 만물의 생성에 관해 말하는 '우주 생성기원(cosmogenesis)'의 문맥에서 매우 인상적인 글을 남겼다.

> 천지가 아직 형태조차 없었던 때, 아득하기만 해서 아무 것도 없었으니 이를 '태소太昭'라고 한다. 도道는 허곽(虛廓: 아무 것도 없이 텅 빈 허공)에서 시작되었다. 허곽은 우주(宇宙: 공간과 시간)를 낳고, 우주는 기氣를 낳았다. 기에는 구별이 있어서, 맑고 밝은 기는 가볍게 떠올라 하늘이 되고, 무겁고 탁한 기는 응

고되어 땅이 되었다. 맑고 미묘한 기는 모이기 쉽고, 무겁고 탁한 기는 응고되기 어렵다. 그래서 하늘이 먼저 형성되고, 땅이 나중에 안정되었다.

하늘과 땅의 정기가 모여 음과 양이 되었다. 음과 양의 정기가 배합되어 봄·여름·가을·겨울의 네 계절을 이루었다. 그리고 네 계절의 정기가 분산되어 만물이 되었다. 양기가 모인 열기熱氣가 불을 낳았고, 불의 정기가 해가 되었다. 음기가 모인 한기寒氣가 물을 낳았고, 물의 정기가 달이 되었다. 그리고 해와 달에서 흘러넘친 정기가 별들이 되었다. 하늘은 해와 달과 별들을 받아들이고, 대지는 물과 비와 흙먼지를 받아들였다.(「천문훈」)

『회남자』의 여러 판본에서 태초의 근원을 '태소太昭'라고 한다. '크게 밝다'는 뜻이다. 그런데 청나라 때의 왕인지(王引之, 1766~1834)는 태소가 '태시太始'의 잘못된 표기라고 지적했다. 나름대로 설득력 있는 주장이지만, 그렇다고 전적으로 동의하기도 어렵다.

선진시기의 문헌에 '태시' 개념은 많이 보여도 '태소'는 거의 눈에 띄지 않는다. 게다가 우주의 근원은 흔히 어두운 상태로 묘사되었다. 예를 들어, 노자는 도의 상태를 '어둡고도 어둡다(玄之又玄)'고 표현했고, 장자는 '밝음이 어두움에서 생긴다(昭昭生於冥冥)'고 명시했다. 양陽보다 음陰이 더 근원적이라고 여겼던 셈이다. 그러니 '태소'가 '태시'의 오독이라고 의심하게 된다. 그러나 한대의 방사들은 노장과 달리 '순수한 양(純陽)'을 숭상했다. 이런 이유로 '태시'가 '태소'로 대체되었을 가능성이 높다. 유안의 빈객 상당수가 방사였음을 떠올린다면, 사실『회남자』에서 '태소' 개념을 만나는 게 그다지 놀라운 일만은 아니다.

한편 왕인지는 '도는 허곽에서 생겨났다'는 구절도 '태시가 허곽을 낳았다'로 바꿔야 옳다고 하여, '태시→허곽→우주'의 발생 순서를 강조한다. 이 또한 학계에서 제법 설득력 있게 받아들여진다. 그러나『회남자』는 사방상하四方上下의 공간을 '우宇'라고 하고, 예로부터 지금까지(往古來今)의 시간을 '주宙'라고 정의했다.(「제속훈」) 그렇다면 '우주'가 생겨나기 전의 태소·태시·허곽 등은 모두 시간을 분별할 수 없는 상태에 속하는 것으로, 그 선후관계를 따지는 자체가 무의미하다. 따라서 '태시(맨 처음)', '허곽(텅 빈 허공)', '태소(크게 밝음)', 그리고 '도道'는 모두 천지개벽 이전의 근원적 혼돈 상태를 서로 다른 문맥에서 지칭하는 기호로 보는 게 타당할 듯하다.

어찌됐거나 시간과 공간이 생긴 뒤의 과정에 대한 기술은 비교적 명확하다. 우주가 개벽하고 제일 먼저 기氣가 생겼다. 그 기가 분화해 맑고 밝은 기는 하늘이 되고, 무겁고 탁한 기는 땅이 되었다. 그리고 다시 하늘과 땅의 정기가 뭉쳐 각각 양기와 음기를 이루고, 이 두 기운의 배합에 따라 네 계절의 변화가 생겼으며, 각 계절의 기운이 만물을 낳았다. 결국 천지만물의 생성과 변화는 모두 기의 작용으로 설명된다. 흔히 '기화우주론氣化宇宙論'으로 불리는 이런 사유는 전국 중엽에 구체화되기 시작해 『회남자』에 와서 매우 세련된 체계를 갖췄으며 후대에 큰 영향을 미쳤다.

물론 이런 사유는 고대 지식의 한계 속에서 펼쳐졌으므로 오늘날의 관점에서 받아들이기 어려운 내용도 담고 있다. 예를 들어, '하늘의 정기→양기→불→불의 정기→해' 그리고 '땅의 정기→음기→물→물의 정기→달'이 분화한 뒤, 다시 해와 달의 정기가 넘쳐 섞여 별이 된다는 것은 비록 아름다운 스토리지만 사실이 아니다. 이는 천동설의 일종인 개천설蓋天說에 따른 우주생성론이다. 즉 정사각형의 평평한 땅을 둥근 하늘이 덮고 있다는 천원지방天圓地方의 우주관에서 나온 인식이다. 해와 달과 별이 마치 천장의 장식품처럼 하늘에 걸려 있고 그런 하늘이 땅을 중심으로 돌고 있다고 여겼으므로, 자연스럽게 하늘과 땅의 정기가 모여 해와 달이 되었다고 생각한 것이다. 또한 거기에는 아버지 해와 어머니 달이 사랑을 나눠 자녀인 무수한 별을 낳는다는 신화적 사유의 흔적도 남아 있다.

하지만 『회남자』가 저술된 시점은 동아시아의 정통 우주론이었던 혼천설渾天說마저도 등장하기 전이었다.[1] 2천여 년 전의 천문학 수준에서, 밤하늘의 무수한 별들이 실은 태양보다 훨씬 크고 뜨거운 가스덩어리로 해와 달과는 비교조차 할 수 없이 아득히 떨어져 있다고 이해했기를 기대할 수는 없다. 기원전 2세기의 시점에서 중요한 것은, 어떤 일관된 자연 법칙의 문맥에서 우주만물의 생성 및 작용을 해명하려 했다는 사실 자체에 있다.

그 핵심에 세계의 본질을 기氣로 파악하는 인식이 있다. 기는 무형의 에너지이지만 여기서 유형의 모든 사물이 생긴다는 생각이 『회남자』 자연철학의 기본 패러다임을 이뤘다. 이런 생각은 '천하 만물은 있음에서 생기고, 있음은 없음에서 생긴다(天下萬物生於有, 有生於無)'는 노자의 사유(『노자』 제14장), 더 나아가 '유형은 무형에서 생긴다(有倫生於無形, 精神生於道)'거나 '천하를 통틀어 하나의 기일뿐(通天下一氣)'이라고 언명한 장자의 사유(『장자』 「지북유」), 그리고 추연을 위시한 음양가의 이론 등에 뿌리를 두고 있다.

이런 기론을 계승한 『회남자』는 우주의 개벽과 더불어 기가 발생하며, 기의 분화 및 상호작용에 의해 천지만물이 생성되고 운동한다는 우주생성론을 보다 체계화했다. 이후 동아시아에서 더욱 진전된 우주론이 전개되었지만, 천지만물이

'기의 변화(氣化)'라는 기본 생각은 수천 년 동안 변함없이 이어졌다.

※ 제3부 본문의 「원도훈」 「숙진훈」 「천문훈」 「정신훈」의 내용을 대조해 살피면 『회남자』의 우주관, 특히 우주생성론에 관해 더욱 상세히 알 수 있습니다.

1장 우주의 자연 질서: 도덕道德 _ 105

# 과학과 신화의 동거

　『회남자』에서 우주론과 천문학이 주된 테마였던 것은 기이한 일이 아니다. 다른 모든 고대 문명에서와 마찬가지로 중국에서도 천문학이 가장 먼저 출현한 과학이었다. 천문학은 종교 및 의례와 깊이 연관되었고, 하늘의 변화는 지상의 변화와 직결된 것으로 여겨졌다. 따라서 천문학 연구는 줄곧 국가적 관심사였으며, 또한 역법曆法을 중심으로 하는 수학의 성장을 촉진했다. 그리고 화학의 시조였던 연금술과 의학·지리학·기상학 등도 국가에 의해 육성되어 번성했으니, 자연 질서에 관해 높은 수준의 실제적 지식이 축적되었다. 이는 비단 중국에 국한되지 않았다. 우리 민족도 동양에서 가장 오래된 천문대인 첨성대, 「천상열차분야지도天象列次分野之圖」의 토대가 되는 고구려 천문도 등을 제작했다. 서양에서는 르네상스시기에 와서야 비로소 동아시아 과학의 이런 수준에 도달했을 정도였다.

특히 한대漢代는 중국의 고대 과학이 비약하며 발전한 시기였고, 『회남자』야말로 그 시금석이 된 저술이었다. 기원전 2세기 전까지 쌓인 천문학·지리학·지질학·기후학·의학 등의 지식이 『회남자』에 총결되었다. 특히 「천문훈」「지형훈」「시칙훈」「정신훈」 등에 그 내용이 풍부하게 담겨 있다. 이후 자연현상에 관한 지식은 계속 증대했지만, 자연 질서를 바라보는 기본 시각은 『회남자』에서 크게 벗어나지 않았다. 즉 중국 과학의 토대가 한대에 확립되었고, 그 원형을 『회남자』에서 찾아볼 수 있다.

그런데 이런 고대 과학은 오늘날의 과학과 분명하게 구분되는 특성을 지니고 있다. 이를 이해하려면 먼저 근대 과학의 본질을 정확히 알 필요가 있다. 17세기 이후 서구에서 본격적으로 확립된 근대 과학의 핵심은 '과학적 방법'으로 불리는 지적활동 방식에 있다. 근대 이후 '과학'은 세계를 대상화하며, 관찰과 실험을 통한 경험적 입증, 통계적 처리, 논리적 추론, 수학을 통한 정량화 등의 방법을 이용해 객관적 지식에 도달하려는 지적 행위로 정의되었다. 이런 과학이 실제 세계를 탐구하는 매우 효과적인 수단이라는 점은 의심의 여지가 없다. 지난 이삼백 년간 근대 과학이 이룬 눈부신 성과만으로도 그것은 충분히 입증된다.

그러나 근대 과학이 '효율적'이라고 해서, 그것이 실제 세계를 탐구하는 '유일한' 방법이라고 할 수는 없다. 이는 엄연한 논리의 비약이다. 그런데도 적지 않은 과학자들, 그리고 '과학적'이라는 단서를 마치 '절대 진리'의 다른 말인 양 믿는 많은 사람들이 이 점을 혼동해 왔다. 그들은 과학적 인식만을 유일하고도 절대적인 인식방법으로 숭배한다. 엄밀히 말해, 이는 과학이 아니라 '과학주의scientism'의 사고방식이다. 이런 과학주의는 근대 경험과학의 필터를 통하지 않은 모든 지식에 오류투성이고 그릇되며 미개하다는 의미에서 '비과학'의 딱지를 붙여왔다. 특히 고대의 지식과 비서구 사회에서 전해지는 지식을 미신과 야만으로 폄하하고 배제했다.

이런 과학주의는 독단과 오만에 사로잡힌 인식이다. 근대 과학의 기원이 몇 세기밖에 안 된다는 자체가 과학주의자들이 해명하기 어려운 한 가지 문제를 제기한다. 오늘날 인간의 삶이 의존하는 실제 세계에 대한 지식이 얼마나 오래되었는가를 생각해보자. 우리는 농부들이 기른 곡물과 가축의 고기를 흙으로 빚은 접시에 담아 먹는다. 직물을 짜서 만든 옷을 입고, 지붕과 기둥과 벽으로 세운 집에서 산다. 물론 이런 생활은 자연현상의 일부가 아니다. 이런 생활을 가능케 하는 지식과 기술은 모두 신석기시대부터 인간이 습득해 발전시킨 것이다. 그것과 비교할 때, 근대 과학이 이룬 성과들은 오히려 사소한 느낌마저 든다. TV, 컴퓨터, 핸드폰, 병원, 자동차, 우주선, 심지어 핵무기 등에 이르기까지, 이런 것들이 없는 삶은 꽤 불편하고 따분할 것이다. 하지만 곡식, 그릇, 옷, 집이 없다면 생존 자체가 어려울 것이다. 후자가 인간의 삶에 보다 중요한 '원천 기술'인 것은 의심의 여지가 없다.

레비스트로스Claude Levi-Strauss는 이를 두고 '신석기시대의 역설'이라고 불렀다. 그에 따르면, 신석기시대 내지 역사 초기의 인류는 이미 긴 과학 전통의 계승자였다. 고대의 과학은 근대 과학과 마찬가지로 과학적이며, 그 결과의 진실성에서도 다름이 없다. 그 성과는 1만 년 전에 확고해졌고 아직도 우리 문명의 기초를 이루고 있다. 신석기인이나 그 선조는 현대인과 다름없는 정신을 지녔다. 따라서 고대적 과학과 근대 과학의 차이는 인간 정신 발달 단계의 격차에서 생기는 게 아니다. 그것은 두 가지 양식의 과학적 사고로, 과학적 인식이 자연에 접근할 때 일어나는 두 전략적 차원의 차이에서 생긴다. 하나는 구체적인 지각이나 상상력의 차원에 시선을 집중시키는 것이다. 레비스트로스는 그것을 '구체의 과학'이라고 불렀다. 물론 다른 하나는 감각적 직관이나 상상력으로부터 벗어나 자연을 대상화하고, 추상화하며, 논리적으로 분석하는 근대 과학의 전략이다.

그런데 특히 신화의 사고가 '구체의 과학'과 직결되어 있다. 신화를 낳은 사유는 구체적인 사물과 사건, 자연조건, 생활방식, 역사적 경험 등을 소재로 삼아 그것들을 논리적으로 결합시킴으로써 자연현상을 관통하는 법칙성을 통찰하고자 한다. 따라서 신화의 배후에는 인간이 자신을 둘러싼 세계를 세밀하게 관찰하여 얻은 방대한 데이터가 누적되어 있다. 자연현상에 관해 실제적인 지식을 구하는 진지함에서 신화는 근대 과학에 못지않은 과학 정신을 발휘한다.(레비스트로스, 『야생의 사고』)

『회남자』를 저술한 고대 과학자들, 즉 방사들의 학술은 대표적인 '구체의 과학'이다. 그들이 『회남자』에서 펼치는 천문학·지리학·지질학·기후학·의학 등의 지식은 과학적이지만, 또한 신화와 동거한다. 몇 가지 사례를 살펴보자. 앞서 『회남자』의 우주생성론을 살피면서 인용한 「천문훈」의 구절 바로 다음에 이런 대목이 보인다.

먼 옛날, 공공共工과 전욱顓頊이 제왕의 자리를 놓고 다투었다. 그런데 공공이 크게 화가 난 나머지 불주산不周山에 부딪쳤다. 그리하여 하늘을 떠받치던 기둥이 부러지고, 땅을 묶고 있던 밧줄이 끊어졌다. 이 때문에, 하늘은 서북쪽으로 기울어 해와 달과 별들이 모두 그 방향으로 옮겨졌다. 한편 땅은 동남쪽으로 기울어 물과 비와 흙먼지가 모두 이 방향으로 흘러가게 되었다.(「천문훈」)

이것이 천문학의 문맥에서 펼쳐진 신화의 사고라면, 지리학과 결합된 신화의 사고도 보인다.

곤륜산의 산언덕에서 두 배 가까이 올라가면 양풍산凉風山이 있는데, 여기에 오르면 영원히 살 수 있다. 또 그 두 배 가까이 오르면 현포산縣圃山이 있는데, 여기에 오르면 신령스러워져 바람과 비를 마음대로 부릴 수 있다. 다시 그 두 배 가까이 오르면 곧 상천上天인데, 여기에 오르면 신이 된다. 이곳이 천제가 거처하는 곳이다.

구주九州의 크기는 사방의 둘레가 1천 리이다. 구주 바깥쪽에는 팔인八殥이 있는데, 이것도 둘레가 1천 리이다. …… 팔인 밖에는 팔굉八紘이 있는데, 이 또한 둘레가 1천 리이다. …… 팔굉 밖에는 또한 팔극八極이 있다. …… 무릇 팔극의 구름은 천하에 비를 내리고 팔문(八門, 팔극의 문)에서 부는 바람은 추위와 더위를 조절한다. 팔굉·팔인·팔택八澤의 구름은 구주에 비를 내리며, 중앙의 대지를 조화롭게 한다.(「지형훈」)

이런 것은 현실성의 측면에서 도저히 감당하기 어려운 스토리들이다. 그러나 어떤 설명도 무지의 불안보다 낫다. 예컨대, 공공과 전욱의 이야기는 지구의 자전축이 23.5도 기울어 자전하는 현상을 설명하고 있다. 지금이야 그 실상을 알고 있으니 인용문의 스토리가 터무니없는 판타지로 보이지만, 기원전 2세기에 그것은 꽤나 진지한 가설이었다고 할 수 있다. 곤륜산과 구주·팔인·팔굉·팔극·팔문·팔택의 이야기 역시 마찬가지다. 그것은 대지의 높이와 넓이에 대한 의문에서 추론한 상상의 지리학이다. 책상 위에 지구본을 올려놓고 보는 현대인의 입장에서야 황당한 설정이지만, 지구상의 대륙과 해양에 대한 15세기의 '지리적 발견'이 있기 1천7백 년 전의 생각이라는 사실을 염두에 두어야 한다.

과학의 사고에서 이런 일은 다반사로 벌어진다. 오늘날의 우주론에서 초끈이론이나 초대칭이론이 최첨단으로 대접받고 있지만, 그것은 모두 증명할 수 없는 이론의 영역에 머무는 가설들이다 그 이론들이 우주의 비밀을 규명하는 방식은 신화의 사유와 본질적으로 상통한다. 이미 알고 있는 우주에 관한 지식과 상상력을 총동원해 아직 검증할 수 없는 현상의 배후에 숨은 비밀을 탐색하려고 하기 때문이다.

앞으로 다시 2천 년이 흐른 뒤에 이런 가설들은 어떻게 평가될까? 우리의 까마득한 후손이 20세기 최첨단의 양자역학을 말하는 하이젠베르크Werner Karl Heisenberg의 논문을 들여다보며 그 유치함에 실소를 금치 못하는 장면이 떠오르는 것은 필자가 예언자라서가 아니다. 반증될 수 없다면 과학이 아니라는 칼 포퍼Karl Popper의 유명한 '반증가능성'에 대한 논설이 아니라도, 그것이 과학의 피할 수 없는 운명임을 잘 알기 때문이다. 과학의 결론은 언제나 뒤집힐 수 있다. 그렇지 않다면 과학이 아니다.

그런데 바로 여기에 과학 정신의 위대함이 있다. 진정 위대한 것은 해명된 결과가 아니라, 미지의 것을 해명하려는 인간 정신 그 자체이다. 이 점을 염두에 두고 『회남자』를 읽는다면, 2천여 년 전에 이뤄진 과학적 사고의 결과를 두고 유치하다고 비웃는 경박함에 빠지지는 않을 것이다. 이미 누군가 알아낸 지식을 배우기는 쉬워도 미지의 것을 해명하기는 어려운 법이기 때문이다.

※ 3부 본문의 「숙진훈」 「천문훈」, 「지형훈」 「시칙훈」, 「정신훈」 등을 주의 깊게 읽으면 중국 고대의 과학과 신화가 만나 펼치는 상상력의 세계를 더욱 깊이 이해할 수 있습니다.

# 하늘과 땅, 계절의 질서를 말하다

『회남자』의 신화적 사유는 대개 실제로 관측할 수 있는 자연현상 너머의 문제를 다룰 때 작동했다. 예컨대, 해와 달과 별은 어떻게 생겨났으며, 하늘은 어쩌다 기울었고, 대지의 끝은 어디인가 등의 질문에 직면했을 때 뇌 안에 복잡하게 얽힌 신경세포들을 자극하는 상상력의 불꽃이 점화되었다. 이것은 지금도 이론물리학자나 천문학자, 수학자들의 뇌 속에서 벌어지는 일이다.

보다 실제적인 정보를 처리할 때, 고대 과학자들의 세심한 지각이 더욱 민감하게 작동했다. 그들은 세계와 인간을 하나의 통일체로 파악했고, 자기 몸의 일부를 감지하듯 천지만물에 반응했다. 따라서 자연 질서에 대한 『회남자』의 기술은 마치 생명의 움직임을 묘사하는 것처럼 생생하다.

> 하늘의 치우친 기가 격노하면 바람이 되고, 땅이 머금은 기가
> 조화를 이루면 비가 된다. 음양 두 기가 만나 서로 감응하면 우
> 레가 되고, 격돌하면 번개가 되며, 뒤섞이면 안개가 된다. 양이
> 강하면 기가 흩어져 비와 이슬이 되고, 음이 강하면 응결되어
> 서리와 눈이 된다.(「천문훈」)

『회남자』에서 세계는 그야말로 살아 있는 활물活物이다.
천지로부터 뭇 생명체 그리고 물과 불과 흙과 금속과 돌과 바
람에 이르기까지 모든 사물은 긴밀하게 연관되어 있으며, 단
순하면서도 보편적인 자연법칙의 지배를 받는다. 『회남자』
의 저자들은 '음양陰陽'과 '오행五行'이 천지만물에 보편적인
우주적 질서라고 파악했다.

그렇다고 음양오행이 『회남자』의 독창인 것은 아니다. 왜
낮과 밤이 있고, 계절은 왜 바뀌면서 반복하는가는 훨씬 이전
부터 매우 중요한 질문이었다. 이에 대해 고대 동양인들은 음
양과 오행의 원리가 있어 밤낮과 계절이 꼬리를 물고 순환한
다고 생각했다.

우선 음양은 햇빛이 비치면서 양지와 그늘이 생기는 자연
현상에 뿌리를 둔 개념이다. 글자 자체로 볼 때 그렇다. 음陰

과 양陽은 '언덕'을 의미하는 좌부변(阝=阜)에, 어둡다는 뜻의 글자(송)와 밝다는 뜻의 글자(昜)가 합해져 이뤄졌다. 즉 해가 비치는 언덕과 그늘진 언덕을 가리키는 기호이다. 이것은 공간적인 문맥의 음양인데, 시간의 차원에서 보자면 매일 반복되는 밤과 낮이 곧 음양이 된다. 즉 천지는 밤에 큰 그늘이 되고 낮에 큰 양달이 된다. 이를 천체 운행에서 보면, 밤(음)은 달과 별의 시간이고 낮(양)은 해의 시간이다. 또 그것을 형태상으로 보면, 음은 어둡게 가려지고 양은 훤하게 드러난다. 이를 생물학적으로 유추하면, 안으로 감춰진 생식기와 밖으로 돌출된 생식기가 각각 음(그늘)과 양(양달)의 이미지에 부합하며 암컷과 수컷에 대응한다.

일상에서 직접 관찰되는 이런 일련의 자연현상에서 자연스럽게 음양 개념이 형성됐다. '음'은 '그늘(공간)−밤(시간)−달(천체)−땅(천지)−어둠(형상)−암컷(생물)−여자(사람)' 등을 포괄했다. 그리고 '양'은 '양지(공간)−낮(시간)−해(천체)−하늘(천지)−밝음(형상)−수컷(생물)−남자(사람)' 등을 포괄했다.

| 차원<br>음양 | 공간 | 시간 | 천체 | 천지 | 형상 | 생물 | 사람 | 그 외 |
|---|---|---|---|---|---|---|---|---|
| 음陰 | 그늘 | 밤 | 달 | 땅 | 어둠 | 암컷 | 여자 | …… |
| 양陽 | 양지 | 낮 | 해 | 하늘 | 밝음 | 수컷 | 남자 | …… |

음양陰陽에 따른 구분 예

그런데 여기까지는 별로 특이할 게 없다. 음/양의 이런 분류는 동아시아뿐만 아니라 모든 문명에서 공통으로 나타나기 때문이다. 심지어 문명 이전의 초기 인류도 이런 인식을 가졌음을 보여주는 증거들이 있다.

중요한 것은 이런 음양의 자연 질서가 왜 생기느냐에 대한 해명에 있다. 이 지점에서 설명 방식이 갈리고, 문명의 성격이 달라지기 시작했다. 예를 들어, 창조주가 "빛이 있으라 하니 빛이 있었고" 밤과 낮이 갈렸다는 기독교 창세기류의 언명도 하나의 설명방식이다. 하지만 그것은 단지 여러 설명 방식의 하나에 지나지 않는다. 기원전 고대의 헤브라이인들이 밤과 낮이 생기는 원인을 신에게서 찾는 동안, 『회남자』의 사상가들은 기의 성질 차이로 음과 양을 설명했다.

> 밝음은 기를 밖으로 토해내므로 불(해)을 가리켜 '밖으로 쏘는 빛(外景)'이라고 한다. 어둠은 기를 안으로 머금으므로 물(달)을 가리켜 '안으로 품는 빛(內景)'이라고 한다. 기를 토해내는 것은 만물에게 시혜를 베풀고, 기를 머금는 것은 만물을 낳아 기른다. 그러므로 양은 베풀고 음은 화육化育한다. …… 해는 양기의 근본이다. …… 달은 음기의 근본이다.(「천문훈」)

'양'은 발산하는 기운(陽氣)이고, '음'은 응축하는 기운(陰

氣)이다. 발산하는 기운의 근원은 태양이고, 웅축하는 기운의 근원은 달이다. 지구의 만물은 예외 없이 태양의 기운과 달의 기운에 영향을 받는다. 태양의 기운 덕분에 풀과 나무가 자라고, 꽃이 피고, 양지바른 한 구석에서 멍멍이가 느긋하게 낮잠을 즐기고, 또 인간이 살아간다. 한편 달의 영향을 받아 바다의 조수와 여성의 월경 등이 일어난다. 대부분의 물고기가 달의 영향을 받아 먹이활동이나 산란을 한다. 또한 육상동물의 활동성도 달의 운동에 지대한 영향을 받는다. 지구가 달의 영향을 받아 밀물과 썰물을 일으키듯, 물이 없으면 살아갈 수 없는 생명체가 달의 영향을 받는 것은 당연한 이치이다. 인간의 몸도 70%는 물로 이뤄져 있다.

이처럼 태양의 기운과 달의 기운이 작동하고 조화를 이뤄 천지만물의 운동변화가 일어난다는 게 『회남자』의 생각이다. 아래 글은 이런 생각을 매우 유려하게 표현하고 있다.

해는 양기의 근본이다. 그러므로 봄·여름에는 뭇짐승의 털이 빠지고, 하지에는 녹각이, 동지에는 큰사슴 뿔이 빠진다. 달은 음기의 근본이다. 그러므로 달이 이지러지면 물고기의 뇌가 줄어들고, 달이 차면 조개의 살이 빠진다. 불은 위로 타오르고, 물은 아래로 흐른다. 그러기에 새는 높이 날고 물고기는 물 아래로 헤엄친다. 사물은 유유상종하고 본말이 상응한다. 그러므로 양수(陽燧: 쇠로 만든 오목거울)가 햇빛을 받으면 불이 일어나고, 대합이 달빛을 받으면 즙액이 흘러 물이 생긴다. 호랑이가 포효하면 동풍이 불고, 용이 하늘에 오르면 상서로운 구름이 모인다. 기린이 싸우면 일식과 월식이 일어나고, 고래가 죽을 때는 혜성이 나타나며, 누에가 실을 토해내면 현악기에서 상商 음을 내는 줄이 끊어지고, 유성이 떨어지면 발해渤海에 해일이 일어난다.(「천문훈」)

한편 오행五行은 목성·화성·토성·금성·수성의 다섯 행성(오성: 五星)과 관련이 있다. 오행설의 창시자인 추연은 본래 중국 고대의 천재적인 천문학자였다. 당시 천문학의 가장 중요한 기능 가운데 하나가 역법曆法을 계산하는 데 있었다. 즉 별들의 운행을 척도로 년·달·일·시·분 등의 시간을 측정했다. 이를 천문력天文曆이라고 한다. 중국에서는 추연이 활동하던 전국 중기에 천문력이 본격적으로 발전하기 시작했는데, 그 과정에서 오성과 관련된 오행 개념이 체계화되었다.

그런데 별들의 운행은 방위 및 계절과 밀접한 관계가 있다. 그리하여 '오행'이 단지 오성을 가리키는 데 그치지 않고 의미가 확장된다. 예를 들어, '나무(木)'는 행성으로 목성, 계절로 봄, 방위로는 동쪽, 색으로는 푸른색, 동물로는 용, 소리로는 각角, 천간으로는 갑을甲乙 등과 연계된다. 「천문훈」에 따라 오행의 분류체계를 도표화하면 다음과 같다.

| 오행＼사물 | 방위 | 계절 | 수호신 행성 | 색깔+ 동물 | 소리 | 천간 | 제왕 | 보좌역 |
|---|---|---|---|---|---|---|---|---|
| 나무 (木) | 동방 | 봄 | 목성 (歲星) | 푸른 용 (蒼龍) | 각 角 | 갑을 甲乙 | 태호 太皞 | 구망 句芒 |
| 불 (火) | 남방 | 여름 | 화성 (熒惑) | 붉은 새 (朱鳥) | 치 徵 | 병정 丙丁 | 염제 炎帝 | 주명 朱明 |
| 흙 (土) | 중앙 | 사계절 환절기 | 토성 (鎭星) | 누런 용 (黃龍) | 궁 宮 | 무기 戊己 | 황제 黃帝 | 후토 后土 |
| 금속 (金) | 서방 | 가을 | 금성 (太白) | 흰호랑이 (白虎) | 상 商 | 경신 庚申 | 소호 少昊 | 요수 蓐收 |
| 물 (水) | 북방 | 겨울 | 수성 (辰星) | 검은거북 (玄武) | 우 羽 | 임계 壬癸 | 전욱 顓頊 | 현명 玄冥 |

「천문훈」에 따라 만든 오행의 분류체계

앞서 언급한 것처럼 오행설은 고대 천문학과 관련해 체계화되었다. 그리고 다시 우주만물의 운동변화를 설명하는 모종의 패러다임으로 발전했다. 흔히 '오행'이 사물을 구성하는 다섯 원소라고 설명하지만, 이는 적절치 않은 해석이다. 원소(元素, element)는 물질을 이루는 최소 단위의 구성요소를 지칭한다. 하지만 오행은 어떤 고착된 요소가 아니다. '행行'이라는 글자가 암시하는 것처럼, 오행은 기운의 다섯 '흐름'을 가리킨다. 즉 그것은 나무(木)·불(火)·흙(土)·금속(金)·물(水)로 대표되는 다섯 종류의 기(五行之氣)이다. 氣는 기(기운

기)와 米(쌀 미)가 합한 글자로, 气는 본래 ≋에서 왔다. ≋의 형상이 보여주는 것처럼, 이 글자는 구름이나 바람 또는 파도 따위를 연상시킨다. 그것은 곧 유동하는 흐름이다. 예로부터 동아시아인들은 이런 기가 모여 모든 물질이 이뤄진다고 보았다.

그런데 이런 기운은 각기 고립되어 존재하지 않고 서로 끊임없이 영향을 주고받는다. 말하자면 이렇다. 금속으로 만든 도끼는 나무를 쓰러뜨리지만, 물은 나무를 푸릇푸릇하게 살아나게 한다. 하지만 금속이 늘 다른 것을 이기고, 물이 늘 다른 것을 살리지는 않는다. 금속은 불기운에 약하고, 물은 불기운을 제압한다. 이처럼 모든 사물은 서로 견제와 도움을 주고받는 복합적이고 중층적인 사슬관계로 이어져 있다.

이는 사물을 대상화하거나 고립시키지 않는 사고방식이다. 나무 한 그루를 보더라도 그 나무와 다른 사물과의 관계부터 살핀다. 그러므로 '흐름(行)'이라고 하는 것이다. 오행에는 일방에서 다른 일방을 견제하는 흐름이 있는데 이를 상극相剋이라고 한다. 또 일방에서 다른 일방을 살리는 흐름이 있는데 이를 상생相生이라고 한다. 이처럼 음양오행은 어떤 사물을 다른 것과 분리된 고립적 대상으로 분별하지 않고, 대신 다른 사물과의 다양한 관계의 맥락에서 파악하는 이론체계다. 이는 우주를 한 몸으로 보는 유기체론에 뿌리를 둔 전형적인 '계통적 사고'이다. 따라서 오행설을 이해하려면 먼저 천지만물을 하나의 살아 있는 몸처럼 보는 세계관부터 납득해야 한다.

자연계를 그저 기계적 대상으로만 취급하는 현대인들의 분석적 사고에서 볼 때, 음양오행의 계통적 사고는 생소할 수밖에 없다. 그래서 자신의 세계관으로는 이해할 수 없으니 미신이나 주술이라고 폄하하는 것이다. 그러나 '음양오행'은 동양 고대의 과학적 인식·이론·관습·사고·관념·가치관을 통합하는 이론의 틀이었다. 이는 중국은 물론 동아시아인들의 세계관을 오랫동안 지배해왔다. 다시 말해, 그것은 세계의 질서를 설명하는 동아시아 전형의 사고방식이었다. 그런데 19세기 후반부터 서구의 사상·종교·학술이 동아시아로 물밀듯이 밀려들면서, 서구의 사고방식으로 잘 이해되지 않는 음양오행의 패러다임을 근거 없고 저급한 미신이나 점술 정도로 배척하는 풍조가 확산되었다.

하지만 이런 태도야말로 과학의 패러다임이 형성되는 과정과 특징을 무시하는 또 다른 맹목적 미신에 불과하다. 과학은 절대적인 지식이 아니라 자연을 설명하는 일종의 '가설(hypothesis)'일 뿐이다. 자연과학의 문맥에서 보자면, 특정한 시기에 과학자 집단이 대체로 공인하는 이론적 틀이 있는데 그것이 곧 패러다임이다. 패러다임은 영원히 지속될 수는 없다. 그것은 항상 생성·발전·쇠퇴·대체하는 과정을 되풀이한다. 즉 과학은 본질적으로 상대적인 지식의 체계이다. 따라서 어떤 하나의 패러다임을 절대적으로 옳은 불변의 법칙으로 보는 태도야말로 가장 비과학적인 맹신이다.

그런데 서구인들 그리고 서구 지식의 일방적 세례를 받은 얼치기 지식인들이 서양의 사상·종교·학술만을 유일한 진리로 숭배해왔다. 그리고 다른 문화권에서 수천 년 동안 전승된 사고방식은 깊게 따져보지도 않고 무조건 미신으로 배척한다. 이는 아무리 변명해도 합리화하기 어려운 야만스럽고도 무지몽매한 지적 폭력이다.

여기서 음양오행이 맞고 서구의 사고방식이 틀리다는 이야기를 하자는 게 아니다. 최소한 음양오행이 자연 질서를 설명하는 하나의 가설로 정립되어 수천 년 동안 동아시아에 지배적인 패러다임으로 기능해왔다는 점을 인정해야 하며, 이런 문맥에서 그 내용을 이해하려고 보다 진지하게 접근해야 함을 이야기하려는 것이다.

---

※ 『회남자』는 음양오행설에 입각한 우주론을 체계화한 가장 오래된 고전의 하나입니다. 3부 본문의 「천문훈」「지형훈」「시칙훈」의 내용을 참고하기 바랍니다.

# 정신精神을 말하다

　『회남자』의 저자들은 사물의 미세한 실상을 통찰하기 위해 편견 없는 정신을 유지할 것을 강조했다. 그들은 기존의 지식에 집착하지 않고 끊임없이 편견을 버리며 사물을 있는 그대로 보고, 그 배후의 비밀을 캐내려고 노력했다. 이는 사물을 객관적으로 관찰하려고 애쓰는 근대 과학의 노력과도 상통하는 것처럼 보인다.

　자연의 실상을 파악하려 한다는 의미에서 이 둘은 모두 과학적이지만, 또한 서로 다른 차원에서 자연에 접근하는 두 가지 방식이기도 하다. 근대 과학은 관찰과 실험 그리고 논리적이고 수학적인 사고로 자연을 파악한다. 그 과정에서 자연은 대상화되고 물화되며, 수량화되고 통계화된다.

하지만 '구체의 과학'을 일군 고대의 과학자들은 명상과 관조 그리고 자연과 일체가 되는 직관의 교감을 통해 사물을 인식할 것을 강조했다. 그렇다고 고대 과학자들이 관찰과 분석적 사유의 길을 몰랐다고 여긴다면, 이는 큰 오산이다. 그들은 근대 과학이 선호하는 세계 인식의 경로를 알고 있었지만 그리로 가지 않았을 뿐이다. 아래 글에 그 연유가 잘 나타나 있다.

> 감각기관에 의존하는 관찰만으로는 사물의 이치를 일일이 구분하기 어렵고, 마음과 생각의 논변만으로는 사물의 옳고 그름을 확정할 수가 없다. 그러므로 지략智略으로 통치하는 자는 그 나라를 보존하기 어렵다. 오직 천지의 큰 조화에 통하고, 만물의 절로 그러함(自然)에 감응할 수 있는 자라야 나라를 제대로 보존할 수 있다.(「남명훈」)

『회남자』는 '감각기관에 의존하는 관찰(耳目之察)'과 '마음과 생각의 논변(心意之論)'만으로 사물을 정확히 인식할 수 없다고 말한다. 대신 천지의 큰 조화에 통하고 만물의 자연 상태에 감응할 것을 강조했다. 이런 방법으로 자연 질서를 통찰할 수 있는 근거는 '정신' 자체의 특성에서 비롯된다. 우선 인간 정신의 근원에 대해 말하는 대목부터 살펴보자.

옛날에 하늘과 땅이 없었을 때, 다만 무형無形의 형상만이 펼쳐졌다. …… 음과 양이 나뉘었고, 흩어져 팔방의 멀고도 넓은 세상이 되었다. 단단하고 부드러운 기가 서로 어울려 만물이 형성되었는데, 잡스러운 기(煩氣)는 동물이 되고 정미한 기(精氣)는 사람이 되었다. 그러므로 정신은 하늘의 것이고, 육체는 땅의 것이다. 사람이 죽으면 정신은 하늘의 문으로 들어가고, 육체는 그 근본인 땅으로 돌아가니, 내(我, 자아)가 또한 어디에 존재하겠는가?(「정신훈」)

무형의 근원에서 우주가 생기고 다시 음과 양이 나뉘었다. 그리고 음기와 양기가 어우러져 만물이 형성되는데, 기의 잡스러움과 정미함의 차이에서 동물과 사람의 구분이 생겨났다. 이런 관점은 만물의 다양성과 일체성을 함께 설명한다. 기의 질(質, Quality)과 음양 두 기의 배합 비율 차이에서 다양한 만물이 생기지만, 근원에서 보면 천지만물이 모두 우주의 기로 이뤄져 있어 일체라는 것이다.

사람이라고 여기서 예외가 아니다. 천지간에서도 정미한 기가 모여 사람이 되기는 하지만, 그 역시 음양의 기운인 것은 본질이 다른 사물과 같기 때문이다. 특히 인간의 정신은 하늘로부터 부여받은 기이고, 육체는 땅으로부터 부여받은 기로 이뤄진다고 한다. 육체를 이루는 피와 뼈와 살이 땅 위의 산물

(동식물)로부터 에너지를 공급받는 것은 의문의 여지가 없다. 그렇다면 정신을 이루는 에너지가 하늘로부터 온다는 것은 무슨 의미인가?

이와 관련해「정신훈」에 "사람 몸의 구멍(孔竅)은 정신이 드나드는 문"이라는 구절로 시작하는 단락이 있어 눈길을 끈다.

> 사람 몸의 구멍(孔竅)은 정신이 드나드는 문이며, 기와 의지(氣志)는 오장의 심부름꾼이다. 귀와 눈이 소리와 색체의 즐거움에 탐닉하면, 오장이 동요해 안정을 잃는다. 오장이 동요해 안정을 잃으면, 혈기가 들끓어 쉬지 못한다. 혈기가 들끓어 쉬지 못하면, 정신이 밖으로 튀어나가 지킬 수 없다. 정신이 밖으로 튀어나가 지키지 못하면, 산더미 같은 화禍와 복福이 다가와도 이를 분별조차 하지 못한다.(「정신훈」)

이에 따르면 '정신'은 사물로부터 독립된 실체가 아니라 유동하는 기운의 일종이다. 그 기운은 하늘(허공)에 원천을 두고 우리 몸의 구멍을 통해 드나든다. 여기서 자연스럽게 '호흡'의 기능을 떠올리게 된다. 두말할 필요도 없이 생명을 유지하려면 음식물의 섭취와 호흡이 필요하다. 지구의 에너지원(음식물)은 식사와 소화를 통해 우리 몸을 이루는 물질과 에너지로 전환된다. 이 과정에서 호흡은 음식물을 산화 또는 분해해 생명활동에 필요한 에너지를 발생시킨다. 식사−소화−배설로 이어지는 소화대사로 지구(地)의 에너지가 순환하고 소통한다면, 들숨−날숨으로 이어지는 호흡대사로 대기(天) 중의 에너지가 순환하고 소통하는 셈이다. "정신은 하늘의 것이고, 육체는 땅의 것"이라는 생각은 바로 신진대사의 이런 특징에서 기원한다.

이런 정신은 인식작용뿐만 아니라 생명활동 전반을 콘트롤한다. 따라서 "형체(形)는 생명의 집이고, 기운(氣)은 생명을 채우며, 정신(神)은 생명을 제어한다"(「원도훈」)고 한다. 그런데 흔히 "정신이 산란하다" "정신이 나간다" "정신을 잃는다"는 말이 쓰이는 것처럼, 정신이 흩어지면 분별력과 통제력이 약해진다. 이와 반대로 정신이 몸 안에 머물러 안정될수록 사리가 분명해진다. 더 나아가 기가 흐트러지지 않고 정신의 활동이 왕성해지면 매우 뛰어난 통찰력이 생긴다. 다음 구절에서 '정신'의 이런 특징이 잘 드러난다.

> 혈기血氣는 사람의 정화요, 오장五臟은 사람의 정수라고 할 수 있다. 혈기가 오장에 온전히 돌아 밖으로 새지 않으면, 가슴과 복부가 충실해지고 욕심은 사라진다. 가슴과 복부가 충실하고 욕망이 없으면, 귀와 눈이 맑아지고 듣고 보는 것이 밝아진다.

귀와 눈이 맑고 듣고 보는 것이 밝으면, 이를 일컬어 '밝다(明)'고 한다.

오장이 마음에 따라 어긋나지 않으면, 빨끈하는 성질이 사라지고 행동이 바르게 된다. 빨끈하는 성질이 사라지고 행동이 바르면, 정신이 왕성해지고 기가 흩어지지 않는다. 정신이 왕성하고 기가 흩어지지 않으면, 사리가 분명해진다. 사리가 분명하면, 균형이 잡힌다. 균형이 잡히면, 환하게 통한다. 환하게 통하면, 신령스러워진다. 신령스러우면, 살펴서 보이지 않는 것이 없고, 들어서 들리지 않는 것이 없으며, 행하여 이루어지지 않는 것이 없다.(「정신훈」)

　　그렇다면 정신은 어떤 때 몸을 떠나 흩어지고, 어떤 때 몸 안에 머물러 안정되는지 논하지 않을 수 없다. 결론적으로 말해, 그 관건은 외물外物의 유혹으로부터 얼마나 자유로운가에 달려 있다. '외물'은 사람의 감각과 분별력을 자극하는 외부 사물이다. 보고 듣고 먹고 싶은 충동, 그리고 구체적인 사물은 물론 부귀·명예·지위 등을 포함해 사람의 생각을 지배하는 외부의 대상이 모두 '외물'이다. 『회남자』는 감각과 생각이 외물에 현혹되면 정신이 산란해지고, 반대로 외물로부터 자유로우면 정신이 안정된다고 한다.

무릇 다채로운 색은 눈을 혼란시켜 흐리게 하고, 요란한 소리는 귀를 시끄럽게 하여 어둡게 만들고, 화려한 맛은 입을 어지럽혀 마비시키고, 분별은 마음을 산란케 해서 행동을 경박하게 만든다. 세상 사람들은 이 네 가지(색·소리·맛·분별)로 자신의 성품을 길들이지만, 사실상 이는 모두 사람에게 누가 되는 것이다.(「정신훈」)

근심하지도 않고 즐거워하지도 않음은 덕德의 극치이다. 도에 통하여 변함이 없음은 고요함(靜)의 극치이다. 욕심을 품지 않음은 비움(虛)의 극치이다. 좋아하고 싫어함이 없음은 평정(平)의 극치이다. 사물에 얽매여 정신이 산란치 않음은 순수(粹)의 극치이다. 이 다섯 가지에 능숙하면 신명神明에 통한다. 신명에 통함은 곧 그 내면에서 얻는 것이다.(「원도훈」)

'정신'의 작용은 무욕·평정·순수한 상태에서 가장 활발해진다. 그것은 감각과 생각이 외물에 현혹되지 않는 상태이다. 반면 사물에 감각과 생각을 빼앗기면 정신이 산란해진다. 예를 들어, 요란한 음악을 듣거나, TV화면에 몰입하거나, 또는 자기만의 생각에 빠져 있는 등의 경우가 그렇다. 이럴 때 사람들은 주위의 사물이나 움직임을 잘 포착하지 못하는데, 그것이 곧 정신이 둔감해진, 이른바 '정신이 나간' 상태이다.

이와 달리 감정과 생각이 잦아들고 심신이 안정을 찾으면 매우 미세한 사물이나 움직임도 민감하게 포착할 수 있다. 최근의 인지신경과학 연구에 따르면, 동양의 명상이나 심신수련에 의해 효율적으로 도달할 수 있는 이런 상태에서 뇌가 활성화된다고 한다. '내면의 얼음'이란 호흡의 안정과 명상으로 뇌에 충분한 에너지가 유동하는 체험에 관한 표현이라고 할 수 있다.

지금까지의 검토에 따르면, 『회남자』가 파악한 '정신'은 세상에서 분리되어 독립된 인식주체가 아니다. 그것은 생명에 깃들어 유동하는 에너지로, 이런 정신은 인식활동뿐만 아니라 생명활동 전반을 제어하는 작용을 한다. 그 작용은 심신이 안정될 때 가장 활발해지는데, 욕망과 감정·자아의식 따위가 강할수록 심신은 불안해진다. 반대로 욕심과 자아집착에서 벗어나야 심신이 안정된다. 그래야 정신이 왕성해지고 에너지가 흩어지지 않으며, 사리판단이 분명하게 된다.

이에 따르면, 동일한 인식 대상에 대한 사람의 인식능력 수준이 다를 수밖에 없고, 또 동일인이라고 해서 그의 인식능력이 언제나 한결같을 수도 없다. 그렇다고 인식능력의 차이가 선천적으로 타고난 자질에 의해 결정되는 것은 아니다. 선천적으로 타고난 성인聖人은 별로 없다. 단지 귀와 눈이 맑고, 듣고 보고 말하는 것이 분명하면, 그가 곧 성인이다. '聖'이라는 글자 자체가 '耳+口+王'이 결합된 기호다. 즉 듣고(耳) 말하는 (口) 것이 또렷해 남을 이끄는 사람(王)을 가리킨다.

여기서 "눈과 귀가 청명하고 밝다"는 것은 시력과 청력이 좋다는 말이 아니다. 그것은 "빛과 소리에 유혹당하지 않음"을 의미한다. 그렇게 되면, "기와 의지가 텅 비고 담백해 욕망이 적고, 오장이 안정되며 충실해 기운이 새나가지 않게 된다. 정신이 몸 안에 머물러 밖으로 달아나지 않으면, 아득한 과거를 돌아보고 미래를 예견하는 것조차도 아주 쉽다"(「정신훈」)고 한다. 즉 똑똑해지고 싶으면 먼저 자신의 심신부터 다스리고, 정신을 안정시켜야 한다. 그것이 『회남자』에서 말하는 인생사의 근본이다.

하지만 근본이 취약하면서도 이를 보완할 생각을 하지 못하고, 감정과 욕망 그리고 자아에 사로잡혀 세상을 제멋대로 분별하는 사람들이 있다. 평소에 똑똑하고 유식해 보이기를 좋아하고 제 잘난 맛을 한껏 드러내지만, 정작 실제의 세상사에서 삐걱거리는 사람들. 제 감정과 사변의 함정에 빠져 사물의 요점과 핵심에서 벗어나는 사람들. 스스로를 궁지에 몰아넣고서도 그것이 자기 탓인지 모르고, 뒤에서만 구시렁구시렁 거리는 사람들. 세간에서는 이를 흔히 '헛똑똑이'라고 한다.

오늘날의 학교 교육은 이런 헛똑똑이를 키우고 있다. 초등

학교에서 대학·대학원에 이르기까지 '정신'을 기르는 자기 성찰은 간과되고, 단지 정신활동의 결과물인 지식을 습득하고 전수하며 평가하는 일에만 몰두한다. 『회남자』식으로 말하자면, 한마디로 '정신 나간' 교육을 하고 있는 셈이다. 그러니 어려서부터 이런 교육제도의 터널을 통과한 현대인이 헛똑똑이가 되지 않는 게 이상하다. 세계와 인생에 대해 현란하고 풍부한 지식과 논변을 펼치면서도, 정작 자기 앞에 살아 있는 한 사람, 나무 한 그루, 풀 한 포기, 한 자락의 바람과 어떻게 교감해야 하는지를 모르는 이중성이 그래서 현대인에게 체질화되어 있다. 이는 '정신'의 병이다. 외부에 대해 아는 정보는 많아졌지만, 막상 내면의 정신은 병든 상태이다.

그것은 인식주체인 자아를 실체화하여 세계로부터 떼어내 고립시킨 서구의 합리성과 근대성의 필연적 귀결이다. 조금 냉소적으로 말하자면, 현대에 와서 제 생각과 지식의 성채에 틀어박혀 저 잘났다고 구시렁대는 '나 홀로 독백'의 질병에 걸린 족속이 많아졌다. 세상이 자기를 중심으로 도는 것처럼 착각하고, 실제생활과 실물감각에 무력한 것을 마치 지적 순결의 징표인양 착각하는 헛똑똑이들. 하지만 세상은 그들에게 이렇게 속삭인다. "환상은 가져도 착각은 하지마세요. 당신의 자기망상은 참 구제불능이네요! 당신 없이도 세상은 눈 하나 끔뻑하지 않고 잘 돌아간답니다."

물론 지식 자체가 나쁘다는 게 아니다. 문제는 사람의 생생한 삶이 지식의 뒤치다꺼리나 맡는 수준으로 떨어진다는 데 있다. 지혜의 본령은 지식에 매달리는 게 아니라, 인간의 정신이 세계에 대한 지식을 이끄는 위치에 있을 때 드러난다. 이런 맥락에서 "신명과 도를 밖에서 구하는 자는 이를 안에서 잃게 된다"는 『회남자』의 말을 되새길 필요가 있다.

　　　신명과 도를 밖에서 구하는 자는 이를 안에서 잃게 된다. 하지만 이를 자신의 내면에서 지키는 사람은 밖에서도 얻게 된다. 비유컨대 뿌리(根)와 지엽(末)의 관계와 같다. 뿌리를 잡아당기면 모든 줄기와 잎이 남김없이 끌려오게 된다.(「정신훈」)

---

※ 『회남자』에서 말하는 '정신'에 대해 더 깊이 살피려면 3부 본문의 「남명훈」과 「정신훈」을 정독하기 바랍니다.

# 천지만물이 한 몸임을 말하다

서구과학은 대상으로서의 자연(Nature)을 '분별'(관찰, 분석)하고 이를 다시 '종합'해 자연법칙을 발견하는 방법을 발전시켰다. 논리학에서 이를 귀납법이라고 한다. 귀납의 방법은 곧 퍼즐놀이와 같다. 그것은 세계를 부분의 조립으로 이뤄지는 기계 내지는 낱개의 벽돌로 쌓아올리는 건축물로 보는 '기계론적 세계관'에 뿌리를 두고 있다. 세계를 인식대상으로 객체화함에 따라 자연과학이 유례없는 발전을 거듭했다. 그러나 인식주체를 고정화하고 인식대상으로부터 떼어냄으로서, 인간을 자연으로부터 고립시키는 결과를 초래하기도 했다.

하지만 동아시아에서는 자연을 기계가 아닌 살아 있는 한

덩어리의 생명으로 보았다. "하늘과 땅 그리고 만물(天地萬物)은 한 몸"이라고 말할 수 있다. 천지만물을 한 몸으로 이어주는 것은 곧 유동하는 기운이다. 현상적으로 천차만별인 사물이 모두 독립된 실체인 것처럼 보이지만, 사실상 모든 사물은 우주적 기운의 장(場, field)에서 하나로 연결되어 있다. 기는 만물 사이를 유동하며 끊임없이 소통한다. 이를 중시한 동양인들은 사물을 전체와 분리시켜 관찰하기보다, 만물의 '연결'과 '소통'의 맥락을 중시했다. 『회남자』는 이렇게 이야기한다.

> 천지가 화합하고 음양이 만물을 빚어내는 것이 모두 사람의 기氣에 부합한다. 그러므로 윗사람과 아랫사람의 마음이 이반되면 기가 위로 증발하고, 군주와 신하가 불화하면 오곡이 여물지 않는다. …… 이로써 볼 때, **천지와 우주는 한 사람의 몸**과 같고, 상하사방의 안은 한 사람의 모습과 같다.(「본경훈本經訓」)

천지만물이 하나의 커다란 생명이고, 온 우주가 한 몸이라고 말하고 있다. 우리나라의 민족종교에서도 이런 사상을 간단명료하게 말했다. 동학의 제2대 교주인 최시형은 "인간이 나의 동포요, 만물이 나의 동포다(人吾同胞, 物吾同胞)"라고 했다. "모든 사물이 다 하느님이다(物物天, 事事天)"라고 했으며,

"땅을 소중히 여기기를 어머님의 살결처럼 하라"고도 했다. 강증산은 "너도 생명이오, 나도 생명"이라며 나도 살고 너도 살리는 천지만물의 상생相生을 강조했다. 이들은 모두 알기 쉽고도 정곡을 찌르는 말로 모든 것이 다 생명을 가지고 있다는 '만유생명론萬有生命論'을 설파했다.

천지만물이 한 몸인 것에서 인간이라고 예외가 될 수 없다. 즉 인간은 자연으로부터 떨어져 나온 특별한 존재가 아니라, 자연의 섭리 안에서 살아가는 '자연 안의 존재'이다. 인간이 자연을 제멋대로 조작할 수 있는 게 아니라, 실은 대자연이 인간을 낳고 양육한다. 『회남자』는 이렇게 말한다.

> 무릇 대자연이 나에게 형체를 주어 땅 위에 살게 하고, 나를 살려 힘써 일하게 하며, 나를 늙게 하여 쉬도록 하고, 나를 죽게 하여 휴식하도록 만든다. 나를 잘 살리는 대자연이 또한 나를 잘 죽게도 하는 것이다.(「숙진훈」)

심지어 사람의 서로 다른 기질도 자연의 특성에 의해 결정된다. 이른바 '신토불이身土不二'라는 말이 있다. 사람의 몸과 땅은 둘이 아니고 하나라는 뜻이다. 이 말은 흔히 자기가 사는 땅에서 자란 농산물이라야 체질에 잘 맞음을 의미하는 정도로 쓰인다. 하지만 왜 그런가를 깊이 따져볼 필요가 있다.

모든 생명은 오랜 진화의 산물이며, 진화 과정에서 특히 중요한 변수가 자연조건이다. '인류'라는 종 안에서 인종이 갈리는 것도 서로 다른 풍토에 생명이 적응한 결과이고, 같은 인종 내에서 다시 다양한 민족의 기질이 형성되는 데도 풍토의 차이가 작용한다. 오랜 기간 추운 시베리아의 기후에 적응된 체질과 더운 열대 기후에 적응된 체질이 다른 게 정상이다. 즉 사람의 기질은 자신이 사는 지역의 풍토에 영향을 받을 수밖에 없다. 이를 두고『회남자』는 "토지는 각각 그 종류에 따라 사람을 낸다"고 말한다.

> 토지는 각각 그 종류에 따라 사람을 낸다. 그러므로 산山의 기가 강하면 남자가 많고, 연못의 기가 강하면 여자가 많다. 꽉 막힌 기운이 강하면 벙어리가 많고, 바람의 기운이 많으면 귀머거리가 많다. …… 모래땅에는 민첩한 사람이 많고, 단단한 땅에는 둔한 사람이 많다. 맑은 물가에서 난 사람은 목소리가 작고, 탁한 물가에서 난 사람은 목소리가 크다. 빠른 물가에서 난 사람은 행동이 가볍고, 느린 물가에서 난 사람은 행동이 무겁다. 중앙의 땅에서는 성인이 많이 태어난다. **사람은 모두 그 지역의 기운과 비슷하며, 그 땅의 종류에 감응한다.**(「지형훈」)

이처럼 인간은 대자연 안에서 살아가는 존재이다. 그러므로 천지자연의 섭리에 따라 살아야 한다. "배를 삼킬 만큼 큰 물고기라도 풍랑에 떠밀려 물가로 쓸려오면 작은 개미들에게 제압당한다. 그 거처를 떠났기 때문이다. 원숭이가 나무에서 떨어지면 여우나 살쾡이에게 잡힌다. 그 거처가 아니기 때문이다."(「주술훈」)

자연의 섭리를 인정한다면, 만물이 서로 다르다는 사실도 자연스럽게 인정하게 된다. 이런 통찰은 인간중심주의, 그리고 특정한 가치기준을 척도로 세상 모든 것을 재단하는 절대주의적 사고에 대한 반성을 촉구한다.

> 크고 넓은 집, 겹겹의 문이 이어져 통하는 방은 사람이 편히 거주하는 곳이다. 그러나 새가 그리로 들어가면 근심에 휩싸인다. 높고 험준한 산과 깊고 무성한 삼림은 호랑이와 표범 같은 짐승이 즐기는 장소이다. 그러나 사람이 그리로 들어가면 두려움에 전전긍긍한다. 하천과 계곡의 원류, 깊이를 알 수 없는 호수는 자라와 거북이 편안해 하는 장소이다. 그러나 사람이 그리로 들어가면 익사한다. …… 이처럼 사물은 형체가 다르고, 성질 또한 다르다. 이에 한편에서 즐거움의 원인이 되는 것이, 다른 한편에서는 슬픔의 원인이 된다. 한편에서 안전함을 제공하는 것이, 다른 한편에서는 위험을 초래하는 것이 된다. …… 그러므로 어리석은 자에게도 장점이 있고, 지혜로운 자에게도 부족함

이 있다. …… 이를 통해 볼 때, 만물에는 귀하거나 천함이 없다. 그 귀한 바에 따라 귀히 여기면, 사물에는 귀하지 않은 것이 없다. 그 천한 바에 따라 천히 여기면, 사물은 천하지 않은 것이 없다.(「제속훈」)

만물의 차이를 존중하는 삶은 곧 대자연의 섭리에 따르는 삶이다. 시쳇말로 '생긴 대로 살라'는 것이다. 그런데 이런 언명은 일견 숙명론과 수동적인 삶을 옹호하는 것으로 오해될 수 있다. 그러나 문명이 고도화될수록, 자연의 섭리에 따라 사는 게 더 어려워지는 법이다. 사람이 일단 문명이 가져다주는 눈앞의 편리함에 길들여지면, 거시적이고 장기적으로 펼쳐지는 자연의 섭리에 무감해지기 쉽다.

현대인의 삶이 그렇다. 눈앞의 편리함을 위해 너나없이 자동차를 몰고, 여름이면 집집마다 에어컨을 틀어댄다. 그런데 자동차의 매연과 에어컨에서 배출되는 열기로 지구는 갈수록 더 뜨거워지고, 그럴수록 사람들은 문명의 이기로 거대한 자연의 섭리를 잠시 피하는 데만 급급하다. 그 결과는 극심한 자연재앙으로 돌아오고, 급기야 지구 위에서 인간의 삶이 불가능한 지경으로까지 치달리고 있다. 자연의 섭리를 무시한 인간의 욕망이 인간 자신의 파멸을 초래하고 있는 것이다. 이것은 '지속 불가능한 삶'이다. 그런데 바로 이런 삶의 방식에 대한 경고를 『회남자』에서 발견할 수 있다. 잘 음미해 보자.

내가 말하는 '무위無爲'란, 사심이 공적인 일에 끼어들지 않고, 욕심이 올바른 수단을 왜곡시키지 않으며, 순리대로 일을 처리하고, 자질대로 공을 세우며, 자연스러운 추세에 따라서 편법이 용납되지 않도록 하는 것이다. …… 만약 불을 피워 우물을 말리고 회하淮河 같은 큰 강물로 산에 물을 댄다면, 이는 자기 힘을 써서 자연에 거역하는 것이다. 따라서 이런 것을 '유위有爲'라고 한다.

하지만 물위를 가는 데는 배를 이용하고, 모래땅을 가는 데는 작은 수레를 이용하며, 늪지를 가는 데는 썰매를 이용하고, 산길을 가는 데 가마를 이용하며, 비가 많은 여름에는 도랑을 트고, 물이 귀한 겨울에는 물을 막으며, 높은 곳에는 밭을 만들고, 낮은 곳에는 연못을 만드니, 이런 것들은 내가 말하는 '유위'가 아니다.(이처럼 자연의 순리에 따르는 것은 곧 '무위'이다.)(「수무훈」)

인용문으로 보자면, 현대 문명은 영락없는 '유위'의 문명이다. 인간이 힘으로 자연을 거역하는 게 일상화되고, 또 그것이 '과학' '발전' '개발'의 이름으로 칭송되었다. 그러나 대자연은 현대인의 오만을 준엄하게 꾸짖는다. 전 세계에 급증하는 자연재앙은 잠재적 위험의 징후를 넘어선 지 오래다. 많은 미래학자들이 향후 1백 년 안에 지구에서 더 이상 인류가 살 수 없게 될지 모른다는 불길한 예측까지 내놓고 있다. 이 즈음에서 다시 『회남자』로 돌아가 2천여 년 전의 생각 한 대목을 들여다보자.

> 천지자연에 거역하고 만물을 학대하면, 해와 달은 일식과 월식을 일으키고, 오성五星은 운행궤도를 벗어나며, 네 계절은 혼란해지고, 낮이 어둡고 밤이 밝아지며, 산은 무너지고 강은 마르며, 겨울에 우레가 치고 여름에 서리가 내리게 된다. 『시경』에서도 "정월에 서리가 내리니, 내 마음이 우울하다"고 했다. 하늘과 사람은 서로 통하는 바가 있다.(「태족훈」)

인간의 삶이 대자연의 질서와 긴밀하게 이어져 있으며, 자연의 섭리를 계속 거역하면 반드시 자연재앙이 뒤따른다고 말한다. 이것은 2천여 년 전에 동아시아인들이 대자연 속에서 얻은 통찰이다. 그러나 서구에서 비롯된 근대문명은 이제야 비로소 이런 깨달음에 도달하고 있다.

예로부터 서구문명은 자연계 너머에 자연의 힘을 초월한 절대적 신이 있다고 상정했고, 근대에 와서는 다시 자연의 힘을 넘어서는 인간의 권능을 맹신했다. 어느 경우나 자연은 이른바 '만들어진 것(피조물, Creatures)'이상의 존재론적 지위를 향유하지 못했다. 그리하여 자연을 함부로 대하고, 또 조작의 대상으로 삼는 게 허용되었다. 그러나 동아시아인들은 대자연 자체를 넘어서는 절대적 초월자로서의 유일신을 만들어 내지 않았다. 대신 차이를 가진 천지만물 각자의 운동과 질서를 존중했으며, 그 안에서 '도道'를 발견했다. 『회남자』는 도에 대해 이렇게 말한다.

> 도道는 하늘을 덮고 땅을 실으며, 사방팔방으로 펼쳐져 그 높이와 깊이를 알 수 없다. 도는 천지를 감싸 안고, 아무 형체도 없이 만물에 그 혜택을 베푼다. 이는 마치 샘물이 원천에서 솟아나는 것과 같다. …… 도의 작용은 무궁무진하여, 흥하고 쇠하는 부침이 없다. 도를 펼치면 온 우주를 덮지만, 도를 오므리면 한줌도 되지 않는다. 뭉쳐 있으면서도 펼쳐지고, 어두우면서도 밝으며, 약하면서도 강하고, 부드러우면서도 단단하다. 사방을 가로지르고, 음양陰陽의 기운을 머금으며, 우주를 단속하며 해와 달과 별들을 빛낸다. 도는 한없이 유약하고 더없이 미세하다. 하지만 이로 인해 산은 높고 못은 깊으며, 짐승은 달리고 새는 날며, 해와 달이 밝게 빛나고 별이 운행하며, 기린은 노닐고 봉황은 비상한다.(「원도훈」)

도는 대단히 복합적인 의미를 지닌다. 그것은 모든 사물이 생겨나는 총체적 근원이기도 하고, 천지만물 운행의 질서 내지는 이법이기도 하다. 어쩌면 그것은 우주 그 자체라고 할 수도 있다. 이는 기독교−이슬람적인 '신God'의 개념과 상통하는 부분도 있다. 그러나 도는 천지만물을 떠나 독립해 존재하지 않으며 또한 사물에 어떤 작용도 가하지 않는다. 이 점에서 도는 초월적인 신과 다르다.

> 그것(道)은 적막하고 텅 비어 사물에 작용을 가하지 않으며, 단지 **사물 스스로 작용**할 뿐이다. 그러므로 **일이 도에 맞는 것은, 도가 하는 것이 아니고 도가 퍼져 있는 가운데 자연스럽게 그렇게 되는 것**이다. 하늘이 덮고 있는 것, 땅이 실어주는 것, 상하사방 안에 있는 것, 음양의 기운이 품는 것, 비와 이슬이 적시는 것, 도와 덕이 지탱하는 것, 이는 전부 한 부모(道)에게서 생겨나 하나의 조화 안에 놓여 있다. 그러므로 느티나무와 느릅나무 그리고 귤나무와 유자나무는 모두 한 형제이며, 남쪽의 묘족(苗)이나 북쪽의 삼위(三危)가 전부 한 집안이다.(「숙진훈」)

위에서 굵게 표시된 글귀를 잘 음미해 보자. 우주 그 자체인, 또한 우주의 이법인 도는 각각의 사물을 통제하거나 지배하지 않는다. 오히려 모든 사물이 스스로 작용해 우주 전체의 질서를 빚어낸다. 쉽게 풀이하면 이렇다.

당신의 몸이 있다. 여기에는 심장도 있고 폐도 있고 뇌도 있다. 물론 그 밖에도 많은 기관이 있고, 그것들은 또한 무수한 세포들로 이뤄져 있다. 이 글을 읽는 순간에도 당신 몸의 모든 기관과 세포는 서로 다른 역할을 수행하느라 분주하게 작용한다. 그리하여 지금 당신이 살아 있는 것이다. 누가 시키지 않아도 심장은 피를 돌리고, 폐는 호흡을 하며, 뇌는 정보를 처리한다. 이 모든 작용은 **자발적이면서도 자연스럽다.** 그것이 곧 한자어 '자연自然'의 본래 의미이다. 즉 동아시아에서 '자연'은 대상으로서의 자연계를 가리키는 명사가 아니라, 천지만물의 자발적이고 자연스러운 운동 양태를 설명하는 형용사였다. 이런 생명운동을 떠나 독립된 실체인 당신 혹은 고도로 추상적인 당신의 정신은 따로 존재하지 않는다. 신학자나 관념주의 철학자들은 그렇지 않다고 우기겠지만, 몸의 신진대사가 오랜 진화의 산물로 자발적인 운동 메커니즘을 가지고 있다는 것은 최소한 생물학적으로 진실이다.

이즈음에서 다시 앞에서 말한 "천지와 우주는 한 사람의 몸과 같다"는 구절을 떠올려 보자. 우주에는 이루 헤아릴 수 없이 많은 사물이 있다. 그런데 이 우주가 한 몸, 하나의 생명이라고 상상해 보자. 지구가 속한 은하계는 위장쯤 될까? 다른 무수한 은하계들은 간이나 폐, 대장, 심장 정도라고 치자. 그렇다면 지구는 우주의 위장 안에 돋은 미세한 돌기 하나,

그리고 지구상의 만물은 그 돌기를 이루는 수십 수백조 개의 세포 정도일 것이다.

　그런데 세포 하나하나가 아무리 작고 사소하더라도, 그것을 떠나 오장육부와 몸이 따로 존립하지 못한다. 세포 하나하나의 작용과 생멸生滅이 곧 한 사람의 몸을 이루듯, 만물의 작용과 운동이 천지와 우주를 이룬다. 그것이 말하자면 '도'이다. 그러므로 도는 우주 그 자체인 동시에 모든 사소한 사물이기도 하다. 그러니 『회남자』에서 "도를 펼치면 온 우주를 덮지만, 도를 오므리면 한줌도 되지 않는다"고 하는 것이다. "한 티끌 안에 온 세상이 담겨 있고, 모든 티끌 또한 그렇다(一微塵中含十方, 一切塵中亦如是)"(『법성게法性偈』)는 신라승려 의상義湘의 저명한 게송偈頌에서도 이런 통찰이 명확하게 표현된다.

　이렇게 본다면, 단적으로 말해 **도는 곧 생명**이다. 우주와 천지는 하나의 커다란 생명으로, 그것은 만물의 작용을 떠나 따로 존재하지 않는다. 그러므로 우리의 오장육부와 뼈와 힘줄과 세포들이 전부 한 몸에서 생겨나 조화를 이루는 것처럼, 천지만물 역시 "전부 한 부모(道)에게서 생겨나 하나의 조화 안에 놓여 있다." 또한 "그러므로 느티나무와 느릅나무 그리고 귤나무와 유자나무는 모두 한 형제이며, 남쪽의 묘족이나 북쪽의 삼위가 전부 한 집안"이 된다. 이것이 『회남자』의 우주관이다. 한 마디로 **우주는 천차만별인 사물의 자발적이고 자연스러운 작용이 조화를 이룬 하나의 커다란 생명**이라는 관점이다. 『회남자』는 이런 우주관에 뿌리를 두고 인간사에 대해 말한다. 이제 그리로 이야기를 돌려보자.

2장

# 멀지만 가야만 하는 길: 인간사(人事)

# 오래된 미래의 지혜

이미 지적했듯이, 『회남자』가 저술되던 즈음에 중국에서는 두 갈래의 상반되는 정치·사상의 조류가 충돌했다. 하나는 중앙집권·단원주의·집단의식·위계질서를 강화하려는 조류였다. 동중서 등의 유학자들이 그 이론의 토대를 구축했고, 한무제 유철이 이를 채택했다. 다른 하나는 지방분권·다원주의·집단지성·탈위계의 천하질서를 옹호하는 조류였다. 『회남자』에서 그 사상이 집대성되었고, 유안이 이를 주도했다.

결과는 우리가 아는 대로다. 유안은 유철에 의해 패망했다. 유교를 제외한 모든 학술이 공개적으로 배척되고, 오래된 유교 전적들이 성스러운 가르침을 담은 절대적인 '경經'으로 숭배되었다. 바야흐로 정치적이고 이념적인 권력집중의 욕망이 역사를 지배하게 되었다. 이런 일이 비단 중국에서만 벌어지지는 않았다. 앞서도 언급했듯이, 세계 곳곳에서 절대성을 표방하는 종교 내지 이념이 권력을 옹호하며 중앙집권의 지배체제를 구축했다.

오늘날 '문명의 충돌'로 일컬어지는 국제간의 갈등은, 따지고 보면 수천 년 동안 세계 곳곳에서 뿌리를 내린 단원주의적 사고방식 간의 충돌이라고 할 수 있다. 서구의 오만함, 이슬람의 편협함, 중화의 자존심에서 인류의 미래를 위협하는 가장 위험한 충돌이 발생하고 있다. 여기서 특히 핵심적인 요소가 종교 내지 민족적인 집단의식이다. 교활한 책략가들은 21세기에도 여전히 특정한 집단의식을 '동원'해 권력을 얻고자 한다. 기독교 근본주의, 이슬람 근본주의, 그리고 유교에 뿌리를 둔 중화주의 등이 그렇다. 이런 집단의식에 물든 사람들은 자신들의 사고방식과 생활방식을 보편적인 것으로 맹신하고, 이를 다른 국가나 민족에게 강요하는 행위를 당연시한다. 그것은 창조적 지성과 다양한 문화가 공존하는 인류의 미래를 심각하게 위협한다.

인류 역사는 권위적 단원주의에서 민주적 다원주의로 서서히 이전해왔다. 그럼에도 불구하고 그 성취는 여전히 충분치 않다. 우리 주변에는 희망의 징조보다 위협의 요인들이 더 많이 널려 있다. 반목과 갈등을 부추기는 지역주의 정치, 신앙의 탈을 쓰고 정치권력화한 근본주의 종교, 주체사상이나 반공주의 같은 독선적 이데올로기, 자민족중심주의에 뿌리를 둔 '동북공정'류의 프로젝트 등이 나라 안팎에서 들끓고 있다. 이들 각자가 서로 대립하는 것 같지만, 실은 모두 동일한 의식 수준에 머물러 있다. 영호남 지역주의가 그렇고, 기독교 근본주의와 이슬람 근본주의가 그렇고, 북한의 주체사상과 남한의 반공주의가 그렇고, 중화민족주의와 한민족우월주의가 또한 그렇다. 이런 배타적 이념을 부추기는 자들은 자기와 다른 남을 철저하게 배제하고, 자기 것을 절대화·보편화하며, 끊임없이 외부의 적을 부각시키는 방식으로 사람들을 '증오의 집단의식'에 몰아넣어 자신의 존립과 권력을 도모한다.

그러나 우리는 대결보다 공존을, 상극보다 상생에 더 관심을 두고, 미래에 평화가 오기를 바란다. 민족과 종교가 다르다고 서로를 배척하고, 헐뜯고, 저주하는, 야만스럽고 저급한 의식 상태에서 사람들이 해방되기를 원한다. 특정 종교와 이념을 앞세워 권력을 유지해온 수천 년의 야합, '지식종교-권력의 동맹'이 사람들의 자유와 권리를 훼손해온 역사가 더 이상 반복되지 않기를 바란다. 신의 이름으로, 민족의 이름으로, 혹은 애국의 이름으로 순박한 사람들을 현혹시켜 동원하고, 그 힘을 이용해 권력을 지탱하려는 교활한 책략이 더 이상 가능하지 않기를 바란다.

그러려면 사람들이 단원주의적 집단의식의 헛된 꿈에서 깨어나야 한다. 자신의 사고방식과 생활방식이 절대로 옳고, 자신과 동류에 속한 집단이 가장 우월하다고 믿는 착각에서 벗어나야 한다. 사실 이런 자각은 새로운 것이 아니다. 지금까지 대부분의 문명에서 권위적인 단원주의를 앞세우는 책략가들이 '정통'과 '주류'를 독점해왔지만, 자유로운 정신의 소유자들은 '이단'과 '비주류'로 몰리면서도 끊임없이 다양성과 탈脫위계적 조화가 중요하다고 말해왔다.

『회남자』를 저술한 집단지성 역시 그랬다. 결국 집단의식과 위계질서를 옹호하는 절대권력에 의해 철저히 유린되었으나, 그들이 던진 메시지는 2천여 년이 지난 지금도 여전히 퇴색되지 않았다. 오늘날 그 사상이 오히려 새로운 것은 세상이 여전히 단원주의적 집단의식에 사로잡혀 있기 때문이다. 『회남자』의 비전이 비록 오래되었지만, 그것은 아직 우리의 미래다. 이제 그 오래된 미래의 지혜를 들춰보자.

# 독단에서 벗어나라

『회남자』는 말한다.

> 북쪽의 흉노 지역에서는 모피가 생산되고, 남쪽의 오월 땅에서
> 는 시원한 옷감이 난다. 각자가 살아가는 데 필요한 의복으로
> 건조하거나 습한 기후에 대비하고, 각자가 거처하는 지역의 조
> 건에 따라 서로 다른 의복으로 추위나 더위를 막는다. 이 의복
> 들은 모두 적절한 것으로, 각각의 지역에서 사용하기에 편리하
> 다. 이로써 볼 때, 만물은 본래 자연스러움(自然)에 따르는 것이
> 다.(「원도훈」)

이것은 전혀 이해하기 어려운 말이 아니다. 추운 북방에서

두꺼운 가죽과 모피로 옷을 해 입고, 더운 남방에서 거의 벌거벗듯이 가벼운 옷을 입는 것은 지극히 자연스러운 일이다. 그런데 북방 사람들이 자기 생활방식을 근거로 남방 사람들이 무례하다고 비난하고 남방 사람들이 북방 사람들을 아둔하다고 깔본다면, 그것은 분명 잘못된 일이다.

그런데 우리 일상에는 이런 잘못이 차고도 넘친다. 『장자』가 이미 오래 전에 언급했듯이, 세상 사람들은 대개 "남이 자기와 같은 것을 좋아하고, 남이 자기와 다른 것을 싫어한다."[2] 그리하여 자기와 다른 사고방식과 생활방식을 지닌 사람을 좀처럼 용납하지 못하고, 그 사람을 기필코 자기와 같은 부류로 만들려고 애를 쓴다. 하지만 이것은 바람직하지도, 또 가능하지도 않다. 다시 『회남자』의 한 구절을 들여다보자.

> 무릇 맑은 거울은 사물의 형체를 비추는 데 편리하지만, 먹을 것을 담는 데는 광주리만 못하다. 털이 고르고 순수한 소는 종묘의 희생으로 적합하지만, 기우제에 바치는 것으로는 검은 뱀만 못하다. 이를 통해 볼 때, 만물에는 귀하거나 천함이 없다.(「제속훈」)

당연히 거울에는 거울의 쓸모가 있고, 광주리에는 광주리의 쓸모가 있다. 그런데 거울이 가장 쓸모 있다고 우기며 광주리를 하찮게 여긴다면, 그런 경우를 두고 "하나만 알고 둘을 모른다"고 할 수 있다. 그런데 세상에는 자기가 선호하는 재능 이외의 다른 재능을 인정하지 않는 편협한 사람들이 많다. 『회남자』는 이런 태도가 재앙을 초래한다고 경고한다.

> 사람들은 누구나 자기가 가진 재능을 귀하게 여기고, 자기에게 부족한 자질은 하찮게 여긴다. 뿐만 아니라, 대개 자신이 귀하게 여기는 재능에 탐닉해 자신이 하찮게 여기는 자질을 끝까지 방치하니, 귀하게 여기는 재능은 현저해지지만 하찮게 여기는 자질은 소실된다. 그리하여 호랑이와 표범 같은 맹수는 강한 탓에 사살되고, 원숭이는 민첩한 탓에 포획 당한다.(「전언훈」)

칼로 일어선 자는 칼로 망하고, 말 잘하는 재능을 뽐내는 자는 입을 잘못 놀려 곤경에 빠지는 법이다. 바로 이런 이유로, 윗글 바로 뒤에 "사람이 자신의 하찮은 능력을 귀하게 여기고 자신의 귀한 재능을 하찮게 여길 수 있다면, 가히 그와 더불어 지극한 도를 말할 수 있다"는 구절이 이어진다. 그러나 이런 사람은 그리 많지 않다. 오히려 세상은 하나만 알고 둘을 모르는 사람들로 가득하다. 그들은 자기의 생각이나 재능만 옳고 훌륭하며, 다른 것은 모두 틀리거나 하찮다고 여긴다. 『회남자』는 이런 부류를 두고 '큰 도에 막혔다'고 한다.

지금 온 힘을 다해 하나의 절도만 지키고 하나의 행위만 밀고나가, 비록 부서지고 멸망하더라도 오히려 더욱 변하지 않는 사람이 있다. 이런 자는 자기가 선호하는 작은 가르침만을 살필 뿐 큰 도(大道)에는 막혀 있다.(「인간훈」)

"자기가 선호하는 작은 가르침만을 살필 뿐 큰 도(大道)에 막힌" 사람들, 말하자면 그들은 원리주의에 빠진 자들이다. 원리주의를 옹호하는 사람들은 자기 신념을 위해 서슴지 않고 목숨까지 버리는 일을 의로움으로 칭송한다. 유교를 다른 사상으로부터 수호하는 것을 평생의 책무로 삼았던 맹자는 '목숨을 버리고 의로움을 지키겠다(捨生取義)'고 단언했다. 이 얼마나 숭고한 절의정신인가?

하지만 그 이면을 들여다보자. 맹자가 목숨을 걸고 지키겠다고 다짐한 의로움이란 공자 이래 유교가 옹호해온 주나라의 예악문명이다. 그 사고방식과 생활양식을 위협한다면 목숨을 걸고라도 막겠다는 게 맹자의 신념이었다. 중국 고대 예악문명을 절대화하는 유교의 입장에서 볼 때, 그것은 가상하기 이를 데 없는 각오였음이 분명하다. 그러나 중국인들이 오랑캐로 무시하고 경계하던 다른 민족, 예컨대 고조선이나 흉노에서도 이런 맹자가 의로운 인물일 수는 없다. 오늘날 동북공정을 수행하는 중국학자도 어쩌면 맹자 같은 절의정신에

불타고 있는지 모른다. 위대한 중화문명을 수호하는 성스러운 책무를 통감하면서. 그러나 한국인이 볼 때 이것은 결코 의로운 일이 아니다. 이처럼 한 편의 의로움이 다른 편에게 불의가 되는 것, 그것이 원리주의적 집단의식의 어쩔 수 없는 한계이자 함정이다.

원리주의자들은 영원불변하는 절대 진리를 내세운다. 그런데 이때 불변의 진리란 의례 자기가 신봉하는 주의주장이기 마련이다. 그들은 자기주장만을 절대시하여 다른 생각을 인정하지 않을뿐더러, 궁극적으로 없어져야 할 것으로 적대시한다. 이념·종교·학문·국가·민족·지역 등의 영역에서 이런 원리주의자들이 넘쳐난다. 좌파원리주의자·주체사상 추종자·반공절대주의자·자본주의맹신자 등은 대표적인 이념원리주의자들이다. 종교원리주의자들은 자기 종교만이 절대적이고 우월하다고 맹신한다. 각 종교의 성직자와 신도에 이런 부류의 원리주의자들이 차고 넘친다. 자신이 속한 학문 분야와 학파·교수·학교 등의 학맥에 절대적 가치를 부여하는 학문원리주의자들도 많다. 군국주의자·국수주의자·국가지상주의자 같은 국가원리주의자, 그리고 중화주의자·나치스트 같은 민족우월주의자들도 전 세계에 널리 분포한다. 한국에는 특히 자기 지역의 우월성과 다른 지역에 대한 편견을 부추기는 지역차별주의자, 지역패권주의자들이 많다.

모든 원리주의자들은 자기가 신봉하는 가치를 최고로 여긴다. 반면 다른 가치체계의 존재나 의미는 폄하하고 부정하고 적대시한다. 원리주의자들의 가치판단은 선험적이다. 직접 겪어 보지 않고 또 잘 알지도 못하면서, 자기와 다른 이념·종교·학맥·국가·민족·지역 등에 속하는 것을 무조건 배제하고 반대한다. 이들은 인간의 삶이 다양하다는 사실을 인정하지 못하고, 선험적 원리에 연연해 좁디좁은 눈으로 세상을 본다. 또한 특정 이론에 집착하고 어느 한두 문구에 매달려, 그것이 실현되면 세상이 이상향이 될 수 있다는 허황된 망상에 사로잡히곤 한다.

　　그로 인한 불행이 도처에서 벌어진다. 비슷한 나이의 젊은이들이 상반돼 보이지만 실은 동일한 수준에 속하는 맹목적 신념에 이끌려 아까운 목숨을 잃는다. 이슬람 지역에서 무모한 기독교 선교에 나선 한국 청년이 죽는 동안, 같은 또래의 아랍 청년이 런던이나 뉴욕에서 '인샬라(신이 원하신다면)!'를 외치며 품에 안은 폭탄의 뇌관을 뽑는다. 전쟁에 동원되는 것은 더 참혹한 일이다. 모든 침략 전쟁에는 대의가 있다. 민족을 위해, 국가를 위해, 민주주의를 위해, 인민을 위해, 또는 신이나 천왕을 위해 목숨을 바치는 것이 정의라고 선포된다. 이런 대의명분 아래서 무수한 젊은이들과 민간인들이 죽었고, 또 지금도 죽고 있다. 그러나 어떤 대의를 내세우더라도 모든 침략 전쟁은 추악하다. 그 이면에는 나와 다른 상대를 지배해 더 큰 힘을 얻고자 하는 집단주의 욕망이 도사리고 있다.

# 집단주의에서 벗어나라

이제 조금 다른 각도에서 단원적 집단의식의 문제점을 생각해 보자. 이를 위해 우선 『회남자』의 한 구절을 음미하도록 하겠다.

대개 사람은 각자 자기가 좋아하는 사람이 현명하다고 생각하고, 자신에게 즐거움을 주는 것이 좋다고 생각한다. 세상 사람들이 현인을 추대하지 않는 일이 없지만, 그로 인해 잘 다스려지기도 하고 그로 인해 혼란스러워지기도 한다. 이는 자신을 속인 것이 아니라, 자기와 같은 사람을 구했기 때문이다. 자기가 반드시 현명하지 않은데도 자기와 같은 사람을 구하니, 지혜로운 현인을 구하려고 해도 현인과 가까워질 수 없다.(「무칭훈」)

사람이 독단과 집단의식에 빠지면, 자기와 같은 부류의 사람만 선호하게 된다. "자기가 반드시 현명하지 않은데도 자기와 같은 사람을 구하니, 지혜로운 현인을 구하려고 해도 현인과 가까워질 수 없다"는 구절은 폐쇄적인 집단의식의 이런 문제를 잘 지적한다. 이는 특히 단일한 지연·혈연·학벌·종교 따위에 사로잡혀 중요한 일을 망치기 일쑤인 한국인들이 깊이 새겨야 하는 말이다.

집단의식은 단일한 민족·국가·종교·파벌 등의 구심점으로 모든 가치를 집합시킨다. 그리고 집단 내의 개인이나 핵심 그룹이 진리를 독점한다. 그들은 대개 권위적이고 전체주의적이다. 이와 반대로 집단지성은 다양한 관점과 가치관의 공존을 허용한다. 독창성과 창의성이 한껏 발휘될 수 있도록 하며, 그러면서도 공통의 주제를 논의하는 자유로운 마당을 연다. 집단의식이 차이를 거부하는 독단의 집합체라면, 집단지성은 차이 가운데서 구심점이 아닌 접점을 찾아내는 지성의 향연이다. 『회남자』는 집단지성의 특징을 이렇게 말하고 있다.

무릇 도를 체득하여 만물에 통달한 사람들은 서로를 비난하지 않는다. …… 그러므로 백가百家의 말은, 취지가 상반되지만 그것이 도에 합치되는 것은 한가지이다. 비유하자면, 현악기·목관악기·금관악기·돌로 만든 악기 등을 합주하는 것과 같다. 그 악기의 유파는 다르지만 음악의 근본에서 벗어나지는 않는다. 백락伯樂·한풍寒風·진아秦牙·관청管靑 등이 서로 말을 다루는 기술이 각자 달랐지만, 그들이 말에 대해 잘 알았던 것은 한 가지이다.(「제속훈」)

도를 얻어 만물에 통달한다는 게 세상 모든 일을 잘한다는 의미는 아니다. 그것은 불가능하다. 그러나 잘하는 일이 한 가지뿐이어도, 그것을 통해 만물에 통달할 수 있다. 피리를 잘 부는 사람이 드럼도 잘 치기는 어렵지만, 피리 부는 마음을 통해 드럼 연주하는 사람의 마음을 이해할 수 있기 때문이다. 내가 피리 부는 것을 좋아하고 거기서 희열을 느끼듯, 드럼연주자도 그럴 수 있음을 인정하는 것이다. 이것이 도를 체득한 사람의 마음이다. 그러므로 이런 사람들은 "서로를 비난하지 않는다." 나무에 잘 오르는 원숭이가 유유히 연못을 가르는 물고기를 비난하지 않고, 땅 깊이 뿌리내린 거목이 창공을 나는 새를 비난하지 않듯이…….

그러나 편 가르기 좋아하는 소인배는 그렇지 못하다. 소인배가 피리를 분다면, 그는 피리 못 부는 모든 사람들을 비난한다. 그에게는 오직 피리 부는 일만이 가치 있고, 나머지는 전부 하잘것없는 것이 된다. 심지어 그는 피리를 불지 않는 것은 사악하며, 사람이면 누구나 반드시 피리를 불어야 한다고까지 억지를 부린다. 이것이 도를 모르는 사람의 사고방식이다. 그것은 마치 사마귀가 제 힘으로 마차를 막겠다고 덤비는 것이나, 개미 한 마리가 온 세상 흙을 다 갈아엎겠다고 나서는 만큼이나 가소로운 일이다. 자기와 다른 출신·생각·재능·종교·성향·관심 등을 인정하지 못하고, 고정관념으로 남을 쉽게 비난하는 사람은 이런 사마귀나 개미와 다를 바 없다.

따지고 보면, 같은 부류의 사람끼리 백날 똑같은 소리를 내는 것처럼 재미없고 한심한 일도 없다. 그것은 전혀 생산적이거나 창조적이지 않다. 한 종류의 악기를 수백 명이 똑같이 불어대고, 한 가지 반찬으로 밥상을 가득 채우는 것을 상상해보라. 이런 음악과 밥상은 생각만으로도 우리를 질리게 만든다. 악기와 반찬의 '차이'야말로 음악과 밥상을 풍성하게 만드는 원천인 것처럼, 다양한 지식과 생각의 합주야말로 세상을 풍성하게 만드는 원천이다.

그러므로 『회남자』가 백가(百家: 무수한 학파, 학설)의 자유로운 향연과 소통을 여러 악기의 합주에 빗댄 것은 참으로 적절한 비유라고 할 수 있다. '백가를 물리치고 오직 유교만 숭상해야 한다(罷黜百家, 獨尊儒術)'는 독선과 좁디좁은 소견이 판을 치던 시대에, 이런 정신의 개방성을 유지할 수 있었다는 것은 그 자체로 경이로운 일이다. 더욱 놀라운 점은, 이런 정신적 개방성이 국가와 민족의 경계마저 허무는 적극적인 문화다원주의로 이어진다는 데 있다.

# 문화다원주의와 지방분권을 말한다

중국인들은 오래 전부터 '화이관華夷觀'으로 불리는 세계 관을 구축했다. 한족은 자신들을 '화하華夏' 내지 '중화中華' 로 부르며, 지리적으로 세계의 중심에 있고 문화적으로도 가 장 우수하다고 여겼다. 반면 주변 이민족들을 만蠻·융戎·이 夷·적狄으로 부르며 멸시하고 비하했다.

이런 화이관은 주나라 초기에 이미 형성되기 시작해, 춘추 전국시기를 거쳐 한나라에 와서 분명한 의식형태로 자리 잡 았으며, 심지어 지금까지도 중국인들의 의식세계에 깊이 뿌 리내리고 있다. 중국의 문화적 우월성 그리고 주변 이민족의 열등함에 대한 중국인들의 고정관념은 거의 맹목적 신앙에 가깝다. 그러니 '동북공정' 같은 역사왜곡도 이런 화이관과 중화사상에서 볼 때 결코 이상한 게 아니다.

그런데 이런 중국문화에서 매우 예외적인 사고를 『회남자』에서 만날 수 있다. 중화와 오랑캐를 중심/주변, 문명/야만, 우월/열등 따위의 이분법적 사고 틀에서 보지 않고, 문화 다원주의에서 접근하는 사고방식이다. 중요한 내용이므로 아래에서 조금 길게 인용한다.

사방 이민족의 예법이 서로 다르지만, 모두 그 군주를 받들고 그 부모를 친애하며 그 형을 존경한다. 북방 이민족의 풍속도 중국과 상반되지만, 모두 그 자식을 사랑하고 그 군주에게 근엄하다. 대저 새들이 열을 지어 날고 짐승이 무리지어 사는 것을 누가 가르쳤겠는가?

(중략)

호胡・맥貉・흉노匈奴의 나라에서는, 머리를 길게 늘어뜨리고 기마자세로 앉으며 혀 말린 소리로 말한다. 그런데도 나라가 망하지 않으니 반드시 예가 없는 것은 아니다. 초나라의 장왕은 소매가 넓은 옷에 헐렁헐렁한 윗옷을 걸치고 천하를 호령해 마침내 제후들의 패자가 되었다. 진나라 문공은 허름한 윗옷에 양가죽 옷을 걸치고 가죽 허리띠에 칼을 찼어도 그 위엄이 나라 안에 확립되었다. 어찌 노나라 유학의 예법만을 예라고 할 수 있겠는가? 그러므로 그 나라에 들어와서는 그 나라의 풍속에 따르고, 남의 집에 들어가서는 그 집에서 꺼리는 바를 피해야 한다. 금하는 것을 범하지 않고 들어가며 꺼리는 것을 거스르지 않고 나아간다면, 비록 이민족 지역이나 옷 없이 사는 나라에 가며 수레바퀴 자국을 먼 지역까지 내더라도, 결코 곤경에 빠지는 일이 없을 것이다.(「제속훈」)

간략히 정리하면, 유교의 예법만 유일하고 올바른 예로 볼 수 없고, 지역과 민족마다 서로 다른 예법, 더 나아가 다양한 문화가 있음을 인정해야 한다는 내용이다. 심지어 이민족 지역이나 남의 나라에 가서는 그 나라의 풍속을 따라야 한다고까지 권고한다. 중화와 오랑캐의 차이를 사람과 금수의 차이만큼이나 절대적으로 양분했던 전통적 화이관에서 볼 때, 이는 참으로 파격적인 사상이 아닐 수 없다. 게다가 그것은 문화다원주의적인 통찰만이 아니라, 지방분권을 옹호하는 정치적 의미도 지니고 있었다.

나무를 옮겨 심으려는 사람이 더위와 추위에 민감한 나무의 특성을 무시하면, 그 나무는 반드시 말라죽는다. 같은 이유로, 귤나무를 양자강 북쪽에 심으면 탱자나무가 되고, 구욕鴝鵒새는 제수濟水 남쪽에 살지 않으며, 담비는 문수汶水를 건너면 죽어버린다.(「원도훈」)

이 글은 지역의 특성을 무시한 채 중앙의 단일한 잣대로 천하를 다스리면 안 된다고 은밀하게 경고하고 있다. 이런 문화다원주의와 지방분권 사상의 철학적 토대는 도가의 자연주의이다. 그것은 세상에 본래부터 정해진 선/악, 존/비, 귀/천 따위의 구분이 없으며, 모든 사물에는 다 도가 깃들어 있고, 만물은 각자의 자발성과 자연스러움(自然)에 따라 운동 변화한다고 보는 철학이다. 다음 구절에서 이런 철학을 잘 살필 수 있다.

무릇 올빼미는 눈이 크지만 시력은 쥐에 미치지 못하고, 노래기는 발이 많지만 빨리 가는 것은 뱀에 미치지 못한다. 사물 가운데는 크면서도 작은 것만 못하고, 많으면서도 적은 것만 못한 것이 있다. 하물며 강한 것이 약한 것이 되고 약한 것이 강한 것이 되며, 위험한 것이 안전한 것이 되고, 보존하는 것이 잃는 것이 됨에 이르면, 성인이 아니고서야 누가 이를 꿰뚫어 볼 수 있겠는가? 크고 작고 존귀하고 비천한 따위의 구분은 논할 가치조차 없다. 오로지 도가 있는 것이 존귀할 뿐이다.(「범론훈」)

그 귀한 바에 따라 귀히 여기면, 사물에는 귀하지 않은 것이 없다. 그 천한 바에 따라 천히 여기면, 사물은 천하지 않은 것이 없다.(「제속훈」)

"크고 작고 존귀하고 비천한 따위의 구분은 논할 가치조차 없다"는 『회남자』의 말은 "크고 작은 것은 같아질 수 없고, 귀천은 정해져 있다"(『춘추번로』「정화」)는 유교 경학의 언사와 크게 대조를 이룬다. 경학은 중앙과 지방, 그리고 중화와 오랑캐 등을 중심/주변, 대/소, 귀/천 등의 이분법으로 구분했다. 그것은 절대적 중앙집권과 중화주의를 정당화하는 이념이었다. 그러나 『회남자』는 그 구분이 단지 상대적일 뿐이라고 반박했다. 그것은 지방분권과 문화다원주의를 옹호했다. 그러니 강력한 중앙집권과 절대권력을 꿈꿨던 한무제가 이런 사상을 용납할 수 없었던 것이다.

　『회남자』가 줄곧 '잡가'로 평가절하되어온 까닭도 분명하다. 그것이 절대주의 권력을 약화시키고, 또 중국 문화의 주류였던 유교의 권위를 해체하는 철학을 담고 있었기 때문이다. 하지만 바로 그 때문에 『회남자』는 지금 문화다원주의와 지방분권주의 사상의 선구적 고전으로 재조명되고 있다. 그리하여 참으로 『회남자』의 말처럼 되었다. 예전에 귀하게 여겨졌던 경학은 시대에 뒤떨어진 학문이 되었고, 예전에 비하되었던 『회남자』가 시대를 앞선 고전으로 주목받게 되었으니 말이다. '귀하고 천함이 본래부터 정해진 게 아니라' 상대적이라는 사실을 『회남자』 스스로 입증하고 있다.

# 사회와 제도는 변한다

단일한 가치에 집착하는 원리주의자들에게 특히 부족한 것이 역사성에 대한 인식이다. 역사성이란 말 그대로 '역사적인 성질'이다. 즉 시간의 변화에 따라 사물에 다르게 부여되는 성질이다. 모든 사물에는 이런 역사성이 있다. 역사성의 차원에서 보면, 세상에 불변적·선천적·고정적인 가치를 지니는 사물이란 존재하지 않는다. '변화'는 모든 사물의 피할 수 없는 운명이다. 따라서 만일 불변의 사실이 있다면 그것은 '모든 것이 변한다'는 것뿐이다.

사람들의 사고방식과 생활양식도 마찬가지다. 특정한 시기와 장소에서 대부분의 사람들이 당연하게 받아들이는 사고방식과 생활양식을 우리는 '문화'라고 한다. 이런 문화는 장소와 민족에 따라 다양할 뿐 아니라, 또한 시대에 따라 변한다. 그런 까닭에 민족과 시대별로 각기 다른 문화의 개성이 형성되는 것이다. 그러므로 보편적인 문화란 존재하지 않고, 존재할 수도 없다. 문화에 있어서 역사성은 이렇듯 본질적이다.

그런데 시대와 장소를 초월해 불변하는 본질적 문화가 있다고 생각하는 사람들이 있다. 원리주의자들이다. 그들은 문화의 역사성에 무지하거나, 아니면 역사성을 일부러 은폐한다. 원리주의자들이 역사성을 은폐할 때 쓰는 상투적인 논법이 있다. 자기들이 옹호하는 사고방식과 생활양식이 어떤 순수하고 절대적인 근원으로부터 비롯되었다고 내세우는 것이다. 그것은 흔히 '성인의 말씀', '신의 계시' 혹은 '조상의 가르침' 따위로 포장된다. 이런 선험적 태도에 반대해 『회남자』는 이렇게 말한다.

> '성인聖人의 법도'는 시대와 더불어 변하고, 예禮는 풍속과 더불어 변화한다. 의복이나 기계는 그 쓰임을 편리하게 하면 되고, 법도와 제도·명령 등은 각각 그 시의 적절함에 따르면 된다. 그러므로 옛 것을 바꾸는 것을 비난할 수 없고, 풍속을 따르는 것에 인색할 수도 없다.(「범론훈」)

『회남자』는 순수하고 근원적인 '성인의 법도'라는 게 허구의 이념임을 분명하게 지적한다. 내친 김에 조금 더 이야기를 들어보자.

무릇 은나라에 와서 하나라의 문물제도가 변했으며, 주나라에 와서 은나라의 것이 변했고, 춘추시기에 와서 주나라의 것이 변했다. 하·은·주 세 시대의 문물제도가 같지 않은데, 어떤 옛 것을 따르겠는가? 선생이 만들면 제자는 이를 준수해야만 하는가? 법치의 유래를 안다면 시대에 따라 법을 변화시킬 수 있지만, 법치의 근원을 모르면 옛 법에 따르더라도 끝내 혼란해지고 만다. 지금 법전은 시대와 함께 변하고 예의는 풍속과 더불어 바뀌는데, 학문을 한다는 자들이 과거의 학업을 답습하고 전적에 의지해 옛 가르침만을 고수하며, 그것이 아니면 세상이 다스려지지 않는다고 여긴다. 그러나 이는 마치 네모난 자루를 둥근 구멍에 맞추려는 것과 같아서, 잘 맞춰 고정시키려고 하지만 결코 이루기 어렵다.(「범론훈」)

『회남자』는 역사성을 무시하고, 특정한 문물제도를 불변의 진리로 내세우는 원리주의의 잘못을 준엄하게 질책하고 있다. 그것은 주로 '성인의 가르침'을 앞세워 고대의 예악제도를 유지하기에 급급했던 유교를 겨냥한다. 다음 구절에서 그 취지가 분명히 드러난다.

> 지금 유가나 묵가의 지식인들은, 하·은·주 삼대三代와 문왕·
> 무왕을 칭송하면서도 그 법도를 실행하지는 않는다. 이는 자신
> 도 행하지 않을 것을 지껄이는 데 불과하다.(「범론훈」)

> 이른바 '예의'란 옛 제왕들의 법령과 풍속으로, 한 시대의 흔적
> 에 지나지 않는다. 비유하자면, 짚으로 만든 개나 흙으로 빚은
> 용을 제사용으로 처음 만들 때는 청실홍실로 무늬를 꾸미고 고
> 운 수를 놓으며 붉은 비단실로 꿰맨다. 그리고 시축이 검은 제
> 복祭服을 입고 대부가 면류관을 단정히 쓰고 이들 제물을 받들
> 어 모신다. 하지만 이를 이미 사용한 뒤라면, 그것은 한갓 흙덩
> 어리와 짚덩어리에 지나지 않는다. 대체 누가 이를 귀하게 여길
> 것인가?(「제속훈」)

유학자들은 자신도 지키지 못할 것이면서, '성인의 법도'
를 내세워 온갖 금기와 예법을 강요한다. 그러나 이런 것들은
본질적으로 도구에 불과하다. 도구의 효용성은 상대적이며,
또한 일시적일 수밖에 없다. 예를 들어, 예전에 술을 따를 때
긴 도포자락이 음식물에 닿을까봐 왼손으로 소매를 쥐고 오
른손으로 따르는 풍속이 생겼다. 그런데 현대인은 소매가 없

는 반소매 옷을 입고서도 왼손을 오른팔 아래에 대고 술을 따른다. 왜 그래야하는지 묻지 않으면서, 남들이 그러니 그게 예법이라고 여기고 그냥 따라 한다. 그러면서도 이런 형식적 주법을 지키지 않으면 예의를 모른다고 서로 눈을 흘긴다. 그러나 『회남자』의 지적처럼 이런 예법은 '한 시대의 흔적'에 지나지 않는다. 겨울이 왔는데 철 지난 여름옷을 그냥 걸치고 다닐 수 없는 것처럼, 특정한 시대의 예법을 불변하는 당위의 규범으로 삼을 수는 없다.

그러나 2천여 년 동안, 유교는 처음부터 순수하고 오염되지 않은 '성인의 가르침'을 계승했노라고 자부해왔다. 하지만 이는 유교의 정통성을 주장하는 형이상학적 전제일 수는 있어도, 역사의 사실은 아니다. 공맹(孔孟: 공자와 맹자)의 원시 유학, 한당漢唐의 경학, 그리고 송명宋明의 성리학은 서로 차이가 큰 사상체계이다. 그런데도 각 시기의 유학자들은 자기들이야말로 요순의 가르침을 제대로 구현한다고 표방했다. 그렇다면 대체 누가 '요순의 가르침'을 진정으로 계승한 것인가? 실은 시대에 따라 유교의 학설이 변해왔을 뿐이다. 처음부터 순수하고 오염되지 않은 '성인의 가르침'을 계승했다는 주장은, 역사적 순수성에 의지해 자기 이념의 정당성을 확보하려는 이데올로기에 지나지 않는다.

이런 일은 유교뿐 아니라 모든 종교에서 벌어진다. 불교의 많은 분파이론도 그렇고 기독교의 무수한 교리체계도 그렇다. 최근 한국에서 단군이나 『천부경』 등의 권위를 빌려 제기되는 주장 역시 마찬가지다. 부처를 앞세우건 예수를 앞세우건 아니면 단군이나 공자를 앞세우건, 그들은 모두 '성인 혹은 신의 가르침'을 말한다고 주장하지만, 실은 '성인 혹은 신의 가르침이라고 자신이 믿고 있는 해석'을 말할 뿐이다. 이 두 사실의 근본적 차이를 인식하지 못하는 사람과 열린 대화를 나누기란 거의 불가능하다. '순수하고도 유일한 가르침'에 사로잡힌 원리주의자는 자기 생각에 '동의'하거나 '동의하지 않는' 두 종류의 선택밖에 허용하지 않기 때문이다. 그들은 대개 그처럼 고집불통이다.

# 허위에 빠진 예법과 금기에 휩싸인 세상

　형식을 따지는 예법과 금기에 집착하는 것은 모든 원리주의자들의 공통된 성향이다. 원리주의자들은 사람들의 사소한 행위 하나하나에 주술을 건다. 이것은 성인이, 조상이, 혹은 신이 명한 행동양식이니 반드시 해야 하고, 저것은 우리와 다른 이단의 방식이니 절대 따르면 안 된다는 예법과 금기의 주술. 이런 주술은 대개 종교·이념·국가·민족·지역 따위의 경계를 가르고, 그 영역을 확고히 하는 데 활용된다. 그리하여 유교에서는 절을 해야 하고 기독교인이 절을 하면 안 되고, 포도주는 마셔도 되고 막걸리는 마시면 안 되는 따위의 형식적 금기와 예법에 목숨을 거는 일이 벌어진다.

　동서고금을 막론하고 원리주의자들은 형식적인 금기와

예법의 절대화를 통해 타인을 지배하는 힘을 얻었다. 그들은 성인·신·진리 따위의 절대적이고 추상적인 언사를 동원해, 금기의 '두려움'과 예법의 '당위'를 내세우며 사람들을 위압해왔다. 위압의 효과는 군림에 있다. 절대적 존재나 힘을 내세울 때 권위적 의사결정이 정당화되고, 또 이것을 사람들이 성스럽다고 착각하게 만들기 쉽다. 『회남자』는 이런 책략을 '망해가는 세상의 말단에 치우친 학술'의 특징으로 본다.

> 망해가는 세상의 말단에 치우친 학술은, 마음의 근원을 찾아 근본으로 돌아가는 것을 모른다. 단지 자신의 본성을 인위적으로 꾸미고 그 감정을 억지로 조절하여, 이를 통해 세속과 교류한다. 그리하여 눈이 보고자 하더라도 이를 법도로 금하고, 마음이 즐기고자 하더라도 이를 예의로 억제한다. 행동거지 하나하나에 예절을 따지고, 허위로 몸을 낮추어 굽실굽실하며, 고기가 굳으면 먹지 않고 술이 가라앉아도 마시지 않는 따위의 금기에 연연한다. …… 그러므로 유학자는 사람들이 욕망에 사로잡히지 않도록 할 수 있는 것이 아니라, 단지 욕망을 억압할 수 있을 뿐이다. 사람들이 쾌락에 빠지지 않도록 할 수 있는 것이 아니라, 단지 쾌락을 금지시킬 수 있을 뿐이다.(「정신훈」)

『회남자』는 사람들의 일거수일투족에서 형식적인 예법을

따지고, 온갖 금기를 '동원'해 사람들의 정신과 행위를 통제하는 교조적 유학자들의 행태를 비판하고 있다. 비록 2천여 년 전의 말이지만, 이는 단지 과거의 일이 아니다. 지금도 무수한 교회와 사찰에서 갖은 금기와 예법을 앞세워 초대형 건물을 짓고 교인 수를 늘인다. 여러 신흥종교의 행태 역시 다르지 않다. 하여, 한국은 아시아에서 가장 '종교가 번성한 나라'인 동시에 가장 '종교가 타락한 나라'로 지목되고 있다. 어느 시대를 막론하고 종교가 부패하고 타락하면, 그 종교는 물론 나라까지 망했다. 그러니 『회남자』에서도 "망해가는 세상의 말단에 치우친 학술" 운운했던 것이다. 이는 참으로 경계하지 않을 수 없는 일이다.

종교의 타락 여부는 신앙의 기복화와 교리체계의 교조화 정도로 가늠할 수 있다. 세속적인 기복에 집중할수록 그리고 교리체계가 배타적이고 교조적일수록, 그 종교는 더 심하게 타락한다. 한편 "종교가 타락하면 성직자가 급증한다"는 말도 있다. 고려 말에 불교가 타락했을 때 온 나라가 승려 천지였고, 조선 후기에 성리학이 쇠락했을 때는 돈 주고 산 양반사대부가 전체 백성의 7할에 달했다. 지금은 한국 모든 교파의 신학교에 등록되어 있는 학생의 숫자가, 한국을 제외한 전 세계의 신학생 숫자보다 더 많다는 통계가 있다. 대체 왜 이런 일이 벌어질까? 『회남자』에서 그에 대한 해답을 찾을 수 있다.

대저 물이 많으면 서로 먹고 먹히는 물고기가 생기고, 흙이 많
으면 구멍을 파는 짐승이 생긴다. 마찬가지로 지나치게 예의를
중시하면 위선적인 유학자들이 생겨나게 마련이다. 무릇 재를
불면서 눈에 티가 들어가지 않기를 바라고, 물에 들어가면서 젖
지 않기를 바란다면, 이는 불가능한 일이다.(「제속훈」)

　사람들이 절대불변의 진리인 양 생각하는 어떤 관념, 그리
고 그에 기초한 예법과 규범들이란 따지고 보면 일종의 고정
관념에 지나지 않는다. 그러므로 형식적인 예법과 규범을 지
나치게 중시하는 사회는 고정관념과 편견이 지배하는 사회
라고 해도 무방하다. 이런 사회에서는 원리주의자들이 사람
들을 지배하는 힘을 얻기 쉽다. 특정한 교리와 이념을 형식적
으로 절대화할수록 사람들이 그에 솔깃하기 때문이다. 그리
하여 '진리가 세상 어디에도 없고 오직 유일하게 나에게 있
다'는 따위의 틀에 박힌 선험적 논리로 사람들을 현혹하는 종
교인이나 이념가들이 급증하게 된다. 위의 인용문에서 "지나
치게 예의를 중시하면 위선적인 유학자들이 생겨나게 마련"
이라고 하는 것은 이런 사회병리 현상을 가리킨다.
　그런데 지금 우리 사회에 이런 병증이 만연해 있다. 세상
에서 유일한 진리를 자기만 독점한다고 믿는 사람과 집단이
너무 많다. 특정한 이념과 가치를 전부로 여기고, 그와 다른

것을 모두 배척하는 극단적 사고방식과 생활양식이 팽배해 있다. 조선후기 성리학의 배타적 교조주의, 일제시기의 폭압적 군국주의, 한국전쟁과 극한적 좌우이념대립, 파시즘의 폭력과 이에 저항하는 또 다른 폭력의 충돌, 물신주의를 동반한 기독교 근본주의, 지역주의를 조장하는 정치행태 등이 엎친 데 겹친 격으로 켜켜이 쌓여, 고정관념과 편견을 양산하는 사회심리학적 토양을 이뤄왔다.

유교와 기독교, 그리고 반공주의와 공산주의가 서로 상극인 것 같지만, 실은 성리학이 다져놓은 근본주의 체질의 토대에 기독교가 교회당을 짓고, 다시 남한의 반공기념탑과 북한의 주체사상탑이 올라갔다. 그리하여 사서삼경과 주자에 대한 숭배, 성경과 예수에 대한 맹신, 그리고 주체사상과 김일성 부자에 대한 충성의 맹세가 그리도 닮은 양태로 나타나는 것이다. 또한 원한·분노·저주를 담은 유교의 '사문난적', 기독교의 '사탄', 공산주의자들의 '반동', 그리고 반공주의자들의 '빨갱이' 따위의 언사가 하나같이 우리를 두렵게 한다. 하지만 만약 유교와 기독교와 주체사상 따위를 잘 모를뿐더러 관심도 없는 외계인이 와서 본다면, 그것들은 오십보백보일 게 분명하다. 별반 다르지 않은 사고방식과 행위양태인 것이다. 그러니 예로부터 "닮은 사람끼리 싸운다"고 한다. 이 점에서 우리나라의 유교와 기독교, 반공주의와 주체사상의 관계는 참으로 얄궂다고 할 수 있다.

그러나 갈등과 분열을 조장하는 편협하고 편파적이고 폐쇄적인 사회체질은 반드시 치유되어야 한다. 그러지 않는다면, 동아시아 공동체는 고사하고 남북겨레의 조화로운 통일마저 기약하기 어렵다. 그런데 개인과 집단이 모두 저마다의 고정관념과 편견에 사로잡히는 사회병리학적 증후군을 대체 어떻게 치유할 것인가?『회남자』는 "근본을 지켜야 한다"고 말한다. 이제 그 의미를 알아볼 차례이다.

# 근본을 지킬 것을 말한다

여러 해 전, 깊은 산중에서 이른바 '자연농법'을 몸소 행하는 사람의 집을 방문한 일이 있다. 그 집에 방목하는 닭 여러 마리가 있었는데, 사이좋게 몰려다니며 먹이를 쪼아 먹고 있었다. 그 평화로운 모습이 보기 좋아, 마루에 걸려 있던 옥수수 몇 알갱이를 떼어내 마당의 닭들에게 던져주었다. 그러자 순간, 전혀 예기치 않았던 사태가 벌어졌다. 닭들이 서로 먹으려고 달려들어 난장판이 되더니, 급기야 무리에서 제일 힘센 수탉이 다른 닭들을 부리로 쪼아 몰아내는 게 아닌가. '어라! 이놈들 봐라' 하는 생각에 모이주기를 그만두었다. 그래도 닭들은 여전히 서로를 경계하면서 마당을 맴돌았다. 그리고 한참이 지나서야 본래 모습으로 돌아갔다. 주인 말이 평소 닭들에게 모이를 주지 않고 저희끼리 산천을 돌아다니며 먹이를 찾아먹게 했단다. 그런데 가끔 수리나 살쾡이 같은 맹수들이 출몰하는 산중이라서 그런지, 닭들이 꼭 무리지어 사이좋게 몰려다닌다고 했다. 그러던 녀석들이 옥수수 몇 알갱이에 그만 '환장'을 하고 말았던 것이다.

두고두고 그 일이 잊히지 않는 것은, 산골의 닭들에게서 인간사의 단면을 보는 듯했기 때문이다. 옥수수 몇 알갱이를 차지하려고 치열하게 다투던 닭들의 모습이 인간 군상群像과 크게 바를 바 없었다. 하지만 그것이 본래의 천성은 아닐 터. 대자연 속에 풀어놓았을 때는 평화롭게 무리지어 다니지 않았던가? 그것이 천성일 것이다. 느닷없이 주어진 먹이가 그들의 천성을 흔들어 놓았을 뿐이다. '견물생심見物生心', 좋은 물건을 보고 탐하는 욕심이 생기는 것은 사람이나 짐승이나 매한가지인 셈이다. 물론 이것도 본성의 일부라고 볼 수 있겠지만, 눈앞에서 탐낼 만한 물건이 사라지자 곧 안정을 되찾는 것을 보면 '탐욕'이 잠시의 감정이고 '평정심'이 본래의 천성일 것이다. 이즈음에서 『회남자』한 대목을 음미해 보자.

옛날에는 백성들이 어린아이처럼 순진무구해서 동서東西의 구별조차 몰랐다. 외모에 마음이 그대로 나타나 꾸밈이 없었고, 말은 행동과 같아 거짓이 없었으며, 의복은 흰 바탕 그대로여서 무늬가 없었고, 무기는 무딘 채여서 날이 서 있지 않았으며, 노래는 즐거움을 드러낼 뿐이어서 기교가 없었고, 곡소리는 애통함을 드러낼 뿐이어서 억지로 내는 소리가 없었다. 우물을 파서 물을 마시고 논밭을 갈아서 먹을 뿐 맛을 내는 조미료가 없었고 또한 이를 구하지도 않았다. 친척은 서로 비방하지도 칭찬하지도 않았고, 친구는 서로 원한을 사지도 덕을 베풀지도 않았다.(「제속훈」)

어린아이 같은 순진무구, 『회남자』는 그것을 인간의 천성으로 보았다. 또한 고대인들이 그런 천성을 지키며 살았다고 여겼다. 어린아이의 순진무구와 고대의 순수를 연계시키는 것은 자연주의자들의 전형적인 사유패턴이다. 반면 도덕주의자들은 대개 어린아이를 불완전하고 부족한 존재로 본다. 따라서 어린아이의 순진함을 연상시키는 '고대의 순수'를 금수와 다를 바 없는 야만의 상태로 이해하며, 성인의 가르침에 따라 '계몽'이 되어야만 인간 구실을 할 수 있다고 생각한다.

여기에서 인의도덕과 위계질서, 그리고 시비판단에 대해 서로 다른 입장이 나타난다. 도덕주의자들은 인위적 질서와 가치들을 옹호하지만, 자연주의자들은 그것을 천성에 대한 오염으로 간주한다.

본성을 따라 행동하는 것을 '도道'라고 하고, 천성을 체득하는 것을 '덕德'이라고 한다. 사람들은 본성을 잃은 뒤에 인仁을 귀하게 여기고, 도를 잃은 뒤에 의義를 귀하게 여겼다. 그러므로 인의가 확립되자 도덕이 떠나갔고, 예악禮樂으로 치장하자 순박함이 사라졌으며, 시비(是非: 옳고 그름)의 관념이 형성되자 백성들이 현혹되었고, 주옥(珠玉: 구슬과 옥 같은 보배)을 귀중하게 여기자 천하가 이를 위해 싸우게 되었다. 무릇 이 네 가지(仁義·禮樂·是非·珠玉)는 타락한 세상이 빚어낸 것으로, 말세에 사용되는 것들이다.(「제속훈」)

위의 글을 다시 풀어보자. 어린아이 같이 순진무구한 천성에 따라 행동하는 것을 '도'라고 하고, 그런 천성을 잘 보존하는 것을 '덕'이라고 한다. 그런데 이런 도덕이 쇠퇴하면서, 인의仁義 윤리와 예의규범이 강조되고 사람들의 순박함도 사라진다. 윤리규범을 기준으로 시시비비를 따지면서, 이에 현혹된 사람들이 독단과 편견에 빠지게 된다. 또한 화려한 보배와 재물을 숭배하면서 사람들이 물질의 노예가 되어 너도나도 재물을 더 많이 가지려 다투게 된다. 그러므로 외형적인 윤리, 예의규범, 흑백논리, 물질숭배, 이 네 가지가 타락한 세상의 산물, 말세의 징표라고 말하고 있는 것이다.

물론 윤리규범에 투철하다고 모두 위선자로 몰아붙일 수

는 없다. 세상에는 윤리적 원칙에 충실한 인격자도 있게 마련이다. 그런데『회남자』가 지적하는 것은 개인의 윤리 문제라기보다 사회적인 '윤리주의'의 문제이다. 다시 말해, 윤리주의가 지배하는 사회의 병폐를 말하고 있다. 윤리주의는 여러 가지로 정의될 수 있겠지만,『회남자』의 시각으로 보자면 '사람들의 일거수일투족에 윤리규범의 칼을 들이대면서 권위와 위계질서를 강요하는 사고방식과 태도'라고 할 수 있다.

이런 윤리주의가 호황을 누릴수록 '도덕'은 오히려 박약해진다. 도덕은 내면에 치중하지만, 윤리주의는 형식에 치중하기 때문이다. 그러므로 위의 인용문에서도 "인의가 확립되자 도덕이 떠나가고, 예악으로 치장하자 순박함이 사라졌다"고 한탄하는 것이다.『회남자』는 유학자들이 금지옥엽으로 떠받드는 윤리규범이나 예법·금기 따위로 훼손된 인간의 천성을 치유할 수 없다고 진단한다. 오히려 그것은 문제를 더 악화시킨다고 본다.

> 지금의 유학자는 욕망이 유래하는 근본을 찾지 않고 그 욕망하는 바를 금하며, 쾌락이 유래하는 원천을 캐지 않고 그 즐기는 바를 막는다. 이는 큰 하천의 근원을 터놓고, 손으로 이를 막으려는 것과 같다. 대저 백성을 다스리는 것은 금수를 기르는 것과 같다. 울타리를 걷지 않고 그들의 야성을 보존하고자 하고,

그 다리를 묶어 옴짝달싹하지 못하게 해놓고 그들이 오래살기를 바란다면, 그것이 어찌 가능하겠는가?(「정신훈」)

그렇다면 어찌해야 사람이 본래의 순박한 천성을 보전할 수 있겠는가? 그 해법을 찾으려면, 먼저 천성의 순박함이 사라지는 원인부터 알아야 한다.

태어날 때부터 맑은 것이 사람의 천성이다. 그러나 감각에 따라 움직이면 천성을 해친다. 사물에 접해 정신이 반응하면 지각이 움직인다. 지각이 사물을 인식하면, 좋아하고 싫어하는 감정이 생겨난다. 그런데 좋아하고 싫어하는 감정이 굳어져 지각이 외부의 사물에 유혹당하면, 본래의 자기로 돌아갈 수 없고 천리天理는 사라진다.(「원도훈」)

사람의 일생에서 갓난아이 때처럼 천진난만한 시기가 또 있을까? 표정과 행동에 아무런 꾸밈도 없이 있는 그대로 나타난다. 주는 대로 먹고, 입히는 대로 입는다. 그만큼 편견과 분별심이 없다. 그러나 커가면서 점차 사물을 보고 듣고 느끼게 되고, 좋아하고 싫어하는 감정이 일어난다. 하여, 자기가 좋아하는 것만 먹고 입으려 든다. 생각 역시 마찬가지다. 어떤 것은 좋아하고 어떤 것은 거부하는 까다롭고 편파적인 생각이 형성된다. 그러다가 그 정도가 심해지면 정신병리학적 치유가 필요한 일종의 질병 상태에 이르게 된다.

다른 각도에서 보자면, 이것은 사람이 사물에 지배당하는 상태이다. 일종의 '중독'인 셈이다. 마약이나 도박 등이야 말할 나위가 없지만, 사람들은 또한 권력·재물·명예·이념·종교·규범·유행·외모 따위에 더 쉽게 중독된다. 이는 모두 '외물外物'이다. '바깥의 사물'이라는 뜻이다. 사람들이 이런 외물에 의존하다보면 그것 없이 견디지 못하는 상태에 이른다. 그리고 결국 순수한 내면의 본성을 잃게 되는 것이다. 그러므로 『회남자』는 말한다. "사물에 정신이 팔린 사람의 말은 화려하고, 덕이 쓸려나간 자의 행위는 위선적이다. 지극한 정신이 심중에 없고 언행은 겉으로만 번지르르하니, 이런 사람은 그 몸이 물질의 노예가 되지 않을 수 없다."(「숙진훈」)

그렇다면 어찌해야 잃어버린 천성을 되찾을 수 있을까? 세상을 등지고 자연으로 돌아가는 길이 제일 먼저 떠오를 것이다. 물론 그것이 매우 효율적인 방법일 수 있다. 그러므로 오래 전부터 많은 수행자들이 세속을 떠나 산속으로 들어갔다. 하지만 그런다고 문제가 바로 해결되지는 않는다. 단지 환경조건을 바꾸는 데 불과하기 때문이다. 입시 준비생이 시끌벅적한 저자거리보다 고시원에서 공부하는 게 더 효율적이겠지만, 그렇다고 반드시 성공을 보장할 수 없는 것과 마찬가지다. 저자거리에서 공부하고도 좋은 성적을 내는 학생이 나오는 반면, 환경조건을 탓하며 좋은 고시원을 찾아 전전하고도 입시에 실패하는 학생들 역시 수두룩하다. 마찬가지로, 세상을 등지고 자연으로 돌아가면 바로 천성을 회복할 수 있을 것 같아도, 실은 그렇지 못하다.

세상을 떠나 자연으로 돌아간다면서, 산중에서 다시 권력을 쌓고, 재물과 명예를 탐하고, 이념과 종교를 조직하고, 규범과 의례를 만들며, 물질에 현혹되는 게 인간이다. 자신의 천성을 근원으로부터 통찰하지 못한다면, 단지 속세를 떠나는 것만으로 문제가 해결되지 않는다. 중국 명나라 사람인 환초도인還初道人 홍자성이 『채근담』에서 지적한 그대로이다. "고요한 가운데서의 고요함은 참다운 고요함이 아니다. 시끄러운 곳에서도 고요할 수 있어야, 비로소 천성의 참된 경지라고 할 수 있다."[3] 천성을 회복하는 것은 본질적으로 내면의 문제이지, 환경조건의 문제가 아니다. 회복해야 하는 천성이 자기 안에 있지 밖에 있지 않기 때문이다. 그러므로 『회남자』는 말한다. "신명과 도를 밖에서 구하는 자는 이를 안에서 잃게 된다. 하지만 이를 자신의 내면에서 지키는 사람은 밖에서도 얻게 된다."(「정신훈」)

외물로부터의 속박을 벗어나 천성을 회복하는 장(場, field)은 다름 아닌 인간 본연의 '생명'이다. 다시 말해, 외물에 속박되어 억압되어 있던 생명의 본성을 되찾는 것이 곧 천성을 회복하는 길이다. 그러려면 '생명'의 특성을 알아야 한다. 이 지점에서 『회남자』는 생명이 몸(形)·기운(氣)·정신(神)으로 이뤄진다고 말한다. "무릇 몸은 생명의 집이고, 기운은 생명을 채우며, 정신은 생명을 제어한다. 이 가운데 하나라도 잘못되면 세 가지 모두 손상을 입는다."(「원도훈」) 그렇다면 몸과 정신 그리고 기운을 잘 다스림으로써 생명의 본성, 그 타고난 건강성을 회복할 수 있을 것이다. 『회남자』는 그 자세한 방법을 이렇게 제시한다.

눈과 귀가 청명하고 밝아 빛과 소리에 유혹당하지 않고 기와 의지가 텅 비고 담백해 욕망이 적으면, 오장이 안정되고 충실해 기운이 새나가지 않게 된다. 정신이 몸 안에 머물러 밖으로 달아나지 않으면, 아득한 과거를 돌아보고 미래를 예견하는 것조차도 아주 쉽다. 어찌 눈앞의 화와 복을 구분하지 못하겠는가?(「정신훈」)

고요하고 담박澹泊하면 천성을 기를 수 있다. 온화하고 부드러우며 자기를 비우면 덕을 기를 수 있다. 외적인 감각이 내면을 어지럽히지 않으면, 천성이 그 적절한 바를 얻는다. 천성의 조화로운 기운을 동요시키지 않으면, 덕은 그 자리에 안주한다.

생명을 길러 세상을 경영하고, 덕을 품고 평생을 마친다면, 도를 체득했다고 말할 만하다.(「숙진훈」)

인용문의 위 단락의 요지는 '바깥의 사물에 정신을 빼앗겨 몸과 기운을 어지럽히지 말라'는 것이다. 아래 단락은 '고요한 가운데 내면의 평화와 기운의 조화를 유지해 생명을 기르라'고 말한다. 이것은 오래된 '명상'의 메시지이다. 명상은 늘 외부에 집착하는 감각과 의식의 작용을 쉬게 하여 정신의 안정을 이루고, 욕망과 긴장으로부터 몸을 해방시켜 생명의 기운이 감돌게 한다.

이제 이런 자기 수양을 통해 천성을 회복한 삶에 대한 은유 한 대목을 소개하면서 일단락 짓고자 한다. 그것은 노자와 장자를 비롯해 동아시아의 자연주의자들이 추구한 이상적 삶의 경지를 보여준다. 거기에는 욕망과 긴장, 이념의 과잉, 사물에 대한 집착으로 병적인 상태에 빠진 정신을 뻔쩍 깨게 만드는 우주적 배포의 미학적 감성이 깃들어 있다.

지인至人은 적당히 배부르게 먹고, 몸에 알맞은 옷을 걸치며, 몸이 편안히 머물 만한 곳에서 노닐고, 뜻이 가는 대로 행동한다. 하여, 천하를 군더더기로 보고 집착하지 않으며, 모든 것을 만물에 내맡겨 자신의 이로움을 구하지 않고, 광막한 우주를 집으로 삼으며, 끝없는 광야에서 노닐고, 하늘의 상제에게로 올라가 북극성을 몰며 손바닥 안에서 천지를 가지고 논다.(「정신훈」)

　"하늘을 이불로 땅을 자리로 산을 베게로 삼고, 달을 촛불로 구름을 병풍으로 바다를 술통으로 삼아, 크게 취해 거연히 일어나 춤추니, 긴 소매가 곤륜산에 걸릴까 꺼려진다" [4]고 노래했던 조선시대 진묵대사(1562~1633)의 게송으로 위 글에 대한 해설을 갈음한다.

# '내성외왕'의 지도력을 말하다

단도직입으로 말해 『회남자』의 정치 이상은 '내성외왕內聖外王'이다. 내면에 성인의 덕을 지니고 밖으로 통치한다는 의미다. 흔히 유교의 정치적 이상으로 이 개념을 들지만, 정작 이 말의 출처는 『장자』「천하天下」편이다. 도가의 정치적 이상도 '내성외왕'이었던 것이다. 남을 이끌려면 먼저 내면의 덕성을 쌓아야 한다는 생각은, 그만큼 학파를 불문하고 중국 고대사회에서 보편적인 생각이었다.

고대사회의 권위 내지 권력은 '혈통'과 '체제'에 기반을 두었다. 독일의 사회학자인 막스 베버Max Weber는 왕권과 같이 세습되는 전통적 권위(Traditional Authority), 그리고 법에 의해 관리되고 관료들에 의해 움직이는 합법적 또는 합리적 권위(Legitimate Authority)의 문맥에서 권위를 설명한다. 그런데 여기에 더해, 그는 카리스마적 권위(Charismatic Authority)의 개념을 처음으로 제시했다. 베버는 카리스마를 "한 개인이 보통 사람들과 구별되는 어떤 자질 또는 초자연적이거나 초인간적인 힘, 어떤 예외적인 특별한 자질"로 정의했다. 그리고 리더십이 이 세 가지 권위에 기반을 둔다고 보았다.

이렇게 볼 때, '내성'은 곧 막스 베버가 말한 '카리스마적 권위'라고 할 수 있다. 권력의 부침이 극심했던 춘추전국을 거치며 세습적이고 합법적인 권위만으로 충분한 리더십을 확보하기 어려웠던 고대 중국에서 일찍부터 카리스마적 권위의 중요성이 강조되었다. 하여, 보통 사람을 초월하는 '내면의 덕성'을 군주의 기본 자질로 요청하게 된 것이다.

그런데 학파에 따라 '내면의 덕성'을 무엇으로 보느냐의 견해가 갈렸다. 유교는 윤리규범과 예법을 뼛속 깊이 내면화하는 것을 '내성內聖' 혹은 '수기(修己: 자기 수양)'의 핵심으로 보았다. 그러나 도가 사상가들은 윤리규범과 예의범절로 '내성'을 이룰 수는 없다고 보았다. 『회남자』도 이 점을 분명히 한다.

예의범절로 어찌 지극한 정치의 본질을 규명할 수 있겠는가? 세상의 현명하다는 자들이 도덕의 근본을 떠나 "예의로 충분히 천

하를 다스릴 수 있다"고 말한다. 이들과는 정치를 함께 논할 수
가 없다.(「제속훈」)

이미 위에서 살펴본 것처럼, 인위적인 예의범절의 구속에
서 벗어나 순수한 천성을 회복해야 '도덕'의 근본을 지킬 수
있다는 게 도가의 일관된 생각이다. 『회남자』 역시 카리스마
적 권위의 근원을 '진정함'과 '질박함'에서 찾는다. "진정함
과 질박함을 품고 있으면, 하늘도 그를 죽일 수 없고 땅도 그
를 매몰시킬 수 없다. 명성이 천지간에 휘날려 해와 달처럼
빛나니, 이는 매우 기쁘고 즐거운 일이다."(「주술훈」) 권좌에
앉아서도 내면의 진실함과 소박함을 잃지 않는 군주, 그가 곧
'내성외왕'의 자격을 갖춘 통치자인 것이다. 반대로 군주가
되어 이런저런 책략이나 꾸미고 사사로운 욕심에 이끌리며
권위만 앞세운다면, 그는 군주의 자격이 없다. 『회남자』는 말
한다.

지략으로 통치하는 자는 그 나라를 보존하기 어렵다. 오직 천지
의 큰 조화에 통하고, 만물의 절로 그러함에 감응할 수 있는 자
라야 나라를 제대로 보존할 수 있다.(「남명훈」)

윗사람이 꾀를 많이 쓰면 아랫사람들은 속임수가 늘고, 윗사람

이 일을 많이 꾸미면 아랫사람들은 꾸밈이 많아지고, 윗사람이 번뇌에 빠지면 아랫사람들이 불안해지고, 윗사람이 원하는 게 많으면 아랫사람들이 서로 다툰다. 근본을 바르게 하지 않고 지엽적인 일에만 매달리는 것은, 비유하자면 먼지를 두드려 날려 먼지를 없애려는 것이나 장작을 안고 불을 끄려는 것과 마찬가지이다.(「주술훈」)

진실하고 순박함이 통치술의 '근본'이라면, 사리사욕에 얽매인 책략과 모사는 '지엽'에 불과하다. 따라서 무엇보다 근본을 지키는 것이 중요한데, 그것이 곧 '무위'이다. 유교의 리더십이 군사부일체君師父一體의 윤리적이고 가부장제적인 권위에 의해 뒷받침되었다면, 도가의 리더십은 다스리지 않으며 다스리는 이른바 '무위이치無爲而治'의 카리스마에 의해 뒷받침되었다. 『회남자』는 '무위'의 통치술에 관해 이렇게 말한다.

군주의 통치술은, 무위無爲로 일을 처리하고 말없는 교화를 행하는 데에 있다. 심신을 청정히 하여 경거망동하지 않고, 법도를 하나로 통일해 동요하지 않는다. 예로부터의 법규를 따르며 만사를 신하에게 맡기고, 일의 성패에 대한 책임을 물을 뿐 자신이 직접 나서서 힘쓰지 않는다.(「주술훈」)

『회남자』가 말하는 무위의 통치술은, 첫째 일관된 원칙과 법규를 세워 통치하며, 둘째 군주의 간여를 최소화하고, 셋째 관료들의 직능별 권한을 극대화하되 그 책임을 엄격하게 묻는 것이다. '무위'에 대한 이런 정치적 해석은 노장의 그것과 다소 거리가 있다.

　일관된 원칙과 법규를 강조하는 것에서 볼 수 있듯이,『회남자』는 노자가 말한 '무위'를 법치의 문맥에서 재해석한다. 또한 '군주 무위, 신하 유위'의 통치술을 제시하는데, 이는 황로학의 전형적인 정치사상이다. 그렇다고『회남자』가 진나라의 법가처럼 가혹하고도 엄격한 법령의 집행을 옹호하는 것은 아니다. 그것은 법가에 대한 다음과 같은 비판을 통해 잘 드러난다.

　　법가인 신불해申不害나 한비자韓非子 그리고 상앙商鞅 등의 통치술은, 정치의 뿌리를 뽑고 그 근본을 버리며, 정치가 생겨난 근원을 궁구하지 않는다. 어쩌다 이렇게 되었는가? 잔혹한 다섯 형벌(五刑)로 가혹하게 다스리며, 도덕의 근본을 등지고 첨예한 이익을 다툰다. 백성들을 함부로 죽이고 그 재산의 태반을 수탈하면서도, 기쁘고 즐거워하며 자기가 정치를 잘한다고 생각한다. 이는 마치 장작을 안고 불을 끄려고 하거나, 구멍을 뚫어놓고 물을 멎게 하려는 것과 같다.(「남명훈」)

한비자나 상앙 등의 법가는 순자의 성악설性惡說을 계승해 인간 본성이 이기적이고 악하다고 보았다. 따라서 군주는 사람들을 선하게 만들려고 노력하기보다, 악한 일을 하지 못하도록 해야 한다. 또한 백성은 이기적이고 무지하므로, 군주가 그들의 인기를 얻으려고 해서도 안 된다. 훌륭한 통치는 군주가 공포하는 법령을 엄격하게 집행해 신하와 백성들의 '복종'을 얻어내는 데 있다. 이것이 진나라 법가의 사상이었다.

그러나 『회남자』는 법이 군주로부터 나온다고 생각하지 않았다. "법은 의로움(義)에서 생기고, 의로움은 뭇사람에게 부합하는 바에서 생긴다"고 하며, 심지어 "법전法典과 의례는 군주가 독단대로 하지 못하도록 있는 것"이라고까지 천명한다. 다시 말해 법은 사회구성원들 공동의 합의 내지는 공리에 뿌리를 둔다. 그리고 더 나아가 군주의 전횡을 막는 기능을 발휘한다. 그러므로 "법은 천하의 규범이며 군주의 준칙"일 뿐 아니라, "아래에서 세운 법을 위에서 폐지해서는 안 된다"고 명시한다.(「주술훈」) 이것은 고대의 절대주의적 군주법이라기보다, 주권재민主權在民의 원칙을 앞세우는 근대법에 가까운 법치사상이다.

한편 『회남자』는 "나라를 보존하는 길은 도를 얻는 데 있지 그 크기가 큰 데 있지 않다"(「범론훈」)고 말했다. 여기서 '도를 얻는다'는 것은 중층적인 의미를 지닌다. 첫째 군주 스스로 내면의 진실하고 소박한 본성을 지키는 것이며, 둘째 무위의 정치를 펼치는 것이고, 셋째 공정한 법이 집행되는 것이다. 하지만 무엇보다 중요한 것은, 백성들의 삶이 안정되는데 있다. 그것이 정치의 근본이다.

> 정치의 근본은 백성을 안정시키는 것이다. 백성을 안정시키는 근본은 일용을 충족시키는 것이다. 일용을 충족시키는 근본은 농번기에 백성을 동원하지 않는 것이다. 농번기에 백성을 동원하지 않는 근본은 일을 줄이는 것이다. 일을 줄이는 근본은 아껴 쓰는 것이다. 아껴 쓰는 근본은 본성을 돌이키는 것이다. 그 근본을 흔들어 놓고 그 말단을 고요하게 하거나, 그 근원을 흐려놓고 그 지류를 맑게 할 수는 없다.(「태족훈」)

백성의 안정을 위해 세금과 부역의 부담을 줄여야 하고, 그러려면 국가의 사업을 축소해야 한다. 이를 위해서는 낭비의 요소를 없애야 하고, 그러려면 욕망을 줄이고 내면의 소박한 자연본성을 회복해야 한다. 그러므로 '본성을 돌이키는' 일에서 정치의 근본을 찾아야 한다고 보았다. 물론 이것은 농경사회에 뿌리를 둔 정치사상이다. 대량생산과 대량소비를 추구하는 지금의 자본주의사회에서 '욕망의 절제'란 오히려 재앙으로 받아들여질 수 있다.

하지만 지금의 자본주의적 삶의 방식이 언제까지나 지속가능하지 않다는 데 문제의 심각성이 있다. 무엇보다 유한한 지구의 자원이 무한 생산과 무한 소비를 지탱할 수 없다. 날로 심각해지는 환경파괴는 인류의 생존 자체를 위협하는 지경에 이르렀다. 하여, 이제 많은 사람들이 '지속가능한 문명'으로의 전환을 말하고 있다. 이런 지평에서 본다면, 욕망의 과잉이야말로 문제의 근원이 아닐 수 없다. 욕망과잉의 근대를 지나, 이제는 『회남자』의 말처럼 욕망을 줄이고 소박한 본성을 회복하도록 이끄는 리더십이 절실해졌다. 그것도 전 지구적인 차원에서 말이다.

지금 인류는 '내면의 덕성(內聖)'에 뿌리를 둔 새로운 리더십을 그 어느 때보다 필요로 한다. 그것이 위계적이고, 권위적이며, 도덕주의적인 통솔력이 아니라는 것은 분명하다. 보다 민주적이고, 소박하고, 평화로우며, 다양성을 존중하는 지도력이 요청된다. 각자의 자율성을 극대화시키면서도, 사람들 사이의 네트워크와 조화가 유지되도록 하는 지도력. 모든 생명의 자연스러운 활동에 간섭하지 않고도, 그것을 북돋아주는 지도력. 그것이 곧 『회남자』의 저자들이 갈망했던 이상적 군주의 자질이었다.

그런데 그런 지도력이 꽃피는 세상을 희구했던 한국의 시인이 1960년대에 다시 있었다. 이천 년이 넘는 시간의 간극을 관통하는 갈망이 그의 시에서 뚝뚝 묻어난다. 이제 그 노래로 『회남자』의 '오래된 미래'의 정치 이상에 대한 이야기를 갈음한다. 새로운 '내성외왕'의 시대를 꿈꾸며.

스칸디나비아라든가 뭐라구 하는 고장에서는 아름다운 석양 대통령이라고 하는 직업을 가진 아저씨가 꽃리본 단 딸아이의 손이끌고 백화점 거리 칫솔 사러 나오신단다. 탄광 퇴근하는 광부들의 작업복 뒷주머니마다엔 기름묻은 책 하이덱거 럿셀 헤밍웨이 장자莊子 휴가여행 떠나는 국무총리 서울역 삼등대합실 매표구 앞을 뙤약볕 흡쓰며 줄지어 서 있을 때 그걸 본 서울역장 기쁘시겠오라는 인사 한마디 남길 뿐 평화스러이 자기 사무실문 열고 들어가더란다.

남해에서 북강까지 넘실대는 물결, 동해에서 서해까지 팔랑대는 꽃밭, 땅에서 하늘로 치솟는 무지개빛 분수 이름은 잊었지만, 뭐라군가 불리우는 그 중립국에선 하나에서 백까지가 다 대학 나온 농민들 추럭을 두 대씩이나 가지고 대리석 별장에서 산다지만, 대통령 이름은 잘 몰라도 새이름 꽃이름 지휘자이름 극작가이름은 훤하더란다. 애당초 어느 쪽 패거리에도 총 쏘는 야만엔 가담치 않기로 작정한 그 지성, 그래서 어린이들은 사람 죽이는 시늉을 아니하고도 아름다운 놀이 꽃동산처럼 풍요로운 나라, 억만금을 준대도 싫었다.

자기네 포도밭은 사람 상처내는 미사일기지도 땡크기지도 들어올 수 없소. 끝끝내 사나이나라 배짱 지킨 국민들. 반도의 달밤 무너진 성터 가의 입맞춤이며 푸짐한 타작소리 춤 사색思索뿐. 하늘로 가는 길가엔 황토빛 노을 물든 석양 대통령이라고 하는 직함을 가진 신사가 자전거 꽁무니에 막걸리병을 싣고 삼십리 시골길 시인의 집을 놀러 가더란다.(신동엽, 「산문시1」, 1968)

3부

본문

『회남자』의 판본은 대개 21권으로 편제되어 있다. 모두 13만여 자字에 이르는 대작이다. 제1권 「원도훈」, 제2권 「숙진훈」, 제3권 「천문훈」, 제4권 「지형훈」, 제5권 「시칙훈」, 제6권 「남명훈」, 제7권 「정신훈」, 제8권 「본경훈」, 제9권 「주술훈」, 제10권 「무칭훈」, 제11권 「제속훈」, 제12권 「도응훈」, 제13권 「범론훈」, 제14권 「전언훈」, 제15권 「병략훈」, 제16권 「설산훈」, 제17권 「설림훈」, 제18권 「인간훈」, 제19권 「수무훈」, 제20권 「태족훈」, 제21권 「요략」으로 이뤄져 있다.

이 가운데 「요략」은 『회남자』의 중심사상과 각 편의 요지를 간략히 소개하는 글로, 이를테면 책 뒤에 붙는 '후기後記'에 해당한다. 따라서 이를 계산하지 않고 총 20권으로 편제한 판본도 있다. 한편 정통도장正統道藏본은 「원도」 「숙진」 「천문」 「지형」 「시칙」 「주술」 「범론」의 7편을 각각 상上과 하下로 나누고, 여기에 「요략」을 포함해 모두 28권의 체제로 되어 있다.

「요략」에 보이는 말로 『회남자』 전 편의 내용에 대한 개괄을 대신한다.

"이 책을 저술하는 것은 도덕道德의 기틀을 세우고 인사人事를 망라하여 위로는 하늘을 살피고 아래로는 땅을 헤아리며 그 가운데로는 사물의 여러 이치에 통달하기 위해서다. 비록 현묘한 도道의 내용을 모두 드러내지는 못하더라도 제법 다채로워 그 대강을 살필 만하다. …… 그리하여 20편의 책을 지었으니 천지의 이치를 깊이 연구하고 사람의 일을 상세히 파악했으며, 제왕의 도를 모두 구비했다."

# 일러두기

· 제3부의 본문은 도장본을 근간으로 장쌍체張雙棣의 『회남자교석淮南子校釋』(北京大學出版社, 1997)과 유문전劉文典의 『회남홍렬집해淮南鴻烈集解』(殷光熹 點校, 安徽大學出版社·雲南大學出版社, 1998) 등을 참고해 번역했다.

· 본문은 『회남자』를 21편으로 분류하는 일반적 편제에 따랐다. 제1권 「원도훈」부터 제20권 「태족훈」까지 중요한 내용을 골라 실었으며, 제16권 「설산훈」과 제17권 「설림훈」은 본문 대신 「요략」에서 두 편의 취지를 설명하는 내용만 실었다.

· 제21권 「요략」은 별도로 다루는 대신 각 편의 맨 앞에 '요략' 항목을 따로 두어 나눠 실었다. 그리하여 『회남자』 각 편의 내용을 독자가 조금 더 쉽게 개관할 수 있도록 했다.

· 독자들의 편의를 위해 역자가 각 단락마다 소제목을 달았다. 또한 제한된 지면에서 『회남자』의 더 많은 내용을 소개하기 위해 본문에는 한문 원문을 표기하지 않았다. 독자들이 원전의 내용에 접근하기 쉽도록 적절한 우리말을 찾았으며, 그러면서도 원전의 의미를 잃지 않도록 노력했다.

· 한문 원문이 필요한 독자는 인터넷에서 쉽게 구할 수 있다. 예를 들어 우리나라 사이트로 '한국사사료연구소'의 자료실(http://www.clepsi.co.kr/eduline/hsy/login.asp), 중국 사이트로 중화문화망(http://ef.cdpa.nsysu.edu.tw/ccw)의 '제자백가' 항목 등에서 원문을 구할 수 있다. 간혹 오탈자가 눈에 띄기는 하지만 심각한 정도는 아니다. 그러나 대학원 등에서 깊은 연구를 하려는 독자라면 『회남자』의 판본에 대한 지식을 토대로 적합한 영인본과 주석서 등을 구해 공부할 필요가 있다. 이에 관해서는 이 책의 제4부를 참고하기 바란다.

# 제1권 원도훈原道訓

**(요략)**

'원도原道'는 온 우주를 통찰하고 만물을 하나로 통섭하며, 천지만물의 근원을 은유하고, 그윽하고 어두운 도의 깊이를 측량하며, 아무런 제한도 없는 허무의 영역을 자유롭게 소요하는 내용이다. (이하 생략)

## 도道를 말하다

○ 도道는 하늘을 덮고 땅을 실으며 사방팔방으로 펼쳐져 그 높이와 깊이를 알 수 없다. 도는 천지를 감싸 안고 아무 형체도 없이 만물에 그 혜택을 베푼다. 이는 마치 샘물이 원천에서 솟아나는 것과 같다. 처음에 비었다가도 차츰 고여 철철

넘치고 처음에 탁하다가도 서서히 맑아진다. 그러므로 도를 세우면 천지를 빽빽하게 채우고 도를 눕히면 온 세상에 끝없이 펼쳐진다. 도의 작용은 무궁무진하여 흥하고 쇠하는 부침이 없다.

　도를 펼치면 온 우주를 덮지만 도를 오므리면 한줌도 되지 않는다. 뭉쳐 있으면서도 펼쳐지고, 어두우면서도 밝으며, 약하면서도 강하고, 부드러우면서도 단단하다. 사방을 가로지르고, 음양陰陽의 기운을 머금으며, 우주를 단속하며 해와 달과 별들을 빛낸다.

　도는 한없이 유약하고 더없이 미세하다. 하지만 이로 인해 산은 높고 못은 깊으며, 짐승은 달리고 새는 날며, 해와 달이 밝게 빛나고 별이 운행하며, 기린은 노닐고 봉황은 비상한다.

## 도에 통달한 사람을 말하다

　ㅇ 태어날 때부터 맑은 것이 사람의 천성이다. 그러나 감각에 따라 움직이면 천성을 해친다. 사물을 대해 정신이 반응하면 지각이 움직인다. 지각이 사물을 인식하면 좋아하고 싫어하는 감정이 생겨난다. 그런데 좋아하고 싫어하는 감정이 굳어져 지각이 외부의 사물에 유혹당하면 본래의 자기로 돌아갈 수 없고 천리天理는 사라진다.

　그러므로 도에 통달한 사람은 '인위(人)'로 '천성(天)'을 바꾸지 않고 밖으로 사물과 더불어 변하더라도 안으로 그 본성을 잃지 않는다. 지극히 무욕하고 무위하여 만물의 요구대로 응하고 때에 따라 분주하면서도 만물의 안식처가 된다. 크고 작고 길고 짧은 것이 모두 갖추어져 있어 만물이 그에게 와서 야단법석을 떨어도 그 절도를 잃지 않는다. 그러니 윗자리에 있어도 백성이 중압감을 느끼지 않고 앞에 있어도 뭇사람들이 해롭게 여기지 않으며 천하가 그에게 돌아오고 악한 자는 그를 두려워한다. 그 자신이 만물과 다투지 않으므로 어느 누구도 감히 그와 다투려고 하지 않는다.

○ 북쪽의 흉노 지역에서는 모피를 생산하고 남쪽의 오월 땅에서는 시원한 옷감이 난다. 각자 살아가는 데 필요한 의복으로 건조하거나 습한 기후에 대비하고, 각자 거처하는 지역의 조건에 따라 서로 다른 의복으로 추위나 더위를 막는다. 이 의복들은 모두 적절한 것으로, 각각 지역에서 사용하기에 편리하다. 이로써 볼 때 만물은 본래 자연스러움(自然)에 따르는 것인데, 성인이 다시 무슨 일을 하겠는가? (중략)

나무를 옮겨 심으려는 사람이 더위와 추위에 민감한 나무의 특성을 무시하면 그 나무는 반드시 말라죽는다. 같은 이유로 귤나무를 양자강 북쪽에 심으면 탱자나무가 되고, 구욕鴝鵒새는 제수濟水 남쪽에 살지 않으며, 담비는 문수汶水를 건너면 죽어 버린다. 만물의 고유한 특성을 바꿀 수는 없으며 거주하는 환경 또한 쉽게 옮길 수 없다. 그러므로 도에 통달한 사람은 청정한 자연본성으로 돌아가고 사물에 통달한 사람은 무위無爲에 귀착한다.

담박함으로 천성을 기르고 적막함으로 정신을 안정시키면 '천연의 문(天門)'에 들어갈 수 있다. 이른바 '천연(天)'이란 순수하고 질박하고 결백하여 애초부터 뒤섞여 물든 바가 없는 것이다. 이른바 '인위(人)'란 못되고 사악하여 잔꾀를 쓰며 기교로 사람들을 속이고 세상 사람들에게 추앙받기 위해 세속과 어울리는 것이다. 즉 소의 발굽이 갈라지고 뿔이 자라며, 말이 갈기를 휘날리고 통발굽인 것은 '천연'이다. 그러나 말의 입에 재갈을 물리고, 쇠코뚜레를 꿰는 것은 '인위'다. 천연을 좇는 자는 도와 노니는 자요 인위를 따르는 자는 세속과 어울리는 자다 .

우물 안의 물고기와 큰 바다를 말할 수 없는 것은 그 고기가 좁은 공간에 갇혀 있기 때문이다. 여름벌레와 겨울을 말할 수 없는 것은 그 벌레가 오로지 한 계절밖에 모르기 때문이다. 편협한 인사와 지극한 도를 말할 수 없는 것은 그 사람이 세속에 사로잡히고 또한 어떤 특정한 교설(지식, 이념, 교리 등)에 속박되어 있기 때문이다.

그러므로 성인은 인위로 천연을 길들이지 않고 욕망으로

본성을 어지럽히지 않는다. 꾀하지 않아도 들어맞으며, 말하지 않아도 믿음이 가고, 생각하지 않고도 얻으며, 작위하지 않고도 이루어낸다. 그의 정신은 내면의 심령과 통하고 도와 한 몸이 된다.

## 도에 통하는 길을 말하다

○ 기쁨과 노여움은 도가 편벽해 치우친 것이다. 근심과 슬픔은 덕을 잃은 것이다. 좋아하고 싫어함은 마음이 평정을 잃고 치우친 것이다. 즐김과 욕망은 본성에 괴로움을 끼친다. 사람이 크게 화를 내면 음기陰氣가 손상되고 크게 기뻐하면 양기陽氣가 손상된다. 기가 압박되면 말문이 막히고 놀라움과 두려움은 사람을 미치게 만든다. 근심하고 슬퍼하며 원한이 많으면 병이 무거워지고 좋아하고 싫어함이 지나치면 불행이 번갈아 찾아온다.

그러므로 근심하지도 않고 즐거워하지도 않음은 덕德의 극치다. 도에 통하여 변함이 없음은 고요함(靜)의 극치다. 욕심을 품지 않음은 비움(虛)의 극치다. 좋아하고 싫어함이 없음은 평정(平)의 극치다. 사물에 얽매여 정신이 산란치 않음은 순수(粹)의 극치다. 이 다섯 가지에 능숙하면 신명神明에 통한다. 신명에 통함은 곧 그 내면에서 얻는 것이다.

○ 따라서 자신에게서 도를 얻은 사람은 큰 나무 아래나 텅 빈 동굴 안에서도 그 본성을 즐길 수 있다. 그러나 자신에게서 도를 얻지 못한 사람은 비록 천하를 집으로 삼고 만백성을 신하나 첩으로 삼을지라도 그 한 목숨을 기르기에 충분치 않다. 즐거움이 없는 경지에 이른 사람이라면 즐거워하지 않음이 없다. (즉 언제 어디서나 즐겁다) 즐거워하지 않음이 없는 것이야말로 지극한 즐거움이다.

○ 무릇 천하는 내 것이요 나 또한 천하 것이다. 천하와 나 사이에 무슨 구별이 있겠는가? '천하를 가진다'는 것이 어찌 권세를 잡고 사람들의 생사를 결정지으며 세상을 호령하는 것이겠는가? 내가 이른바 '천하를 가진다'고 하는 것은 이를 말하는 것이 아니다. 단지 스스로 얻으면 그만일 뿐이다. 내가 스스로 얻으면 천하 또한 나를 얻는다. 나와 천하가 서로 얻으니 변함없이 서로 가지게 된다. 그 사이에서 용납하지 못할 것이 또한 무엇이겠는가? 이른바 '스스로 얻는다'는 것은 그 몸을 온전히 하는 것이다. 그 몸을 온전히 하면 도와 하나가 된다.

○ 무릇 형체(形)는 생명의 집이고, 기운(氣)은 생명을 채우며, 정신(神)은 생명을 제어한다. 이 가운데 하나라도 잘못

되면 세 가지 모두 손상을 입는다. 이런 까닭에 성인은 사람들로 하여금 (그들의 형체와 기운과 정신이) 각각의 위치에서 그 직능을 지키고 서로 간여하지 않도록 만든다. 형체가 있어야 할 곳이 아닌 데 있으면 쇠약해지고 기운을 채우지 않은 채 쓰면 밖으로 새고 정신을 적합하지 않은 데 쓰면 우매해지니 이 세 가지는 신중하게 지키지 않을 수 없다.

# 제2권 숙진훈俶眞訓

**(요략)**

　'숙진俶眞'은 시작과 끝남(始終)의 변화를 탐구하며, 있고 없음(有無)의 미묘한 본질을 포괄하고, 만물의 변화를 분석하며 삶과 죽음의 형세를 하나로 통찰하여, 사람들로 하여금 사물에서 벗어나 자기의 본성으로 돌아가도록 하는 내용이다.(이하 생략)

**만물의 시작과 시작하기 이전, 있음과 없음을 말하다**

　○ 시작이 있다. 시작이 있음이 아직 시작하지 않은 상태도 있다. 시작이 있음이 시작하지 않은 것조차 아직 시작하지 않은 상태가 있다. 있음(有)이 있다. 없음(無)이 있다. 있음과

없음이 아직 시작하지 않은 상태가 있다. 있음과 없음이 시작하지 않은 것조차 아직 시작하지 않은 상태가 있다.

이른바 '시작이 있다'는 것은 하나로 뒤엉킨 만물의 기가 움직이지 않고 아직 만물의 싹이 그 모습을 드러내지 않으며, 생동하는 기운이 꿈틀꿈틀하여 곧바로 만물이 생길 것 같으면서도 아직 사물을 이루지는 못한 상태다.

'시작이 있음이 아직 시작하지 않은 상태도 있다'는 것은 하늘의 기가 비로소 내려오고 땅의 기가 비로소 올라가 음양의 두 기가 뒤섞여 아득히 우주로 퍼지면서, 덕德으로 감싸고 화기和氣를 머금은 채 혼연일체가 되어, 사물과 접하려고 하지만 아직 그 조짐을 이루지 못한 상태이다.

'시작이 있음이 시작하지 않은 것조차 아직 시작되지 않은 상태가 있다'는 것은 하늘이 화기和氣를 머금고도 그 기운이 아직 내려오지 않고, 땅도 기를 품고 있지만 그 기운이 아직 올라가지 않으며, 공허하고 조용하며 황량하고 희미하여 아무 조짐도 없이 기氣가 깊은 어둠과 하나로 통해있는 상태를 말한다.

'있음(有)이 있다'는 것은 만물이 잡다하게 뒤섞여 식물은 영롱하게 푸르고 무성하며, 온갖 종류의 동물들을 모두 손으로 만지고 비비고 붙잡고 또한 셀 수 있는 상태를 말한다.

'없음(無)이 있다'는 것은 자세히 살펴도 형체가 보이지 않고, 귀 기울여도 소리가 들리지 않고, 손으로 잡고자 해도 잡히지 않고, 멀리 바라보면 끝없이 아득하고, 광대무변하여 측량할 수 없으며, 찬란한 빛과 통해 있는 상태다.

'있음과 없음이 아직 시작하지 않은 상태가 있다'는 것은 천지를 감싸 안고 만물을 머금은 채, 아득히 어둡고 지극히 광대하여 그 바깥이 없고, 털끝을 가를 정도로 미세하여 그 안도 없는 것이다. 이는 무한한 우주로 '있음'과 '없음'이 생기는 근원을 가리킨다.

'있음과 없음이 시작하지 않은 것조차 아직 시작하지 않은 상태가 있다'는 것은, 천지와 음양, 그리고 사계절이 아직 나뉘지 않고, 만물 또한 아직 생겨나지 않았으며, 깊고 넓은 물처럼 평정하고, 고요히 맑아 아무 형체도 보이지 않는 상태를 가리킨다.

이것은 마치 『장자』「지북유」에서 광요光耀가 무유無有에게 질문을 한 뒤에 물러나와 망연자실하여 이렇게 말하는 것과 같다. "나는 '없음이 있는(有無)' 경지에는 이를 수 있으나 '없음조차 없는(無無)' 경지에는 이르지 못했다. '없음조차 없는(無無)' 경지에 이르고자 하여도 지극히 오묘하니 무엇으로 이에 이를 수 있겠는가?"

## 천지만물은 한 몸이다

○ 무릇 대자연이 나에게 형체를 주어 땅 위에 살게 하고, 나를 살려 힘써 일하게 하며, 나를 늙게 하여 쉬도록 하고, 나를 죽게 하여 쉬도록 만든다. 나를 잘 살리는 대자연이 또한 나를 잘 죽게도 하는 것이다.


○ 도는 하나의 근원에서 나와 아홉 개의 하늘 문을 지나 상하사방으로 흩어져 무한한 우주에 퍼진다. 그것은 적막하고 텅 비어 사물에 작용을 가하지 않으며, 단지 사물 스스로 작용할 뿐이다. 그러므로 일이 도에 맞는 것은 도가 하는 것이 아니고 도가 퍼져 있는 가운데 자연스럽게 그렇게 되는 것이다.

하늘이 덮고 있는 것, 땅이 실어주는 것, 상하사방 안에 있는 것, 음양의 기운이 품는 것, 비와 이슬이 적시는 것, 도와 덕이 지탱하는 것, 이는 전부 한 부모(道)에게서 생겨나 하나의 조화 안에 놓여 있다. 그러므로 느티나무와 느릅나무 그리고 귤나무와 유자나무는 모두 한 형제이며, 남쪽의 묘족(苗)이나 북쪽의 삼위三危가 전부 한 집안이다.


## 무형無形의 도에서 유형有形의 만물이 생긴다.

○ 미세한 추호秋毫의 털끝도 틈이 없는 사이에 밀어 넣으

면 도리어 굵은 것이 된다. 얇은 갈대 껍질도 두께가 없는 틈 사이로 밀어 넣으면 오히려 두꺼운 것이 된다. 그런데 추호의 가늘기나 갈대 껍질의 두께마저도 없어 전혀 틈이 없는 곳도 사통팔달로 통과하는 것이 있다. 세상에 이를 막을 수 있는 것은 없다. 그것(道 혹은 氣)은 미묘하고 미묘하여 만물 사이를 들락날락거리며 천지의 변화를 조절하니 어찌 이를 논할 수조차 있겠는가?

거세게 몰아치는 바람은 나무뿌리를 뽑아버린다. 그러나 머리털을 뽑지는 못한다. 구름을 찌르듯이 높은 건물에서 떨어진 사람은 등뼈가 부러지고 뇌가 부서진다. 하지만 작은 곤충이라면 이럴 때 가볍게 날아간다. 작은 곤충처럼 하늘의 기틀에 올라타고 우주의 한 모퉁이에서 형체를 부여받아 가볍게 날아다니는 미물도 추락하는 운명에서 벗어날 수 있거늘 하물며 형체가 없는 것은 어떻겠는가? 이로써 볼 때 '형체가 없는 것(無形: 道, 氣)'에서 '형체가 있는 것(有形: 萬物)'이 생기는 게 분명하다.

그러므로 성인은 그의 정신을 내면에 맡긴 채 만물의 처음으로 돌아가 어두운 가운데서 보고 소리 없는 가운데서 듣는다. 즉, 깊은 명상에 들어 짙은 어둠 속에서 홀로 빛을 보고 적막한 가운데서 홀로 관조한다. 그가 사용하는 방법은 아무 방법도 사용하지 않는 것이니 아무 방법도 사용하지 않은 뒤에라야 능히 도를 사용할 수 있다. 그가 아는 것은 모르는 것이니 아무것도 모른 뒤에라야 능히 도를 알 수 있다.

## 대자연에서 부여받은 천연의 본성을 회복하라

○ 하늘이 안정하지 않으면 해와 달이 걸릴 곳이 없다. 땅이 안정하지 않으면 초목이 뿌리를 내릴 곳이 없다. 몸이 안정하지 않으면 옳고 그름이 드러날 곳이 없다. 이런 까닭에 참된 사람이 있어야 비로소 참된 지식이 있다. 그 지혜가 밝지 못한 사람이 어찌 내가 이른바 '안다(知)'는 것이 '모르는(不知)' 것이 아님을 알겠는가?

두터운 은혜를 쌓고 사랑을 베풀며 드높은 명성과 평판으로 만백성을 보살펴 사람들이 그 본성을 즐기도록 하는 것은, 곧 인仁이다.

큰 공을 세우고 평판이 좋은 사람을 등용하며, 군신상하의 질서를 엄정히 하고, 친소귀천의 구별을 분명히 하며, 위기에 처한 나라를 구하고, 끊어진 대를 이어주며, 분란을 다스리고, 쇠락한 왕조를 일으키며, 후손이 없는 집안의 후사를 이어주는 등은 곧 의義다.

외부와 접하는 감각을 단속하고 마음을 안으로 돌리며, 총명을 버리고 무지의 상태로 돌아가 세속 밖에서 망연하게 방황하고, 일없이 한가하게 소요하며, 음양의 기운을 호흡하여 만물과 더불어 하나가 되는 것은 곧 덕德이다. 그러므로 도가 흩어져 덕이 되고 덕이 정도를 지나쳐 인의가 된다. 인의가 확립되면 도와 덕은 사라진다.

큰 나무를 베어 술통을 만들려면 칼로 조각하고 여러 색깔로 채색하며, 화려한 무늬와 금으로 장식하고, 여러 동물과 좋은 문장을 새긴다. 하지만 남은 나뭇조각은 도랑에 던져 버린다. 화려한 술통과 도랑의 나뭇조각을 한번 비교해보면 그 아름다움과 추함의 차이는 크다. 그러나 이 두 가지 모두 살아 있는 나무의 성질을 잃은 것은 마찬가지다.

그런 까닭에 사물에 정신이 팔린 사람의 말은 화려하고 덕이 쓸려나간 자의 행위는 위선적이다. 지극한 정신이 심중에 없고 언행은 겉으로만 번지르르하니 이런 사람은 그 몸이 물질의 노예가 되지 않을 수 없다.


○ 고요하고 담박澹泊하면 천성을 기를 수 있다. 온화하고 부드러우며 자기를 비우면 덕을 기를 수 있다. 외적인 감각이 내면을 어지럽히지 않으면 천성이 그 적절한 바를 얻는다. 천성의 조화로운 기운을 동요시키지 않으면 덕은 그 자리에 안주한다. 생명을 길러 세상을 경영하고 덕을 품고 평생을 마친다면 도를 체득했다고 말할 만하다.

이런 사람은 혈맥에 막힘이 없고 오장에 뭉친 기운이 없

다. 화와 복으로 그를 유혹할 수 없고 비난과 칭송으로 그를
더럽힐 수도 없다. 그러므로 그는 도의 극치에 이를 수 있다.

# 제3권 천문훈天文訓

**(요략)**

'천문天文'은 음양의 기운을 조화시키며 해와 달이 빛을 발하는 순리에 따르고, 천지의 기운이 열리고 닫히는 때에 맞춰 조절하며, 별들의 운행 질서를 열거하고, 자연 질서에 거스르거나 순응해 나타나는 변화를 알며, 금기를 범해 생기는 재앙을 피하고, 계절의 운행 질서에 따르며, 다섯 별(五星)의 신神이 펴는 법칙을 준수해 사람들로 하여금 하늘(天, 자연 질서)을 존숭하고 순리를 따르게 하며 그 질서를 어지럽히지 않도록 하기 위한 내용이다.

## 천지는 어떻게 생겨났는가?

○ 천지가 아직 형태조차 없었던 때 아득하기만 해서 아무 것도 없었으니 이를 '태소太昭'라고 한다. 도道는 허곽(虛廓: 아무 것도 없이 텅 빈 허공)에서 시작했다. 허곽은 우주(宇宙: 공간과 시간)를 낳고 우주는 기氣를 낳았다. 기에는 구별이 있어서 맑고 밝은 기는 가볍게 떠올라 하늘이 되고 무겁고 탁한 기는 응고되어 땅이 되었다. 맑고 미묘한 기는 모이기 쉽고 무겁고 탁한 기는 응고되기 어렵다. 그래서 하늘이 먼저 형성되고 땅이 나중에 안정했다.

하늘과 땅의 정기가 모여 음과 양이 되었다. 음과 양의 정기가 배합되어 봄·여름·가을·겨울의 네 계절을 이루었다. 그리고 네 계절의 정기가 분산해 만물이 되었다.

양기가 모인 열기熱氣가 불을 낳았고 불의 정기가 해가 되었다. 음기가 모인 한기寒氣가 물을 낳았고 물의 정기가 달이 되었다. 그리고 해와 달에서 흘러넘친 정기가 별들이 되었다. 하늘은 해와 달과 별들을 받아들이고 대지는 물과 비와 흙먼지를 받아들였다.

먼 옛날, 공공共工과 전욱顓頊이 제왕의 자리를 놓고 다투었다. 그런데 공공이 크게 화가 난 나머지 불주산不周山에 부딪쳤다. 그리하여 하늘을 떠받치던 기둥이 부러지고 땅을 묶고 있던 밧줄이 끊어졌다. 이 때문에 하늘은 서북쪽으로 기울어 해와 달과 별들이 모두 그 방향으로 옮겨졌다. 한편 땅은 동남쪽으로 기울어 물과 비와 흙먼지가 모두 이 방향으로 흘러가게 되었다.

## 천지의 질서를 말하다

○ 하늘의 도를 '원圓'이라 하고 땅의 도를 '방方'이라 한다. 방은 어둠을 주관하고 원은 밝음을 주관한다. 밝음은 기를 밖으로 토해내므로 불(해)을 가리켜 '밖으로 쏘는 빛(外景)'이라고 한다. 어둠은 기를 안으로 머금으므로 물(달)을 가리켜 '안으로 품는 빛(內景)'이라고 한다. 기를 토해내는 것은 만물에게 시혜를 베풀고 기를 머금는 것은 만물을 낳아 기른다. 그러므로 양은 베풀고 음은 화육化育한다.

하늘의 치우친 기가 격노하면 바람이 되고 땅이 머금은 기가 조화를 이루면 비가 된다. 음양 두 기가 만나 서로 감응하면 우레가 되고 격돌하면 번개가 되며 뒤섞이면 안개가 된다. 양이 강하면 기가 흩어져 비와 이슬이 되고, 음이 강하면 응결되어 서리와 눈이 된다.

깃과 털이 있는 것은 날고 달리는 종류로 양에 속한다. 껍데기와 비늘이 있는 것은 땅에 엎드리고 물속을 헤엄치는 종류로 음에 속한다.

해는 양기의 근본이다. 그러므로 봄·여름에는 뭇짐승의

털이 빠지고 하지에는 녹각이, 동지에는 큰사슴 뿔이 빠진다. 달은 음기의 근본이다. 그러므로 달이 이지러지면 물고기의 뇌가 줄어들고 달이 차면 조개의 살이 빠진다.

불은 위로 타오르고 물은 아래로 흐른다. 그러기에 새는 높이 날고 물고기는 물 아래로 헤엄친다. 사물은 유유상종하고 본말이 상응한다. 그러므로 양수(陽燧: 쇠로 만든 오목거울)가 햇빛을 받으면 불이 일어나고, 대합이 달빛을 받으면 즙액이 흘러 물이 생긴다. 호랑이가 포효하면 동풍이 불고, 용이 하늘에 오르면 상서로운 구름이 모인다. 기린이 싸우면 일식과 월식이 일어나고, 고래가 죽을 때는 혜성이 나타나며, 누에가 실을 토해내면 현악기에서 상商 음을 내는 줄이 끊어지고, 유성이 떨어지면 발해渤海에 해일이 일어난다.

## 오행五行

○ 무엇을 '오성五星'이라고 하는가? 동방은 목木이다. 그 제왕은 태호太皞고 보좌역은 구망句芒으로, 컴퍼스를 돌리며 봄을 다스린다. 그 수호신은 목성(歲星), 상징하는 동물은 푸른 용(蒼龍), 소리는 각角, 천간天干은 갑을甲乙이다.

남방은 화火다. 그 제왕은 염제炎帝고 보좌역은 주명朱明으로, 저울을 잡고 여름을 다스린다. 그 수호신은 화성(熒惑), 상징하는 동물은 붉은 새(朱鳥), 소리는 치(徵), 천간은 병정丙

丁이다.

중앙은 토土다. 그 제왕은 황제黃帝고 보좌역은 후토后土로 먹줄을 잡고 사방을 다스린다, 그 수호신은 토성(鎭星), 상징하는 동물은 누런 용(黃龍), 소리는 궁宮, 천간은 무기戊己다.

서방은 금金이다. 그 제왕은 소호少昊이고 보좌역은 요수(蓐收)로, 굽은자를 잡고 가을을 다스린다. 그 수호신은 금성(太白), 상징하는 동물은 흰 호랑이(白虎), 소리는 상商, 천간은 경신庚辛이다.

북방은 수水다. 그 제왕은 전욱顓頊이고 보좌역은 현명玄冥으로 저울추를 잡고 겨울을 다스린다. 그 수호신은 수성(辰星), 상징하는 동물은 검은 거북(玄武), 소리는 우羽, 천간은 임계壬癸다.


## 팔풍八風

ㅇ 무엇을 '팔풍八風'이라고 하는가? 동지冬至가 지나고 45일째 되는 입춘立春에 동북풍(條風)이 불기 시작한다. 동북풍이 불기 시작한 지 45일째 되는 춘분春分에 동풍(明庶風)이 불기 시작한다. 동풍이 불기 시작한 지 45일째 되는 입하立夏에 동남풍(淸名風)이 불기 시작한다. 동남풍이 불기 시작한 지 45일째 되는 하지夏至에 남풍(景風)이 불기 시작한다. 남풍이 불기 시작한 지 45일째 되는 입추立秋에 서남풍(涼風)이 불기

시작한다. 서남풍이 불기 시작한 지 45일째 되는 추분秋分에 서풍(閶闔風)이 불기 시작한다. 서풍이 불기 시작한 지 45일째 되는 입동立冬에 서북풍(不周風)이 불기 시작한다. 서북풍이 불기 시작한 지 45일째 되는 동지冬至에 북풍(廣漠風)이 불기 시작한다.

○ 입춘에 동북풍이 불면 가벼운 죄를 저지른 자들을 풀어주고 감옥의 죄인들을 석방한다. 춘분에 동풍이 불면 토지의 경계를 바로잡고 논밭을 정리한다. 입하에 동남풍이 불면 예물을 제후들에게 보내 격려한다. 하지에 남풍이 불면 공덕이 있는 자에게 작위爵位와 포상을 내린다. 입추에 서남풍이 불면 대지의 은덕에 보답하고 사방의 신을 제사지낸다. 추분에 서풍이 불면 밖에 매달아 둔 종을 거둬들이고 현악기의 줄을 느슨하게 한다. 입동에 서북풍이 불면 궁궐을 수리하고 변방의 요새를 정비한다. 동지에 북풍이 불면 관문關門과 교량을 닫아걸고 죄인들의 형량을 결정한다.

## 음양陰陽과 3수

○ 도道는 하나(一)에서 시작하는데 하나만으로는 그 무엇도 발생할 수 없다. 그러므로 나뉘어 음과 양이 되며 음과 양이 화합하여 만물을 만들어 낸다. 이에 『노자』에서 '일一은

이二를 낳고, 이는 삼三을 낳으며, 삼은 만물을 낳는다'고 하는 것이다.

천지는 석 달을 한 계절로 삼는다. 그런 까닭에 제사에서는 세 번 밥을 올리는 것으로 제례로 삼고, 초상을 치를 때는 세 번 곡하는 것으로 절도로 삼고, 군대를 지휘할 때에는 거듭 세 번 호령하는 것으로 군율을 삼는다.

## 사람은 하늘과 하나다

○ 천지가 자리를 잡은 뒤 나뉘어 음과 양이 되었다. 양은 음에서 생기고 음은 양에서 생긴다. 음양의 기운이 서로 뒤섞여 서북(乾)·서남(坤)·동북(艮)·동남(巽)의 네 방위가 통하며 음양이 쇠퇴하고 왕성해지는 작용에서 만물이 생겨났다.

살아 있는 모든 것 가운데 사람보다 귀한 것은 없어서 인간 몸의 모든 기관은 하늘에 통한다. 하늘에 아홉 방위의 하늘(九重天)이 있는 것처럼 사람에게도 아홉 구멍이 있다. 하늘에 네 계절(四時)이 있어서 열두 달을 제어하는 것처럼 사람에게도 사지四肢가 있어서 열두 관절을 부린다. 하늘에 열두 달이 있어서 365일을 제어하는 것처럼 사람도 팔다리에 12골절(十二肢)이 있어서 360개의 작은 관절을 사용한다. 그러므로 하늘에 순응하지 않는 것은 곧 자신의 생명에 역행하는 것이다.

○ 군주의 마음은 위로 하늘에 통한다. 그러므로 폭정을 행하면 폭풍이 불고, 법령이 잘못되면 곡식을 갉아먹는 벌레가 많아지며, 무고하게 사람을 죽이면 가뭄으로 국토가 타고, 계절에 맞지 않는 명령을 남발하면 장맛비가 많아진다. 네 계절은 하늘의 관리요 해와 달은 하늘의 사신이다. 별들은 하늘의 시계요 무지개와 혜성은 하늘이 보이는 금기의 표지이다.

# 제4권 지형훈墜刑訓

**(요략)**

　'지형(墜形=地形)'은 동서남북의 거리와 넓이를 탐구하고, 산수山水의 형세와 위치를 구획하며, 만물의 근본을 밝히고, 생물의 다양함을 알며, 산과 연못의 숫자를 열거하고, 멀고 가까운 길을 규명하여, 사람들이 널리 통달하고 두루 알아서 어떤 사물에도 동요치 않고, 어떤 괴이한 것에도 놀라지 않게 하기 위한 내용이다.

## 중국 고대의 지리학 지식을 총결하다

　○ 대지大地가 실린 곳은, 상하사방 사이로 사극(四極, 사방의 궁극)의 안이다. 이곳은 해와 달이 비추고, 별들의 운행으

로 다스리며, 네 계절의 순환으로 질서를 만들고 십간과 십이지에 의해 바로잡힌다. 천지 사이에는 아홉 개의 주州와 팔방의 경계가 있다. 육지에는 아홉 개의 산이 있고, 산에는 아홉 요새가 있으며, 못에는 아홉 호수가 있고, 바람에는 여덟 종류가 있으며, 물에는 여섯 개의 큰 강이 있다.

'아홉 개의 주(九州)'는 무엇인가? 동남방은 신주神州로서 농토農土라고 한다. 남방은 차주次州로서 옥토沃土라고 한다. 서남방은 융주戎州로서 도토滔土라고 한다. 서방은 엄주弇州로서 병토幷土라고 한다. 중앙은 기주冀州로서 중토中土라고 한다. 서북방은 대주臺州로서 비토肥土라고 한다. 북방은 제주濟州로서 성토城土라고 한다. 동북방은 박주薄州로서 은토隱土라고 한다. 동방은 양주陽州로서 신토申土라고 한다.

'아홉 개의 산(九山)'은 무엇인가? 회계산會稽山, 태산泰山, 왕옥산王屋山, 수산首山, 태화산太華山, 기산岐山, 태행산太行山, 양장산羊腸山, 맹문산孟門山이다.

'아홉 요새(九塞)'는 무엇인가? 태분太汾, 승애(澠阨), 형원荊阮, 방성方盛, 효판殽阪, 정경(井陘), 영자令疵, 구주句注, 거용居庸이다.

'아홉 호수(九藪)'는 무엇인가? 월越의 구구具區, 초楚의 운몽雲夢, 진秦의 양우陽紆, 진晉의 대륙大陸, 정鄭의 포전圃田, 송宋의 맹제孟諸, 제齊의 해우海隅, 조趙의 거록鉅鹿, 연燕의 소여昭余다.

'여덟 종류의 바람(八風)'은 무엇인가? 동북풍을 염풍炎風이라 하고, 동풍을 조풍條風이라 하며, 동남풍을 경풍景風이라 하고, 남풍을 거풍巨風이라 하며, 서남풍을 양풍涼風이라 하고, 서풍을 요풍飉風이라 하며, 서북풍을 여풍麗風이라 하고, 북풍을 한풍寒風이라 한다.

'여섯 개의 큰 강(六水)'은 무엇인가? 하수河水, 적수赤手, 요수遼水, 흑수黑水, 강수江水, 회수淮水다.

나라의 안을 모두 합쳐 동서는 2만8천 리, 남북은 2만6천 리다. 수로의 총 연장은 8천 리로 그 가운데 협곡이 6곳, 이름난 강이 6백 개이다. 육로는 3천 리이다. 우禹 임금이 일찍이 태장太章에게 명하여 동쪽 끝에서 서쪽 끝까지 걸어가게 했는데 2억3만3천5백 리 75보였다. 또 수해豎亥에게 명하여 북쪽 끝에서 남쪽 끝까지 걸어가게 했더니 2억3만3천5백 리 75보였다. 깊이가 3백 길이 넘는 큰 하천의 깊이를 모두 합하면 2억3만3천5백59리 9길이다. 우임금은 홍수를 일으키는 강을 비옥한 흙으로 메워 이름난 산을 만들고 곤륜산崑崙山을 파서 낮은 땅을 메웠다.

**상상의 지리학: 신화神話가 된 대지를 말하다**

○ 곤륜산의 산언덕에서 두 배 가까이 올라가면 양풍涼風

산이 있는데 여기에 오르면 영원히 살 수 있다. 또 그 두 배 가까이 오르면 현포縣圃산이 있는데 여기에 오르면 신령스러워져 바람과 비를 마음대로 부릴 수 있다. 다시 그 두 배 가까이 오르면 곧 상천上天인데 여기에 오르면 신이 된다. 이곳이 천제가 거처하는 곳이다.

○ 구주九州의 크기는 사방의 둘레가 1천 리다. 구주 바깥쪽에는 팔인八殥이 있는데 이것도 둘레가 1천 리다. …… 팔인 밖에는 팔횡八紘이 있는데 이 또한 둘레가 1천 리다. …… 팔횡 밖에는 또한 팔극八極이 있다. …… 무릇 팔극의 구름은 천하에 비를 내리고 팔문(八門, 팔극의 문)에서 부는 바람은 추위와 더위를 조절한다. 팔횡·팔인·팔택八澤의 구름은 구주에 비를 내리며, 중앙의 대지를 조화롭게 한다.

**신토불이身土不二: 몸과 땅은 별개가 아니다**

○ 무릇 지형은 동서를 '위緯'라 하고 남북을 '경經'이라 한다. 산에는 덕이 쌓이며 강에는 형벌이 쌓인다. 높은 산은 만물을 낳고 깊은 물은 만물을 잠재운다. 구릉은 수컷이고 계곡은 암컷이다. 강이 둥글게 꺾여 흐르는 곳에서는 진주가 나고 모나게 꺾여 흐르는 곳에서는 옥이 난다. 맑은 물에서는 황금이 나오고 용이 사는 깊은 못에서는 옥영玉英이 난다.

토지는 각각 그 종류에 따라 사람을 낸다. 그러므로 산山의 기가 강하면 남자가 많고 연못의 기가 강하면 여자가 많다. 꽉 막힌 기운이 강하면 벙어리가 많고 바람의 기운이 많으면 귀머거리가 많다. 숲의 기운이 강하면 무력한 사람이 많고 나무의 기운이 강하면 꼽추가 많다. 언덕 아래의 기운이 강하면 피부병 환자가 많고 바위의 기운이 강하면 힘센 자가 많으며 험준한 지형의 기가 강하면 혹부리가 많다. 더운 기가 많으면 요절하는 자가 많고 차가운 기가 많으면 장수하는 자가 많다. 계곡의 기가 강하면 신체가 마비되는 자가 많고 언덕의 기가 강하면 절름발이가 많고 드넓은 벌판의 기가 강하면 어진 사람이 많고 고개의 기운이 강하면 욕심쟁이가 많다.

모래땅에는 민첩한 사람이 많고 단단한 땅에는 둔한 사람이 많다. 맑은 물가에서 난 사람은 목소리가 작고 탁한 물가에서 난 사람은 목소리가 크다. 빠른 물가에서 난 사람은 행동이 가볍고 느린 물가에서 난 사람은 행동이 무겁다. 중앙의 땅에서는 성인이 많이 태어난다. 사람은 모두 그 지역의 기운과 비슷하며 그 땅의 종류에 감응한다.

그러므로 남방에는 죽지 않는 풀이 나고, 북방에는 녹지 않는 얼음이 있으며, 동방에는 군자의 나라가 있고 서방에는 미이라가 있다. 침상에 누우면 바로 꿈을 꾸며 사람이 죽으면 귀신이 된다. 자석은 하늘을 날고, 운모는 구름을 부르며, 토룡은 비를 내리고, 제비와 기러기는 봄·가을에 교대로 날아온다. 조개·게·진주·거북은 달이 차고 이지러짐에 따라 살이 올랐다 빠진다. 그러므로 단단한 땅에서는 사람들이 강해지고 부드러운 땅에서는 사람들이 나약해진다. 검은 땅에서는 사람들이 대범해지고 모래땅에서는 사람들이 섬세해진다. 비옥한 땅에서는 사람들이 아름다워지고 척박한 땅에서는 사람들이 추해진다.

물을 마시는 것은 헤엄을 잘 치고 추위에 강하다. 흙을 먹는 것은 무심하고 숨이 없다. 나무를 먹는 것은 힘이 세고 크다. 풀을 먹는 것은 잘 달리지만 어리석다. 잎을 먹는 것은 실을 토하고 나비가 된다. 고기를 먹는 것은 용감하고 사납다. 기를 먹는 것은 정신이 밝고 장수한다. 곡물을 먹는 것은 지혜롭지만 단명한다. 아무것도 먹지 않는 것은 죽지 않으며 신령하다.

## 오행五行의 인문지리

○ 동방은 강과 골짜기가 모여드는 곳으로 해와 달이 뜨는 지역이다. 그곳 사람들은 몸이 마르고 머리가 작으며, 코와 입이 크고, 어깨가 딱 바라져 발부리로 걷는다. 눈이 밝고 근육의 기운이 단단하다. 푸른색은 간을 주관한다. 몸집이 크고

지혜가 빨리 발달하지만 장수하지는 못한다. 그 땅은 보리에 적합하며 호랑이와 표범이 많다.

남방은 양기가 모이는 곳으로 덥고 습한 지역이다. 그곳 사람들은 키가 크고 상체가 마르며 입이 크고 눈은 찢어져서 가늘다. 귀가 밝고 혈맥血脈이 굳건하다. 붉은색은 심장을 주관한다. 일찍 성장하지만 단명한다. 그 땅은 벼에 적합하며 물소와 코끼리가 많다.

서방은 높은 고원으로 강과 골짜기가 시작되며 해와 달이 지는 곳이다. 그곳 사람들은 얼굴이 네모지고 등이 굽고 목이 길며 몸을 뒤로 젖히고 걷는다. 후각이 발달하고 피부가 단단하다. 백색은 폐를 주관한다. 용감하지만 어질지 않다. 그 땅은 기장에 적합하며 긴털소와 무소가 많다.

북방은 어두컴컴하며 하늘이 닫히는 곳이다. 얼음이 쌓이는 곳이며 겨울잠을 자는 동물들이 칩거하는 곳이다. 그곳 사람들은 몸이 위축되고 목이 짧으며 어깨가 넓고 몸통은 길다. 음부가 발달하고 뼈가 단단하다. 흑색은 신장을 주관한다. 그 사람들은 어리석지만 장수한다. 그 땅은 콩에 적합하며 개와 말이 많다.

중앙은 사방으로 이어져 바람이 통하며 비와 이슬이 모이는 곳이다. 그곳 사람들은 얼굴이 길고 턱이 짧으며 수염이 멋지게 나고 뚱뚱하다. 미각이 발달하고 피부와 살이 단단하

다. 황색은 위를 주관한다. 총명하며 정치를 좋아한다. 그 땅
은 벼에 적합하며 소와 양을 비롯한 여러 가축이 많다.

○ 목木은 토土를 이기고, 토는 수水를 이기며, 수는 화火
를 이기고, 화는 금金을 이기며, 금은 목을 이긴다. 그러므로
벼는 봄에 났다가 가을에 시들고, 콩은 여름에 났다가 겨울에
시든다. 보리는 가을에 났다가 여름에 시들고, 냉이는 겨울에
났다가 여름에 시든다.

목이 강성하면, 수는 노쇠하고, 화는 일어나며, 금은 갇히
고, 토는 죽는다.

화가 강성하면, 목은 노쇠하고, 토는 일어나며, 수는 갇히
고, 금은 죽는다.

토가 강성하면, 화는 노쇠하고, 금은 일어나며, 목은 갇히
고, 수는 죽는다.

금이 강성하면, 토는 노쇠하고, 수는 일어나며, 화는 갇히
고, 목은 죽는다.

수가 강성하면, 금은 노쇠하고, 목은 일어나며, 토는 갇히
고, 화는 죽는다.

## 해외에 대한 지식

○ 대저 해외에는 36개의 나라가 있다. 서북에서 서남까지

는, 수고민脩股民, 천민天民, 숙신민肅愼民, 옥민沃民, 여자민女子民, 장부민丈夫民, 기고민奇股民, 일비민一臂民, 삼신민三身民이 사는 10개국이 있다.

서남에서 동남까지는, 결흉민結胸民, 우민羽民, 환두국민讙頭國民, 나국민裸國民, 삼묘민三苗民, 교고민交股民, 불사민不死民, 천흉민穿胸民, 반설민反舌民, 시훼민豕喙民, 착치민鑿齒民, 삼두민三頭民, 수비민修臂民이 사는 13개국이 있다.

동남에서 동북까지는, 대인국大人國, 군자국君子國 등 2개국과, 흑치민黑齒民, 현고민玄股民, 모민毛民, 노민勞民 4개국을 합친 6개국이 있다.

동북에서 서북까지는, 기종민跂踵民, 구영민句嬰民, 심목민深目民, 무장민無腸民, 유리민柔利民, 일목민一目民, 무계민無繼民이 사는 7개국이 있다.

# 제5권 시칙훈時則訓

**(요략)**

　'시칙時則'은 위로 천시(天時, 주야·계절·한서 등의 변화)에 순응하고, 아래로 땅의 힘을 극대화하며, 때의 절도에 따라 행하고, 인간 생활의 법도에 부합하며, 12절기를 정하여 사람들이 지켜야 할 법규로 삼고자 하는 내용이다. (이하 생략)

**봄(孟春, 초봄)**

　○ 초봄(孟春)의 한 달, 이달에는 북두칠성의 일곱 번째 별(招搖)이 동북동의 인寅방을 가리킨다. 해가 질 때는 28수의 하나인 삼수(參宿)가 정남향에 자리잡고, 해가 뜰 때는 미수(尾宿)가 정남향에 자리잡는다. 그 위치는 동방, 그 천간은 갑

을甲乙에 해당하며 왕성한 덕은 오행 중의 목木에 있다. 동물로는 기린, 5음에서는 각角, 12율 가운데는 태주(太簇: D)에 해당한다. 수는 8, 미각은 신맛, 냄새는 누린내, 제사지내는 곳은 문이며 제사에는 희생의 비장을 먼저 바친다. 동풍이 얼음을 녹이고 겨울잠을 자던 동물이 활동하기 시작한다. 물고기는 수면에 올라와 얼음 아래 모이고, 수달은 물고기를 잡고, 기러기는 북쪽으로 날아간다.

천자는 푸른 옷을 입고, 푸른 말을 타며, 푸른 옥을 차고, 푸른 깃발을 세운다. 보리와 양을 먹고, 팔방의 바람을 쏘인 물을 마시며, 콩깍지로 불을 땐다. 동쪽 궁에서 시중을 받드는 여자들은 푸른 옷을 입고, 청색실로 수를 놓은 노리개를 차며 비파와 거문고를 연주한다. 무기는 창을 쓰며 가축은 양을 기른다. 천자는 서쪽 궁전의 북쪽에 있는 방에서 조회를 열어, 범죄자를 사면하는 명령을 내리고, 덕을 펴고 은혜를 베풀며, 상을 내리고 부역을 줄인다.

입춘에 천자는 친히 고관대작을 거느리고 도성 동쪽의 교외에서 새해를 맞이하며, 제단을 정비하고 예물을 바쳐 귀신에게 비는데 희생으로 황소를 사용한다. 벌목을 금지하고, 새 둥지를 허물거나 새끼 밴 짐승을 죽이지 못하게 하며, 짐승 새끼와 알을 채취하지 못하게 하고, 사람들을 부역에 동원하지 않는다. 땅 위에 드러난 시신은 묻어준다.

초봄에 여름에나 합당한 명령을 내리면, 바람과 비가 때에 맞지 않고, 초목은 일찍 시들며, 나라에 공황이 일어난다. 가을에나 합당한 명령을 내리면, 백성에게 큰 전염병이 돌고, 회오리바람과 폭우가 집중되며, 온갖 잡초들이 모두 무성해진다. 겨울에나 합당한 명령을 내리면, 홍수가 천하를 휩쓸고, 서리와 큰 우박이 내리며, 봄에 거두는 곡식이 설익는다. 정월에는 물과 흙의 일을 주관하는 사공司空 관직을 중용한다. 이 달의 나무는 버드나무다.

## 여름(仲夏, 한여름)

○ 한여름의 한 달, 이달에는 북두칠성의 일곱 번째 별(招搖)이 남쪽의 오午방을 가리킨다. 해가 질 때는 28수의 하나인 항수(亢宿)가 정남향에 자리하고, 해가 뜰 때는 위수(危宿)가 정남향에 자리한다. 그 위치는 남방, 그 천간은 병정(丙丁)에 해당한다. 동물로는 조류, 5음에서는 치(徵), 12율 가운데는 유빈(蕤賓: F#)에 해당한다. 수는 7, 미각은 쓴맛, 냄새는 타는내, 제사지내는 곳은 부뚜막이며, 제사에는 희생의 폐를 먼저 바친다. 소서小暑가 되고, 사마귀가 생겨나며, 백로가 울기 시작하고, 개똥지빠귀는 소리를 죽인다.

천자는 붉은 옷을 입고, 붉은 말을 타며, 붉은 옥을 차고, 붉은 깃발을 세운다. 콩과 닭을 먹고, 팔방의 바람을 쏘인 물을 마시며, 산뽕나무로 불을 땐다. 남쪽 궁에서 시중을 받드는 여자들은 붉은 옷을 입고, 붉은색 실로 수를 놓은 노리개를 차며 피리와 비파를 연주한다. 무기는 끝이 갈라진 창을 쓰며, 가축은 닭을 기른다. 천자는 남쪽 궁전의 중앙에 있는 방에서 조회를 열어, 음악을 주관하는 관리에게 명하여 작은 북·군대에서 쓰는 북·비파·거문고·피리·퉁소를 수리하고, 좋은 피리인 우竿와 지篪를 조율하고, 종과 경쇠(鐘磬)를 정비하게 한다. 방패·도끼·창·깃발을 단 창을 잡고 관리에게 명하여, 백성들을 위해 큰 산과 하천 그리고 강의 발원지에 제사를 지내도록 하고, 하늘의 상제에게 기우제를 지내되 성대한 음악을 사용토록 한다.

천자는 병아리와 수수를 맛보고 앵두를 먹는데 우선 황실 조상의 묘에 바친다. 백성들이 쪽풀(藍)로 옷을 염색하는 것을 금하고, 초목을 태워 재를 만들지 못하도록 하고, 마직 천을 햇볕에 쬐어 말리지 못하게 한다. 성과 거리의 문을 닫지 못하게 하고, 관문과 시장에서 세금을 징수하지 못하게 하고, 중죄인의 형벌을 감하고 음식을 더 주며, 아내와 남편이 없는 과부와 홀아비를 긍휼히 여기고, 나랏일로 죽은 사람의 자손을 보살핀다. 암말은 무리에서 격리하고, 날뛰는 망아지를 잡아다가 말을 기르는 관원에게 맡기는 등의 명령을 반포한다.

하지夏至에 해가 길어지면 음양의 기가 다투고 그 세력이 뒤집혀 양기는 쇠퇴하고 음기가 강해진다. 군자는 재계하고, 몸을 신중히 하여 조급하지 않고, 말소리와 낯빛을 절제하고, 음식을 담백하게 먹는다. 뭇 관료들을 안정시키고, 일을 편법으로 처리하지 않아, 음지에서 이루어지는 일을 바로잡는다. 사슴뿔이 떨어지고, 매미가 울기 시작하며, 약초가 나고, 무궁화가 핀다. 백성이 산과 들에서 불을 피우는 것을 금지한다. 높고 전망 좋은 곳에 올라 먼 경관을 바라보고 언덕에 오르거나 높은 정자에 거처한다.

한여름에 겨울에나 합당한 명령을 내리면, 우박과 싸라기눈이 곡물을 해치고, 도로가 막히며, 난폭한 군대가 침입한다. 봄에나 합당한 명령을 내리면, 오곡이 여물지 않고, 해충이 일제히 발생하며, 나라가 기근에 허덕이게 된다. 가을에나 합당한 명령을 내리면, 초목이 시들어 말라 떨어지고, 과실은 시기에 안 맞게 조숙하며, 백성은 전염병에 시달린다. 5월은 군주를 보좌하는 재상을 중용한다. 이 달의 나무는 느릅나무다.


## 가을(季秋, 늦가을)

○ 늦가을의 한 달, 이달에는 북두칠성의 일곱 번째 별(招搖)이 서북서의 술戌방을 가리킨다. 해가 질 때는 28수의 하나인 허수(虛宿)가 정남향에 자리하고 해가 뜰 때는 유수(柳

宿)가 정남향에 자리한다. 그 위치는 서방 그 천간은 경신庚辛에 해당한다. 동물로는 길짐승(獸), 5음에서는 상商, 12율 가운데는 무역(無射: A#)에 해당한다. 수는 9, 미각은 매운맛, 냄새는 비린내, 제사지내는 곳은 문이며, 제사에는 희생의 간을 먼저 바친다. 기러기가 날아들고 참새는 바다에 들어가 조개가 된다. 국화에 노란 꽃이 피고 승냥이가 사냥을 하기 시작한다.

천자는 흰 옷을 입고, 흰 말을 타며, 흰 옥을 차고, 흰 깃발을 세운다. 마 열매와 개고기를 먹고, 팔방의 바람을 쏘인 물을 마시며, 산뽕나무로 불을 땐다. 서쪽 궁에서 시중을 받드는 여자들은 흰 옷을 입고, 흰색 실로 수를 놓은 노리개를 차며 흰 종을 연주한다. 무기는 도끼를 쓰며, 가축은 개를 기른다. 천자는 서쪽 궁전의 북쪽에 있는 방에서 조회를 열어, 음악을 관장하는 관리에게 명하여 작은 북·군대에서 쓰는 북·비파·거문고·피리·퉁소 등을 수리하고, 좋은 피리인 우竽와 지篪를 조율하고, 종과 경쇠(鐘磬)를 정비하게 한다. 방패·도끼·창·깃발을 단 창을 잡고 관리에게 명하여, 백성들을 위해 큰 산과 하천 그리고 강의 발원지에 제사를 지내게 하고, 하늘의 상제에게 기우제를 지내되 성대한 음악을 사용하도록 한다.

관리에게 명하여 호령을 다시 엄하게 하고, 백관과 귀천을 가리지 않고 모두 생산물을 거두어들이는 데 전념케 하여 천지의 재물을 모으고, 이를 흐트러뜨리는 일이 없게끔 한다. 일을 총괄하는 총재에게 명하여, 농사지은 것을 모두 수확하게 하고, 황제 직속의 경작지에서 나온 곡식을 수확해 신에게 제사지내는 곡물을 보관하는 창고에 저장하도록 한다.

이 달에 서리가 내리기 시작하면 온갖 장인(丈人, 기술자)들은 일을 쉰다. 이에 관리에게 명하여 이렇게 말한다. "추운 기운이 한꺼번에 몰려드니 백성들이 이를 감당할 수 없다. 모두 거처로 들어가도록 하라." 이 달 상순의 정丁일부터 백성들이 학교에 들어가 악기 다루는 법을 배우게 한다. 하늘의 상제를 성대하게 제사하며 희생을 바치고 제후들을 한데 모아 지방의 군현을 다스린다. 다음 해를 위해 달력을 나눠주고 제후들과 더불어 백성에게 부과할 세금의 기준을 세운다. 지역의 멀고 가까움이라든가 특산물의 종류 등을 따져 공물의 기준을 정한다. 또한 백성에게 사냥을 가르치고 여러 무기를 익히도록 한다.

말을 다루는 관리에게 명하여 모든 수레에 말을 붙들어 매고 천자의 기를 세우되 등급에 따라 분배하여 사냥터에 정렬하도록 한다. 대오를 이끄는 책임자는 말채찍을 허리띠에 차고 북쪽으로 황제를 향해 경례한다. 천자는 위엄 있는 복장과 갖가지 장식을 갖추고 활을 들어 화살을 조준하여 사냥을 한다. 그리고 제사를 주관하는 관리에게 명하여 사방에 금수를 벌려놓고 처음으로 사냥을 한 사람의 공을 기리는 제사를 지내게 한다.

이 달에 초목은 누렇게 시들어 떨어진다. 이에 나무를 베어 숯을 굽는다. 겨울잠을 자는 동물은 모두 칩거한다. 이에 재판을 빨리하여 죄인을 남기지 않도록 하고, 부당한 녹봉(祿秩, 봉급)을 받거나 제대로 부모를 공양하지 않은 자의 재산을 거둬들인다. 국경지대에서 도읍에 이르기까지 도로를 철저히 정비한다. 이 달에 천자는 개고기와 마 열매를 맛보는데 우선 황실 조상의 묘에 바친다.

늦가을에 여름에나 합당한 명령을 내리면, 나라에 큰 홍수가 일어나며, 겨울철을 대비해 쌓아둔 저장물이 부패하고, 백성들에게 독한 코감기가 유행한다. 겨울에나 합당한 명령을 내리면, 나라에 도적이 횡행하고, 국경이 불안해지며, 국토가 분열된다. 봄에나 합당한 명령을 내리면, 따뜻한 바람이 불어 백성들의 기강이 해이해지며, 곳곳에서 전쟁이 일어난다. 9월에는 적정을 살피는 후관候官을 중용한다. 이 달의 나무는 느티나무다.

## 겨울(季冬, 늦겨울)

○ 늦겨울의 한 달, 이 달에는 북두칠성의 일곱 번째 별(招

搖)이 북북동의 축丑방을 가리킨다. 해가 질 때는 28수의 하나인 누수(婁宿)가 정남향에 자리 잡고, 해가 뜰 때는 저수(氐宿)가 정남향에 자리 잡는다. 그 위치는 북방, 천간은 임계壬癸에 해당한다. 동물로는 갑각류, 5음에서는 우羽, 12율 가운데는 대려(大呂: C#)에 해당한다. 수는 6, 미각은 짠맛, 냄새는 썩은 내, 제사지내는 곳은 우물이며, 제사에는 희생의 신장을 먼저 바친다. 기러기는 북쪽으로 날아가고, 까치는 집을 지으며, 장끼는 까투리를 찾아 울고, 닭이 울며 알을 낳는다.

천자는 검은 옷을 입고, 검은 말을 타며, 검은 옥을 차고, 검은 깃발을 세운다. 보리와 돼지를 먹고, 팔방의 바람을 쏘인 물을 마시며, 소나무로 불을 땐다. 북쪽 궁에서 시중을 받드는 여자들이 검은 옷을 입고, 검은색 실로 수를 놓은 노리개를 차며 돌로 만든 경쇠(石磬)를 연주한다. 무기는 양날이 있는 창을 쓰며, 가축은 돼지를 기른다. 천자는 북쪽 궁전의 동쪽에 있는 방에서 조회를 열어, 관리에게 명하여 전염병을 물리치는 제사를 지내며, 흙으로 빚은 소를 밖에 내놓고 농민들이 농사를 준비하도록 권장한다. 어부에게 고기잡이를 시작하도록 명한다. 천자가 친히 사냥과 고기잡이에 나서고 그 사냥감은 먼저 황실 조상의 묘에 바친다. 백성들에게 오곡의 씨앗을 내놓고 농사를 준비하도록 명령한다. 농사를 맡은 관리에게 명하여, 농기구를 수선하고 정비하게 한다. 음악을 관장하는 관리에게 명하여 성대한 음악을 합주해 사람들의 정신을 일깨운 뒤 바로 그치게 한다. 사감四監의 관리에게 명령해 땔나무를 거둬들여 황실 조상의 묘를 비롯한 각종 제사의 원료와 등불로 제공하도록 한다.

이 달에는 해가 열두 번을 다 돌고 달은 일 년의 운행을 끝내며 별들도 하늘을 한 번 다 돌아 다시 새해가 시작하려고 한다. 명령을 내려 농민을 안정시키고 이들을 부역에 동원하지 않도록 한다. 천자는 고위관료들과 국법을 정비하고 절기에 관해 논의하여 새해가 평안하도록 준비한다. 문서를 기록하는 태사太史에게 명하여 제후의 서열을 조정하고 그 서열에 따라 희생물을 부과하여, 하늘의 상제와 사직에 바치도록 한다. 또한 황제의 일족이 다스리는 나라에 명하여 황실 조상의 묘에 제사를 지내는 데 필요한 가축을 바치게 하고 고관대작부터 서민에 이르기까지 산천의 제사에 필요한 희생을 바치도록 한다.

늦거울에 가을에나 합당한 명령을 내리면 흰 서리가 일찍 내리고, 곤충이 들끓고, 변방 사람들이 도시로 몰려와 살려고 한다. 봄에나 합당한 명령을 내리면 태아와 유아가 해를 입고, 나라에 고질병이 번진다. 이런 명령을 '자연 질서에 역행한다(逆)'고 한다. 여름에나 합당한 명령을 내리면 홍수가 나라를 휩쓸고, 눈이 때에 맞춰 내리지 않으며, 얼음이 빨리 녹는다. 12월에는 형벌을 관장하는 옥관獄官을 중용한다. 이 달의 나무는 상수리나무다.

## 계절의 질서에 부합하는 정치를 하라

○ 봄에 여름에나 합당한 명령을 내리면 봄기운이 흩어지고, 가을에나 합당한 명령을 내리면 물난리가 나며, 겨울에나 합당한 명령을 내리면 싸늘한 기운이 엄습한다.

여름에 봄에나 합당한 명령을 내리면 폭풍이 불고, 가을에나 합당한 명령을 내리면 잡초가 무성해지며, 겨울에나 합당한 명령을 내리면 만물이 쇠락한다.

가을에 여름에나 합당한 명령을 내리면 느닷없이 꽃이 피고, 봄에나 합당한 명령을 내리면 초목이 결실을 맺지 않고 무성하기만 하며, 겨울에나 합당한 명령을 내리면 초목이 시들어 버린다.

겨울에 봄에나 합당한 명령을 내리면 찬 기운이 흩어지고, 여름에나 합당한 명령을 내리면 겨울가뭄이 찾아오고, 가을에나 합당한 명령을 내리면 큰 안개가 낀다.

# 제6권 남명훈覽冥訓

**(요략)**

　'남명覽冥'은 지극한 정기(精)가 온 우주에 통하며, 지극히 미묘한 파동이 형체가 없으며, 순수한 기운이 지극히 맑으며, 밝고 밝은 내면의 빛이 아득한 도에 통함을 말하기 위한 내용이다.(이하 생략)

## 지극한 정신은 하늘과 통한다

　○ 옛날 춘추 말기에 진晉나라의 맹인 악사인 사광師曠이 '백설곡白雪曲'을 연주하자 신묘한 것이 하늘에서 내려오고, 비바람이 거세게 일어나며, 진나라의 제후(平公)가 전신이 마비되는 병을 얻고, 극심한 자연재해로 나라에 3년 동안 풀 한

포기 나지 않았다. 제齊나라의 비천한 여자가 원통함을 하늘에 호소하자 제나라 궁전에 벼락이 떨어지고, 제나라의 제후(景公)가 누대에서 떨어져 부상을 입었으며, 바다에는 해일이 일어났다.

맹인 악사라든가 천한 여자는 그 신분이 채소를 출납하는 말단관리보다 낮고 권력이 날아다니는 새나 짐승보다도 미약하다. 하지만 지극정성을 다해 뜻을 하나로 모으고 일을 하늘에 맡긴 채 정신을 집중하니 그 정성이 하늘에 통해 하늘이 그들의 지극한 정신을 격려했다. 이로써 볼 때 아무리 광막한 무인지경이나 머나먼 은신처, 깊은 동굴이나 인적이 끊긴 험난한 곳이라도 하늘의 징벌에서 도망칠 곳이 없음은 분명하다.


○ 무릇 천성을 온전히 하고 참됨을 지키며 그 몸을 손상치 않는다면 급박한 어려움을 만나더라도 정신이 하늘에 통한다. 처음부터 그 근본을 벗어나지 않는 사람이라면 무슨 일인들 이루지 못하겠는가? 죽음과 삶을 하나로 보는 사람은 협박하거나 능멸할 수 없다.

용맹한 무사 한 사람이 삼군三軍의 병력을 능가한다. 자신의 명예를 구하기에 급급한 장수조차 이러하다. 하물며 천지를 집으로 삼고, 만물을 포용하며, 음양의 조화를 이루어 지극한 화기和氣를 머금고, 사람의 형체를 잠시 머무는 거처로 삼고, 감각을 무심히 관조하며, 하나를 아는 것으로 만사를 꿰뚫어서 마음이 도와 하나인 사람이라면 어떠하겠는가?

## 자연의 도에 따르는 삶

○ 도는 사사로이 좇을 수도 없고 떠날 수도 없다. 도에 능한 사람에게 그것은 언제나 넉넉하지만 도에 서투른 사람에게 그것은 언제나 부족하다. 도를 따르는 자는 이롭고 도를 거역하는 자는 흉하다. 비유를 들자면 도는 '수후隋侯의 진주'라든가 '화씨和氏의 벽옥'(우리 식으로 말하자면 '흥부의 박씨')같은 것이어서 이를 얻는 자는 부자가 되고 이를 잃는 자는 빈천해진다. 하지만 이를 얻고 잃는 척도는 극히 미묘하여 지식으로 논하기 어렵고 말로도 설명하기 어렵다. 그렇다는 것을 어찌 아는가?

지황地黃은 뼈를 붙게 하는 데 주로 쓰고 감초는 살이 돋게 하는 데 주로 쓴다. 뼈를 붙이는 데 살이 돋는 약을 쓴다든가 살을 돋게 하는 데 뼈를 붙이는 약을 쓰는 것은 마치 왕손작王孫綽이란 사람이 반신불수 약을 두 배 사용해 죽은 사람을 소생시키려고 한 것과 비슷한 일이니, 역시 논리적 합리성을 잃었다고 말할 수 있다.

무릇 불은 나무를 태울 수 있다. 이에 착안해 불로 금속을 녹이려 한다면 그 도는 실행할 수 있다. 또 자석이 철을 잡아당긴다고 해서 기와마저 잡아당기려고 한다면 그것은 이루기 어렵다. 사물은 본래 가볍고 무거운 중량으로 그 성질을 논할 수 없다. 오목거울이 태양에서 불을 얻고, 자석이 쇠를 잡아당기며, 게가 옻칠을 먹어치우고, 해바라기가 태양을 향하는 등은 아무리 밝은 지혜를 가지고도 도저히 그 연유를 다 해명할 수 없다.

감각기관에 의존하는 관찰만으로는 사물의 이치를 일일이 구분하기 어렵고 마음과 생각의 논변만으로는 사물의 옳고 그름을 확정할 수가 없다. 그러므로 지략智略으로 통치하는 자는 그 나라를 보존하기 어렵다. 오직 천지의 큰 조화에 통하고 만물의 절로 그러함(자연)에 감응할 수 있는 자라야 나라를 제대로 보존할 수 있다.


○ 옛날에 왕량王良과 조보(造父)가 마차를 모는 것은 마차에 올라 고삐를 잡으면 말이 가지런히 정열하고 편안해하며, 발을 내딛는 리듬이 균일하고, 여러 마리 말이 힘을 쓰고 빼는 것이 마치 한 몸과 같았다. 말이 기뻐하고, 기가 부드러우며, 몸은 가벼웠다. 말이 달리기를 편안해하고 나아가기를 즐겨, 박차를 가하면 순식간에 달리고, 채찍이 지시하는 대로 좌로 돌거나 우로 돌며, 선회할 때는 고리처럼 정확하게 원을

그렸으니, 세상 사람들이 이를 교묘하다고 여겼다. 그러나 이들조차 아직 진정으로 존귀한 마차몰이는 보지 못했다.

예컨대 겸차鉗且와 대병大丙이 마차를 모는 것은 고삐와 재갈을 떼어버리고 채찍도 버린 채, 마차를 움직이지 않는데 저절로 움직이며, 말을 부리지도 않는데 저절로 달려 나갔다. (그들이 마차를 모는 것은) 마치 해와 달이 운행하는 것과 같고, 별들이 빛나며 우주를 도는 것과 같으며, 번개처럼 달리고 귀신처럼 뛰어올랐다. 그 나아가고 물러나고 굽고 펴는 동작에 어떤 조짐도 나타나지 않았다. 그러므로 말을 부르거나 지시하지 않고 질타하는 일도 없건만 북쪽으로 돌아가는 기러기를 갈석산碣石山에서 따라잡고 남행하는 봉황을 고여산姑餘山에서 추월했다. 그 달리는 것은 나는 듯하고 치닫는 것은 줄이 끊어지는 것 같았다. 날아가는 화살을 좇고 회오리바람을 따라잡으며 질풍처럼 왕래했다. 새벽에 동쪽 끝의 부상榑桑을 떠나면 해가 질 무렵 서쪽 끝의 낙당산落棠山에 도착했다.

이것이야말로 '아무 것도 쓰지 않는' 방법을 빌려 능히 그 '쓰임'을 이룬 것으로 생각의 통찰이나 교묘한 손재주에 따른 것이 아니다. 무언가 하려는 욕망을 가슴에 잠재우고, 눈에 보이지 않는 정신이 여섯 마리의 말을 통제하니 이것이 곧 '몰지 않고 모는' 것이다.

## 도에서 멀어진 세상

○ 하夏나라 걸桀 임금의 시대가 되었다. 왕이 어리석고 우매하니 도가 문란해져 바로잡히지 않았다. 오제五帝의 상벌 제도를 폐기하고 삼왕三王의 법전을 뒤집어엎으니 지극한 덕이 사라져 발휘하지 못하고 제왕의 도가 가려져 부흥하지 못했다.

일하는 것이 하늘의 질서에서 벗어나고 명령을 내리는 것이 계절의 질서에 역행하니 봄과 가을에 화기和氣가 위축되고 천지는 덕을 잃었다. 어진 군주가 자리에 앉더라도 편안하지 못하고, 대부大夫는 도의를 숨기고 직언하지 않았으며, 뭇 신하들은 군주의 뜻을 살펴 영합하기만 했다. 혈육을 멀리하는 대신 사악한 자를 자기편으로 끌어들이고 붕당을 만들어 음모를 꾸미며, 군신君臣과 부자父子 사이를 이간질하고, 경쟁적으로 교만한 군주를 받들어 그 뜻에 따르며, 사람들을 혼란시키면서 자기의 사적인 일을 성취했다. 그 때문에 군주와 신하가 반목해 친근하지 않고, 혈육이 멀어져 서로 부합하지 않으며, 땅에 제사지내는 사직단의 나무는 말라 죽고, 의례를 행하는 용대容臺가 진동해 전복되었다.

개가 무리지어 짖어대면서 연못에 빠지고 돼지가 깔개짚을 입에 문 채 물가로 몰려들었다. 미녀는 머리를 풀어헤친 채 화장하지 않고 노래 부르는 여인은 숯을 먹어 인후를 망가

뜨린 채 다시는 노래하지 않았다. 사람들은 초상을 당해도 그 슬픔을 다하지 않았고 사냥을 하면서도 그 즐거움을 얻지 못했다.

선녀 서왕모西王母는 머리장식을 꺾고 황제黃帝의 신은 장탄식을 하며 더는 그 신통력을 발휘하지 않았다. 새는 날개가 부러지고, 짐승은 다리를 상하며, 산에는 좋은 목재가 없고, 택지에는 물이 말라 버리고, 여우와 너구리는 구멍 속에 숨고, 소와 말은 도망치며, 농지에는 서 있는 곡식이 없고, 길가에는 잡초도 나지 않았다. 쇠그릇이 방치된 채 쌓여 그 모서리가 다 닳고, 옥그릇도 쓰이지 않고 쌓여 그 무늬가 다 닳았다. (그런데도 군주는 요행을 바라 점치기에만 급급해) 점치는 거북의 뱃속이 텅 비었고 점치는 산가지가 날마다 펼쳐졌다.


○ 무릇 겸차와 대병은 고삐나 재갈을 사용하지 않고서도 마차를 잘 모는 것으로 천하에 이름을 떨쳤다. 고대의 전설적 제왕인 복희伏羲와 그의 여동생 여와(女媧)는 법과 제도를 정하지 않았지만 지극한 덕으로 후세에 이름을 남겼다. 어떻게 이런 경지에 이르렀을까? 텅 비고 순수하여 소란스럽거나 사소한 것에 얽매이지 않았기 때문이다. 그러므로 『주서周書』에서 말하기를 "꿩을 잡으려다 놓치면 하늘의 바람을 따라 다시 사냥을 시작하라"고 했다.

그런데 법가인 신불해申不害나 한비자韓非子, 그리고 상앙商鞅 등의 통치술은 정치의 뿌리를 뽑고 그 근본을 버리며 정치가 생겨난 근원을 궁구하지 않는다. 어쩌다 이렇게 되었는가? 잔혹한 다섯 형벌(五刑)로 가혹하게 다스리며 도덕의 근본을 등지고 첨예한 이익을 다툰다. 백성들을 함부로 죽이고 그 재산의 태반을 수탈하면서도 기쁘고 즐거워하며 자기가 정치를 잘한다고 생각한다. 이는 마치 장작을 안고 불을 끄려고 하거나 구멍을 뚫어놓고 물을 멎게 하려는 것과 같다.

우물가에서 자란 나무의 가지는 두레박을 우물에 넣을 수 없게 만들고 도랑가에서 자란 나무의 가지는 배가 지나지 못하게 할 정도로 무성하다. 하지만 이는 석 달이 지나지 않아 반드시 죽게 된다. 그 이유가 무엇인가? 모두 미친 듯 자라기만 할 뿐, 그 근본이 없기 때문이다.

황하가 아홉 구비를 돌아 바다로 들어가지만 그 흐름이 끊어지지 않는 것은 곤륜산의 수원水源에서 물이 흘러나오기 때문이다. 홍수물이 빠지지 않고 끝없이 넓게 펼쳐져 있다가도 열흘 한 달 동안 비가 내리지 않으면 물이 마르고 연못의 바닥이 드러난다. 이는 빗물을 받아 고인 것일 뿐 물이 흘러나오는 근원이 없기 때문이다.

비유하자면 예羿가 서왕모에게 간청해 얻은 불사의 약을 그의 아내인 항아姮娥가 훔쳐 먹고 달나라로 도망친 것과 같다. 예가 그저 망연자실하게 상심하였을 뿐, 아무런 대책도 세우지 못한 것은 어째서인가? 불사약이 어디에서 나는지를 모르기 때문이다. 그러므로 불을 구걸해 얻는 것이 부싯돌을 가지느니만 못하고 다른 사람에게 물을 얻는 것보다 우물을 파는 편이 낫다.

# 제7권 정신훈精神訓

**(요략)**

　'정신精神'은 사람이 생겨나는 근원을 탐구하고, 그 형체形體와 구규(九竅, 몸의 아홉 구멍)가 하늘의 형상과 일치하며, 그 혈기血氣가 뇌정풍우雷霆風雨의 자연 현상에 부합하고, 그 희노희노喜怒의 감정이 주야한서晝夜寒暑의 변화와 같다는 것을 깨닫게 하여, 죽고 사는 차이를 살피고, 같고 다른 자취를 구별하며, 움직이고 고요한 기미를 조절하여, 그 천성(性命)의 근본으로 돌아가게 하기 위한 내용이다.(이하 생략)

## '정신精神'의 근원을 말하다

　○ 옛날에 하늘과 땅이 없었을 때 다만 무형無形의 형상만

이 펼쳐졌다. 아득히 어둡고 막막하며 끝없이 넓어서 그 문을 알 수가 없었으니 (음과 양의) 두 신神이 뒤섞여 생겨나 하늘과 땅을 만들어 경영하기 시작했다. 이 일은 너무나 요원하여 그 끝을 알 수 없고 너무나 광대하여 그 멈추는 바를 알 수 없었다. 이로부터 음과 양이 나뉘었고, 흩어져 팔방의 멀고도 넓은 세상이 되었다. 단단하고 부드러운 기가 서로 어울려 만물이 형성했는데 잡스러운 기(煩氣)는 동물이 되고 정미한 기(精氣)는 사람이 되었다. 그러므로 정신은 하늘의 것이고 육체는 땅의 것이다. 사람이 죽으면 정신은 하늘의 문으로 들어가고 육체는 그 근본인 땅으로 돌아가니 내(我, 자아)가 또한 어디에 존재하겠는가?

따라서 성인은 하늘을 본받고 본성을 따를 뿐 세속에 사로잡히지 않으며 사람에게 미혹당하지도 않는다. 하늘을 아버지로 삼고 땅을 어머니로 삼으며 음양을 골간으로 삼고 네 계절의 변화를 기틀로 삼는다. 하늘은 고요함으로써 푸르고 땅은 안정함으로써 강녕하다. 만물이 고요와 안정을 잃으면 죽고 이를 얻으면 산다. 무릇 고요하고 막막한 것은 신명神明의 집이며 텅 비어 허무한 것은 도의 거처이다. 이런 이유로 혹시라도 신명과 도를 밖에서 구하는 자는 이를 안에서 잃게 된다. 하지만 이를 자신의 내면에서 지키는 사람은 밖에서도 얻게 된다. 비유컨대 뿌리(根)와 지엽(末)의 관계와 같다. 뿌리를 잡아당기면 모든 줄기와 잎이 남김없이 끌려오게 된다.

## 정신을 보존하는 길

○ 천지의 도는 지극히 넓고 크지만 오히려 그 빛을 절제하고 신명을 아낀다. 하물며 사람의 귀와 눈이야 어찌 오랫동안 혹사하면서 쉬지 않을 수 있겠는가? 또한 정신이 오랫동안 분주하면서 어찌 고갈되지 않을 수 있겠는가?

혈기血氣는 사람의 정화요 오장五臟은 사람의 정수라고 할 수 있다. 혈기가 오장에 온전히 돌아 밖으로 새지 않으면 가슴과 복부가 충실해지고 욕심은 사라진다. 가슴과 복부가 충실하고 욕망이 없으면 귀와 눈이 맑아지고 듣고 보는 것이 밝아진다. 귀와 눈이 맑고 듣고 보는 것이 밝으면 이를 일컬어 '밝다(明)'고 한다.

오장이 마음에 따라 어긋나지 않으면 빨끈하는 성질이 사라지고 행동이 바르게 된다. 발끈하는 성질이 사라지고 행동이 바르면 정신이 왕성해지고 기가 흩어지지 않는다. 정신이 왕성하고 기가 흩어지지 않으면 사리가 분명해진다. 사리가 분명하면 균형이 잡힌다. 균형이 잡히면 환하게 통한다. 환하게 통하면 신령스러워진다. 신령스러우면 살펴서 보이지 않는 것이 없고 들어서 들리지 않는 것이 없으며 행하여 이루어지지 않는 것이 없다. 그러므로 근심과 걱정이 생기지 않고 나쁜 기운(邪氣)이 엄습하지 못한다.

이런 이유로 일에는 세상 밖에서도 얻을 수 없는 것이 있고 몸 안에 간직하고 있으면서도 보지 못하는 것이 있다. 그러므로 구하는 것이 많은 사람은 도리어 얻는 바가 적고 큰 것만을 보는 사람은 도리어 아는 바가 적다.


○ 사람 몸의 구멍(孔竅)은 정신이 드나드는 문이며 기운과 의지氣志는 오장의 심부름꾼이다. 귀와 눈이 소리와 색채의 즐거움에 탐닉하면 오장이 동요해 안정을 잃는다. 오장이 동요해 안정을 잃으면, 혈기가 들끓어 쉬지 못한다. 혈기가 들끓어 쉬지 못하면 정신이 밖으로 튀어나가 지킬 수 없다. 정신이 밖으로 튀어나가 지키지 못하면 산더미 같은 화禍와 복福이 다가와도 이를 분별조차 하지 못한다.

하지만 눈과 귀가 청명하고 밝아 빛과 소리에 유혹당하지 않고, 기와 의지가 텅 비고 담백해 욕망이 적으면, 오장이 안정되고 충실해 기운이 새나가지 않게 된다. 정신이 몸 안에 머물러 밖으로 달아나지 않으면 아득한 과거를 돌아보고 미래를 예견하는 것조차도 아주 쉽다. 어찌 눈앞의 화와 복을 구분하지 못하겠는가? 그러므로 "정신이 멀리 떠난 자일수록 그가 아는 것은 천박하다"(『老子』제47장)고 하는 것이다. 이는 곧 정신이 밖으로 치달려 어지럽지 않게 하라는 뜻이다.

무릇 다채로운 색은 눈을 혼란시켜 흐리게 하고 요란한 소리는 귀를 시끄럽게 하여 어둡게 만든다. 화려한 맛은 입을 어지럽혀 마비시키고, 분별은 마음을 산란케 해서 행동을 경박하게 만든다. 세상 사람들은 이 네 가지(색·소리·맛·분별)로 자신의 성품을 길들이지만 사실상 이는 모두 사람에게 누가 되는 것이다. 그러므로 "즐기려는 욕망은 사람의 기를 멀리 떠나게 하고, 좋고 싫은 것에 속박되면 사람의 마음이 피곤해진다"고 한다. 이를 즉시 버리지 않으면 기운과 의지가 날로 소모된다. 무릇 사람이 천수를 누리지 못하고 도중에서 요절하는 것은 왜 그런가? 자기 삶을 지나치게 돌보아 온갖 짓을 다하기 때문이다. 무릇 삶에 집착함이 없는 것, 이것이야말로 삶을 얻는 길이다.

○ 호흡을 조절해 낡은 기를 토하고 신선한 기를 받아들이며, 곰과 새·오리·원숭이·솔개·호랑이 등의 동작을 본뜬 기공을 행하는 이는 몸을 기르는 사람이다. 진인眞人은 이런 것을 마음에 두지 않는다. 진인은 정신을 호탕하게 하고 그 내실을 잃지 않는다. 밤낮으로 정신을 상하는 일이 없고 만물과 더불어 봄의 생기가 가득하니, 이러한즉 도와 합일하고 나고 자라고 소멸하고 쉬는 사계절의 운행과 같은 변화를 마음대로 조절한다. 이런 사람은 모습이 변해도 마음에 손상이 없

으며 몸이 무너져도 정기精氣가 다하는 일은 없다. (『莊子』「大宗師」에서 인용)

문둥병자라고 걸음걸이가 변하지는 않는다. (즉 형체가 훼손되었지만 정신은 온전하다) 반면 미치광이는 겉모습이 멀쩡하지만 정신이 멀리 달아나 있어 아무도 그 행동을 예측할 수 없다. 그러므로 형체가 상했더라도 정신이 변질되지 않은 사람은 타고난 본래의 순수한 정신으로 변화에 대응하니 천만 가지 변화에도 전혀 궁해지지 않는다. 변하는 유형의 사물은 결국 무형으로 돌아가지만 변하지 않는 정신은 천지와 함께 영구하다.

무릇 나무가 죽는 것은 나무를 푸르게 만드는 기운이 사라지는 것이다. 나무를 살리는 것, 그것이 어찌 나무 그 자체이겠는가? 형체를 채우는 것이 형체가 아닌 것과 마찬가지이다. 따라서 삶을 낳는 것(정기)은 결코 죽지 않고 단지 그것에서 생긴 것이 죽을 뿐이다. 만물을 변하게 하는 것은 결코 변화하지 않고 단지 그것에서 변한 것만이 변할 뿐이다.

### 유학儒學의 한계를 말한다

망해가는 세상의 말단에 치우친 학술은 마음의 근원을 찾아 근본으로 돌아가는 것을 모른다. 단지 자신의 본성을 인위로 꾸미고 그 감정을 억지로 조절하여 이를 통해 세속과 교류한다. 그리하여 눈이 보고자 하더라도 이를 법도로 금하고 마음이 즐기고자 하더라도 이를 예의로 억제한다. 행동거지 하나하나에 예절을 따지고 허위로 몸을 낮추어 굽실굽실하며 고기가 굳으면 먹지 않고 술이 가라앉아도 마시지 않는 따위의 금기에 연연한다. 밖으로는 자신의 모습을 인위로 속박하고, 안으로는 자신의 덕을 꽁꽁 묶어두며, 음양의 화합을 억압하고 타고난 천성의 감정을 압박하니, 평생토록 슬픈 인간이 된다.

그러나 지극한 도에 이른 사람은 그렇지 않다. 천성과 마음을 다스리되 화기和氣로 이를 길러 적절함을 유지하고 도와 덕을 즐겨 빈천 따위는 잊는다. 본성에 욕망을 가지지 않으므로 원해서 얻지 못하는 것이 없고 마음이 쾌락을 구하지 않기 때문에 즐기는 일을 하지 못하는 것이 없다. 타고난 정서에 도움이 되지 않는 것으로 덕을 얽매지 않고 타고난 본성에 불편한 것으로 심신의 조화를 깨지 않는다. 그러므로 몸과 마음이 내키는 대로 행해도 그 법도와 규범이 천하의 본보기가 된다.

지금의 유학자는 욕망이 유래하는 근본을 찾지 않고 그 욕망하는 바를 금하며 쾌락이 유래하는 원천을 캐지 않고 그 즐기는 바를 막는다. 이는 큰 하천의 근원을 터놓고 손으로 이를 막으려는 것과 같다. 대저 백성을 다스리는 것은 금수를 기르는 것과 같다. 울타리를 걷지 않고 그들의 야성을 보존하고자 하고 그 다리를 묶어 옴짝달싹하지 못하게 해놓고 그들이 오래살기를 바란다면 그것이 어찌 가능하겠는가?

안회顔回·계로季路·자하子夏·염백우冉伯牛는 공자의 뛰어난 제자들이었다. 그런데 안회는 요절했고, 계로는 위衛나라에서 사형을 당해 소금에 절여졌고, 자하는 두 눈을 모두 잃었으며, 염백우는 악질에 걸렸다. 이들은 모두 천성을 억압하고 자연스러운 정서를 거슬러서 그 조화를 얻지 못했다. 자하가 증자를 만났을 때 한번은 야위었다가 다른 한번은 살이 쪄 있었다. 증자가 그 까닭을 묻자 자하가 대답했다. "밖에 나가서 부귀의 즐거움을 보고 이를 구하다가도 집에 들어와 옛 성인의 도를 보고 이를 기뻐하니, 이 두 가지가 마음에서 싸움을 벌여 야위었습니다. 그러다가 마음에서 옛 성인의 도가 이겼기 때문에 살이 붙었습니다." 이런 마음에서 미루어 보건대 부귀한 지위를 탐하지 않거나 사치의 즐거움에 빠지지 않을 수 있었던 것이 아니라, 단지 타고난 성정을 억압하고 욕심을 막으며 도의로 자신을 방어했을 뿐이다. 비록 심정이 막혀 통하지 않고 몸이 상하더라도 오히려 자신을 강박하지 않을 수 없으니 그 천수를 누릴 수 없다.

하지만 지인至人은 적당히 배부르게 먹고, 몸에 알맞은 옷을 걸치며, 몸이 편안히 머물 만한 곳에서 노닐고, 뜻이 가는 대로 행동한다. 하여, 천하를 군더더기로 보고 집착하지 않으며, 모든 것을 만물에 내맡겨 자신의 이로움을 구하지 않고, 광막한 우주를 집으로 삼으며, 끝없는 광야에서 노닐고, 하늘의 상제에게로 올라가 북극성을 몰며 손바닥 안에서 천지를 가지고 논다. 어찌 부귀를 탐내는 따위로 야위거나 살이 찌거나 할 수 있겠는가?

그러므로 유학자는 사람들이 욕망에 사로잡히지 않도록 할 수 있는 것이 아니라 단지 욕망을 억압할 수 있을 뿐이다. 사람들이 쾌락에 빠지지 않도록 할 수 있는 것이 아니라 단지 쾌락을 금지할 수 있을 뿐이다. 천하의 사람들이 형벌을 두려워해 감히 도둑질을 못하도록 하는 것이 어찌 훔치려는 마음을 없애는 것만 하겠는가?

# 제8권 본경훈本經訓

(요략)

'본경本經'은 큰 성인의 덕을 밝히며, 태초의 도에 통하고, 쇠락한 세상과 고금의 변천을 개괄하며, 옛 태평성대의 융성을 칭송하고 말세의 왜곡된 정치를 질책하기 위한 내용이다.(이하 생략)

## 천지와 우주는 한 사람의 몸과 같다

천지가 화합하고 음양이 만물을 빚어내는 등이 모두 사람의 기氣에 부합한다. 그러므로 윗사람과 아랫사람의 마음이 이반되면 기가 위로 증발하고 군주와 신하가 불화하면 오곡이 여물지 않는다. 동지에서 입춘에 이르는 46일간 하늘은 화기和氣를 머금은 채 그 기가 아래로 하강하지 않고 땅 역시 기를 품은 채 그 기가 위로 올라가지 않는다. 음양의 기운이 차곡차곡 쌓이면 양이 기를 뿜어내고 음이 그 기를 받아들여 서로 적셔준다. 그 안에 일체의 풍속이 포용되어 있고, 만물의 특성이 다 갖추어져 있으며, 그 모두의 적절함이 하나로 통일되어 있으니, 음양이 서로 호응하고 조화하여 뭇 생명을 생육한다. 그러므로 (자연의 질서를 거슬러) 봄에 쌀쌀한 가을의 기운이 감돌고, 가을에 꽃이 피며, 겨울에 천둥이 치고, 여름에 서리가 내리는 것은, 모두 해로운 기운에서 생겨나는 것이다.

이로써 볼 때 천지와 우주는 한 사람의 몸과 같고 상하사방의 안은 한 사람의 모습과 같다. 그리하여 사람의 본성에 밝은 자는 천지도 위협할 수 없고 천지와 인간이 부합하는 이치를 훤히 아는 자는 어떤 괴이한 사물로도 유혹할 수 없다. 그러므로 성인聖人은 가까운 것(자신의 본성)에서 먼 것을 알고 천차만별의 모든 것을 하나로 여긴다.

## 사람은 어떻게 도道에서 멀어지는가?

○ 옛사람들은 천지의 기氣와 일체가 되어 한 세월 동안 유유자적했다. 이때에는 출세를 하거나 포상을 받는 따위의 이로움도 형벌을 받는 따위의 위협도 없었다. 예의와 염치

를 따지지 않았으며 치욕과 명예, 어짊과 비루함 따위의 구별도 확립되지 않았다. 모든 사람들이 서로 침략하거나 속이거나 포학하지 않아 마치 한데 뒤엉켜 구분이 없는 것 같았다.

그러다가 망해가는 세상이 되자 인구가 늘고 재물이 부족해져 열심히 일해도 살아가기 어렵게 되고 이때부터 분쟁이 생겨났다. 그리하여 어짊(仁)을 귀하게 여기게 되었다.

그런데 어진 사람과 비루한 사람을 나누는 기준이 일정치 않으므로 끼리끼리 무리를 만들어 사악한 모략을 꾸미며 작위적이고 교묘한 마음을 품어서 마침내 천성을 상실하게 되었다. 그리하여 의로움(義)을 귀하게 여기게 되었다.

남녀의 감정에는 혈기의 교감이 없을 수 없다. 그런데 남녀가 무리지어 살며 한데 섞이면 서로 구별이 없어져 음란해진다. 그러므로 예禮를 귀하게 여기게 되었다.

사람의 성정이 과격해져 서로 위협해 상대를 받아들이지 않으면 조화를 이룰 수 없다. 그러므로 (사람들의 감성을 조율하는) 음악(樂)을 귀하게 여기게 되었다.

인의예악仁義禮樂이 삶의 폐단을 치유할 수는 있다. 그러나 이것이 곧 지극히 훌륭한 다스림으로 통하는 것은 아니다. 인仁은 분쟁을 해소하는 방편에 불과하고, 의義는 천성을 상실하고 가식에 물든 질병을 구제하는 방편에 불과하며, 예禮

는 음란함을 금하는 방편에 불과하고, 악樂은 근심을 치유하는 방편에 불과하다.

하지만 천하에 신명神明이 안정하면 사람들의 마음이 처음의 순수함으로 돌아간다. 마음이 처음의 순수함으로 돌아가면 백성들의 성품이 착해진다. 백성들의 성품이 착해지면 천지와 음양의 기운이 이를 받아들여 재물이 풍족해진다. 재물이 풍족해지면 사람의 마음도 넉넉해져 탐욕·비루함과 분쟁이 생겨날 수 없다. 이로써 볼 때 인의仁義는 쓸모가 없다.

천하에 도와 덕이 안정하고 백성이 순박하면 눈이 색채의 유혹을 받지 않고 귀가 소리에 탐닉하지 않는다. 자연스럽게 모여앉아 연희를 즐기고 노래를 부르며 머리를 풀어헤치고 여기 저기 놀러 다니면서도 빼어난 미인의 요염함을 보고 기뻐할 줄도 모르고, 화려한 연주를 듣고 즐거워할 줄도 모른다. 그러니 음란함이라든지 과격함, 그리고 무분별함 따위가 생기지 않는다. 이로써 볼 때 예악禮樂은 쓸모가 없다.

그러므로 덕이 쇠퇴한 뒤에 어짊이 생겨나고 행위가 순조롭지 않게 된 뒤에 의로움이 확립된다. 삶이 조화를 잃은 뒤에 음악의 선율을 고르게 되고 예의가 과도해진 뒤에 용모를 꾸미게 된다. 따라서 신명을 알게 된 뒤에야 도덕이 따를 만한 것이 아님을 알고, 도덕을 알게 된 뒤에야 인의가 행할 만한 것이 아님을 알며, 인의를 알게 된 뒤에야 예악이 닦을 만한 것이 아님을 알게 된다. 그러니 지금 그 근본을 등지고 말단을 구하며 그 대요를 잃고 자질구레한 데서 방법을 찾는 사람과는 지극한 도를 함께 이야기할 수 없다.

# 제9권 주술훈主術訓

**(요략)**

　'주술主術'은 군주의 통치에 관한 내용이다.(이하 생략)

**통치의 비결은 무위無爲에 있다.**

　○ 군주의 통치술은 무위無爲로 일을 처리하고 말없는 교화를 행하는 데에 있다. 심신을 청정히 하여 경거망동하지 않고 법도를 하나로 통일해 동요하지 않는다. 예로부터 법규를 따르며 만사를 신하에게 맡기고 일의 성패에 대한 책임을 물을 뿐 자신이 직접 나서서 힘쓰지 않는다.

　그러므로 자신의 마음이 규범을 꿰뚫으면서도 태사太師와 태부太傅가 이끄는 바에 따르고 스스로 말할 수 있으면서도 집행관이 말하도록 하며, 몸소 갈 수 있으면서도 의례를 주관하는 관리를 앞세우고, 직접 들을 수 있으면서도 집정관執政官을 통해 간언을 듣는다. 이런 까닭에 생각에 실책이 없고 행동에 과실이 없으며 말은 그대로 훌륭한 문장이 되고 행동은 천하의 본보기가 된다. 나아감과 물러섬이 시의적절하고 움직임과 멈춤이 도리에 부합한다. 아름다움과 추함에 집착해 좋아하고 싫어하지 않으며 상과 벌 따위로 기뻐하거나 노여워하지 않는다.

사물의 이름은 각자의 명분에 부합되고 사물의 분류는 각자의 종류에 부합된다. 모든 사물은 '자연自然'에서 나온 것이지 제멋대로 생기지 않는다. 그러므로 옛날의 군주가 왕관 앞에 주옥을 꿴 줄을 늘어뜨린 것은 눈의 밝음을 가리기 위함이며 좌우에 귀마개를 늘어뜨린 것은 귀의 밝음을 가리기 위함이다. 또한 천자가 자신의 거처 문밖에 나무담장을 둘러치는 것은 스스로 외물外物을 차단하기 위해서다. 그러므로 다스리는 지역이 원대할수록 마음이 머무는 곳은 가까워야 하며 다스리는 것이 클수록 지키는 것은 작아야 한다.

무릇 눈이 망령되게 보면 음란해지고 귀가 망령되게 들으면 미혹되며 입이 망령되게 말하면 난폭해진다. 눈·귀·입의 세 기관은 신중하게 지키지 않으면 안 된다. 이를 규제하려고 하면 도리어 제멋대로 움직이고 이를 꾸미려고 하면 오히려 천박해진다.

## 심신을 안정시키는 것이 정치의 근본이다

ㅇ 하늘의 기는 혼魂이 되고 땅의 기는 백魄이 된다. 혼과 백을 몸 안으로 돌려 각자의 거처에 안주시키고 이를 지켜 잃지 않는다면 위로 태일太一과 통하게 된다. 태일의 정기는 하늘의 도(天道)와 통한다. 하늘의 도는 아득하고 고요해 모습도 규칙도 없다. 그 크기는 끝이 없고 깊이는 헤아릴 수 없다. 그러면서도 사람과 더불어 융화하는데 지식으로는 이를 도저히 알 수 없다.

옛날 신농神農이 천하를 다스릴 때 정신이 안정되어 가슴에서 요동치지 않고, 지혜는 사방의 강역 밖으로 나가지 않고, 단지 그 어질고 정성스러운 마음만 품었을 뿐이다. …… 그리하여 위엄이 있으면서도 사람을 죽이지 않았고, 형벌을 등져 사용하지 않았으며, 법령은 간략하여 번잡하지 않았다. 그러므로 그 교화는 마치 신神과 같아서 그 땅이 남쪽으로는 교지交阯, 북쪽으로는 유도幽都, 동쪽으로는 양곡暘谷, 서쪽으로는 삼위三危에 이르러, 복종치 않는 자가 없었다. 당시에 법은 관대하고 형벌은 느슨해 감옥이 텅텅 비었고 천하의 풍속이 하나로 통일되어 간사한 마음을 품는 자가 없었다.

그러나 말세의 정치는 그렇지 않다. 고위직은 착취하기를 좋아해 끝이 없고 하위직들은 승냥이처럼 탐욕을 부리며 양보하지 않는다. 백성들은 가난하고 고통스러워 분쟁을 일삼으며 일하는 것이 힘들기만 할 뿐 성과가 오르지 않는다. 모략과 사기가 성행하고 도적이 창궐하며 위아래 서로 원망할 뿐, 명령은 집행되지 않는다. 책임을 맡은 관료와 주관 부서가 정도正道를 돌이키려고 애쓰지 않고 근본 문제는 바로잡지 않고 지엽적인 일에만 매달린다. 하지만 그 덕을 각박하게 하면서 형벌을 엄중히 하여 다스리려고 한다면, 이는 마치 탄환을 가지고 새를 불러 모으고 몽둥이를 휘두르면서 개를 달래려는 것과 다르지 않으니 혼란이 더욱 극심해질 뿐이다.

## 혹독하고 교활한 정치는 세상을 망친다

무릇 물이 흐리면 물고기가 뻐끔거리고 정치가 가혹하면 백성들이 난을 일으킨다. 호랑이·표범·물소·코끼리 등의 야생동물을 기르는 사람은 이들을 우리 속에 가둔 다음 그 동물들이 좋아하는 것을 준다. 동물들의 주린 배를 충분히 채우고 그들이 사나워지면 자리를 피한다. 그런데도 야생동물들이 천수를 누리지 못하는 것은 그 몸이 갇혀 있기 때문이다.

따라서 윗사람이 꾀를 많이 쓰면 아랫사람들은 속임수가 늘고, 윗사람이 일을 많이 꾸미면 아랫사람들은 꾸밈이 많아지고, 윗사람이 번뇌에 빠지면 아랫사람들이 불안해지고, 윗사람이 원하는 게 많으면 아랫사람들이 서로 다툰다. 근본을 바르게 하지 않고 지엽적인 일에만 매달리는 것은 비유하자면 먼지를 두드려 날려 먼지를 없애려는 것이나 장작을 안고 불을 끄려는 것과 마찬가지다.

이런 까닭에 성인聖人은 일을 적게 하면서 쉽게 다스린다. 구하는 것이 적지만 쉽게 가득 채운다. 베풀지 않고도 인자하고, 말하지 않고도 믿음직하며, 구하지 않고도 얻고, 하지 않고도 이룬다. 홀로 진실함을 지키며 덕을 품고 정성을 다하여 천하가 이를 따르는 것이 마치 울림이 소리에 응하고 그림자가 형체를 본뜨는 것과 같다. 그가 닦는 것은 근본이다. 형벌로 풍속을 바꿀 수는 없고 살육으로 간악함을 금할 수는 없다. 단지 신명으로 교화하는 것이 귀하니 지극한 정신(至精)이 곧 신神이다.

## 법法을 말하다

법은 천하의 규범이며 군주의 준칙이다. 법을 공포하는 것은 법을 지키지 않는 자에게 법의 심판을 내리기 위함이고 포상 제도를 설치하는 것은 마땅히 상 받아야 할 사람에게 상을 주기 위함이다. 법이 정해진 뒤에는 규정에 맞는 자를 포상하고 법규를 어진 자를 처형해야 한다. 존귀하다고 해서 그 벌을 가볍게 해서는 안되고 비천하다고 해서 그 형을 무겁게 해서도 안된다. 범법자는 비록 현인이라도 반드시 죽이고, 법도를 지킨 사람은 비록 불초하다고 해도 반드시 무죄를 선고해야 한다. 그래야 공평하고 올바른 도리(公道)가 세상에 통하고 불공정한 편법(私道)이 통하지 않게 된다.

옛날에 관리를 둔 것은 백성들이 제멋대로 하는 것을 막기 위해서였다. 군주를 세운 것은 관리가 전횡하지 못하게 하기 위해서였다. 법전法典과 의례儀禮는 군주가 독단대로 하지 못하도록 있는 것이다. 사람들이 모두 제멋대로 하지 않게 할 수 있다면 도道가 이긴 것이다. 도가 이기고 이법이 세상에 널리 구현되면 무위無爲로 돌아간다. '무위'란 사람이 꼼짝달싹 없이 미동도 하지 않음을 의미하지 않는다. '무위'는 사람이 제멋대로 함부로 하지 않음을 말한다.

…… 법은 의로움(義)에서 생기고 의로움은 뭇사람에게 부합하는 바에서 생긴다. 뭇사람에게 부합되는 바가 사람의 마음에 들어맞으면 이것이 곧 통치의 요체이다. 그러므로 근본에 통한 사람은 말단에 흔들리지 않고 대요를 파악한 사람은 자질구레한 데 유혹당하지 않는다.

법은 하늘이 내리지 않고 땅이 낳지도 않는다. 사람 사는 세상에서 생겨나되 반대로 사람들이 자신을 바로잡는 계기가 된다. 그러므로 자기에게 있는 것이라고 해서 다른 사람에게 없는 것을 비난해서는 안된다. 또한 자기에게 없는 것이라

고 해서 다른 사람에게서 구해서도 안된다. (즉 법은 모든 사람에게 공평하게 적용해야 한다)

　아래에서 세운 법을 위에서 폐지해서는 안된다. 백성들에게 금지한 것을 군주 자신에게도 실행하지 않으면 안된다. 이른바 '나라가 망한다'는 것은 군주가 없는 것이 아니라 (그 나라의) 법이 없어지는 것이다. 법이 변하는 것이 법이 없는 것이 아니라 법이 있으면서도 쓰이지 않는 것이 법이 없는 것과 같다. 그러므로 군주가 법을 세우면 우선 자신이 그 본보기가 되어야 법령이 천하에 행해진다. 공자가 말했다. "그 몸이 바르면 명령을 내리지 않아도 행해지고 그 몸이 바르지 못하면 명령을 내려도 따르지 않는다."(『論語』「子路」) 곧 법에서 금하는 것을 군주 자신이 준수해야 백성들도 법령을 행하게 된다.

## 지도자가 갖추어야 할 근본

　○ 법률과 규범은 군주가 아랫사람을 통솔하는 근거이다. 그런데 이것을 버리고 사용치 않는 것은 마치 고삐를 잡지 않고 말을 달리게 하는 것과 같아 뭇 신하와 백성들이 역으로 군주를 우롱할 것이다. 그러므로 통치술(術)이 있으면 백성들을 제어할 수 있고 통치술이 없으면 백성들에게 제어 받는다.

　배를 삼킬 만큼 큰 물고기라도 풍랑에 떠밀려 물가로 쓸려오면 작은 개미들에게 제압당한다. 그 거처를 떠났기 때문이다. 원숭이가 나무에서 떨어지면 여우나 살쾡이에게 잡힌다. 그 거처가 아니기 때문이다. 군주가 지켜야 할 통치술을 버리고 신하와 공을 다투면 관리들이 아무 것도 하지 않는 채 지위를 유지하려 하고, 벼슬아치들은 군주에게 아부해 용납받기만을 도모한다. 그리하여 신하는 지혜를 감춘 채 쓰지 않고 도리어 일을 군주에게 전가한다.

부귀한 자들이 열심히 일을 하고, 사리에 통달한 자들이 열심히 고찰을 하며, 교만하고 방자한 자들이 공손한 것은 그 권세가 군주에게 미치지 못하기 때문이다. 그런데 군주가 유능한 자에게 일을 맡기지 않고 자신이 직접 일하기를 좋아하면 지략은 날로 곤궁해지고 스스로 그 책임까지 부담하게 된다. 아랫사람을 다스리는 방법이 궁해지면 이법을 펼 수 없고 국가를 다스리는 덕행이 타락하면 전제專制를 유지할 수 없다. 지략이 나라를 다스리기에 부족하고 위세가 형벌을 행하기에 부족하다면 군주가 천하를 통치할 방편이 없다.

기쁨과 노여움의 감정이 마음에 형성되면 바라는 바가 밖으로 표출된다. 그러면 벼슬아치는 정도를 벗어나 윗사람에게 아첨하고, 관리는 법을 어기고 시류에 편승한다. 공이 없는 자가 상을 받고 죄 없는 자가 형벌을 받으며 위아래의 마음이 이반되어 군신 간에 서로 원망한다. 그리하여 나라의 정무를 맡아보는 관원이 군주에게 아첨하고, 잘못이 있어도 지적하지 않으며 죄가 있더라도 벌을 내리지 않는다. 그러니 백관들의 난맥상이 극에 달해 그 어떤 지략으로도 이를 바로잡을 수 없게 되고 비난과 칭송이 함께 성행해 그 어떤 명석함으로도 이를 가릴 수 없다.

근본을 바로잡지 않고 자연自然의 이치에 반하면 군주는 더욱 피로해지고 신하들은 더욱 안일해진다. 이는 마치 주방장 대신 희생물의 가죽을 벗기고 목수를 위해 나무를 깎아주는 것과 같다. 말과 경주를 하면 다리의 힘줄이 끊어져도 따라갈 수가 없지만, 마차에 올라타고 고삐를 잡으면 말은 멍에 아래에서 굴복한다. 그러므로 백락伯樂이 말을 감별하고 왕량王良이 마차를 몰며 명철한 군주가 그 마차에 오르면 말을 감별하고 마차를 모는 수고로움 없이 천리를 달릴 수 있다. 다른 사람의 자질에 올라타 자기의 날개로 삼는 것이다.

그러므로 군주는 무위하면서도 지키는 바가 있고 작위하더라도 사적인 선호가 없다. 작위하면 남을 헐뜯는 자가 생기고 사적으로 선호하면 아첨하는 자가 나타난다.

옛날에 제齊나라 환공桓公이 미식을 좋아하자 역아易牙가 자기의 장남을 요리해 상에 올려 그를 유인했다. 우虞나라 군주가 보배를 좋아하자 진晉나라 헌공獻公이 옥으로 장식한 말을 보내 그를 사로잡았다. 호胡의 왕이 음악을 좋아하자 진

秦나라 목공穆公이 미녀 악사로 그를 유혹했다. 이는 자신이 좋아하는 이익을 밝히다 남들에게 제압당한 사례이다. 그러므로 "잘 세운 나무는 뽑히지 않는다"고 한다. (『老子』제54장)

대저 불이 뜨겁지만 물로 끌 수 있고 쇠가 단단하지만 불로 녹일 수 있다. 나무가 강하더라도 도끼로 자를 수 있으며 물이 흘러도 흙으로 막을 수가 있다. 오직 조화를 주관하는 도만을 그 어느 사물도 이길 수 없다. 그러므로 심중의 욕망이 밖으로 드러나지 않는 것을 '빗장을 건다(扃)'고 하며 외부의 사기邪氣가 몸 안에 들어오지 못하는 것을 '견고하게 막는다(塞)'고 한다. 마음에 빗장을 걸고 외부의 사기를 막는다면 어떤 일이 절도에 맞지 않고 또 어떤 일이 성사하지 않겠는가?

사용하지 않은 뒤에야 사용할 수 있고 하지 않은 뒤에야 할 수 있다. 정신이 피로하면 멀리 가버리고 귀와 눈이 음란해지면 그 총명이 고갈된다. 그러므로 도를 가진 사람은 생각과 뜻을 버리고 맑게 텅 비어 다른 사람들을 응대한다. 그들의 말을 공격하지 않고 그들의 일을 빼앗지 않는다. 직함에 따라 실적의 책임을 물으며 관리를 임명하되 칙령을 내리지 않고 책임을 묻되 가르치지 않는다. 모르는 것을 도道로 삼고 왜 그러냐고 묻는 것을 보배로 삼으니, 이처럼 해야 백관百官의 일에 제각각 지키는 바가 있다.

# 제10권 무칭훈繆稱訓

**(요략)**

　'무칭繆稱'은 도덕의 이론을 해석하고 인의仁義의 구분을 배열하며, 인간 세상사를 개괄하여 신명의 덕에 부합시키는 내용이다. (이하 생략)

### 현명함에 대해 말하다

　○ 군자는 자신의 과실을 볼 뿐 간언한 자를 벌주지 않는다. 그렇기에 사람들이 간언할 수 있다. 군자는 현자를 보면 그의 낮은 신분 따위를 개의치 않는다. 그렇기에 사람들이 겸양할 수 있다. 군자는 부족한 사람을 보면 자신의 가난을 잊고 돕는다. 그렇기에 사람들이 베풀 수 있다. 마음속에 진정

이 깃들어 있으므로 행동이 밖으로 나타나는 것이다. 행동이 진정을 담고 있으므로 잘못이 있어도 원망을 사는 일이 없다. 그러나 진정함이 없다면 비록 충심을 다한다고 해도 나쁜 결과가 찾아온다.

후직后稷은 널리 천하를 이롭게 했는데 오히려 스스로 자랑하는 일이 없었다. 우禹 임금은 실패한 사업이 없고 낭비한 재물도 없었지만 그래도 오히려 자신을 모자라다고 보았다. 충만하면서도 모자란 듯하고 충실하면서도 텅 빈 듯하면 곧 진정을 다하는 사람이다.

대개 사람은 각자 자기가 좋아하는 사람이 현명하다고 생각하고, 자신에게 즐거움을 주는 것이 좋다고 생각한다. 세상 사람들이 현인을 추대하지 않는 일이 없지만 혹은 그로 인해 잘 다스려지기도 하고 혹은 그로 인해 혼란스러워지기도 한다. 이는 자신을 속인 것이 아니라, 자기와 같은 사람을 구했기 때문이다. 자기가 반드시 현명하지 않은데도 자기와 같은 사람을 구하니 현인을 구하려고 해도 현인과 가까워질 수 없다.

옛날의 성군인 요堯에게 순舜을 평가하게 하는 것은 괜찮다. 하지만 폭군인 걸桀에게 요를 평가하게 하는 것은 예컨대 되(升)로 석石을 재는 것과 같다. 지금 혹자가 여우를 살쾡이라고 한다면 여우도 모르고 또한 살쾡이도 모르는 것이 분명하다. 여우를 한 번도 보지 못한 것만이 아니라 살쾡이 또한 보지 못한 것이 틀림없다. 여우와 살쾡이는 다른 종류가 아니라 같은 갯과의 포유동물이다. 그렇지만 여우를 살쾡이라고 하면 여우와 살쾡이를 알 수 없다. 그러므로 어리석은 사람을 현명하다고 하면 그는 현자를 모르는 것이 분명하다. 현명한 사람을 어리석다고 하면 그는 어리석은 사람을 모르는 것이 분명하다.

## 나에게서 구하라

○ 성인聖人이 선善을 행하는 것은 명예를 구해서가 아니지만 자연스럽게 명예가 따른다. 명예로 이익을 기대하지 않지만 자연스럽게 이익이 돌아온다. 사람들의 근심과 기쁨은 억지로 구해지는 것이 아니다. 도를 밟아 나가다보면 저절로 생겨나는 것이다. 그러므로 지인至人은 모습을 꾸미지 않는다. 먼지가 눈 속에 들어가면 눈을 비비고 발이 미끄러지면 물체를 붙잡는 것처럼 자연스럽다. (이런 도리를 터득한) 성인의 통치는 막연하여 지혜로움이 드러나지 않지만 그가 죽은 뒤에야 그것이 위대했음을 알게 된다. 이는 마치 태양의 운행과도 같아 아무리 뛰어난 준마도 이와 경쟁할 수는 없다.

○ 진정함과 질박함을 품고 있으면 하늘도 그를 죽일 수

없고 땅도 그를 매몰할 수 없다. 명성이 천지간에 휘날려 해와 달처럼 빛나니 이는 매우 기쁘고 즐거운 일이다. 진실로 선善을 향하면 비록 잘못이 있더라도 원망하지 않는다. 진실로 선을 향하지 않는다면 비록 충심을 다하더라도 환란이 찾아온다. 그러므로 남을 원망하는 것이 자기를 원망하느니만 못하고 남에게서 구하는 것이 자기에게서 구해 얻느니만 못하다.

명성은 스스로 부르는 것이요, 용모는 스스로 보이는 것이며, 명예는 스스로 부여하는 것이요, 사람들 스스로 자신의 관직을 결정한다. 자기 자신에게서 나오지 않는 것이 없다. 창을 휘두르다 찔리고 칼을 휘두르다 베인다고 해서 어찌 다른 사람을 원망할 수 있겠는가?


○ 군자의 도道는 가깝지만 이를 수 없고, 낮지만 오를 수 없으며, 감당치 못하는 것이 없다. 장구하고도 빛나고, 원대하고도 융성하다. 이를 아는 방법은 다른 사람에게서 구할 수 없다. 이는 자기 자신에게서 얻어야 한다. 자기를 내버려두고 남에게서 구한다면 (군자의 도에서) 멀어질 뿐이다.

군자는 즐거움이 남아돌지만 명성은 부족하다. 소인은 즐거움이 부족하지만 명성은 남아돈다. 남음과 부족함이 벌어지는 간극으로 볼 때 군자와 소인의 차이는 불을 보듯 분명해진다. 입에 물고 있는 것은 반드시 토해내게 되고 내면의 정서는 반드시 밖으로 드러나게 된다. 군자는 의로움(義)을 생각할 뿐, 이익을 생각하지 않는다. 소인은 이익만을 탐낼 뿐, 의로움을 돌아보지 않는다. 공자가 말했다. "다 같이 죽음을 슬퍼해 곡을 하면서도 혹자는 '그대를 내가 어찌 보낸다는 말인가!'라고 하고, 혹자는 '어찌 나를 버리는가!'라고 한다. 슬프기는 마찬가지지만 슬퍼하는 이유는 다르다." 무엇에서 슬픔과 즐거움을 느끼는가 하는 것이 사람의 진정에 미치는 영향은 참으로 깊은 것이다.

### 화禍와 복福은 어디에서 오는가?

○ 의로운 사람은 이익으로 속일 수 없다. 용감한 사람은 두려움으로 겁줄 수 없다. 굶주리고 목마른 자를 빈 그릇으로 속일 수 없는 것과 같다. 사람의 욕심이 많아지면 의로움이 훼손되고, 근심이 많아지면 지혜가 손상되며, 두려움이 많아지면 용기가 사라진다.

○ 방울은 소리를 냄으로 인해 자신을 금 가게 만들고 초는 빛을 발함으로 인해 자신을 녹인다. 호랑이와 표범은 화려한 무늬로 인해 사냥당하고 원숭이는 민첩함으로 인해 포획당한다. 그러므로 자로子路는 용감함으로 인해 죽고 장홍萇

弘은 지략으로 인해 곤경에 빠졌다. 지략을 가지고 알 수는 있어도 지략을 가지고 '알지 못하는 경지(不知)'에는 이를 수 없었던 것이다.

험준한 길을 가는 사람이 반듯한 먹줄 위를 걸어가듯 할 수는 없다. 숲을 빠져나가는 데 곧게 난 길은 없다. 밤길을 가면서 눈이 어두워지면 손으로 앞을 더듬어야 한다. 매사에는 다 저마다 마땅한 바가 있어서 총명함이 쓸모없는 경우가 있다. 사람이 어둑어둑하여 알 수 없는 세상의 이치를 꿰뚫고 밝은 경지로 들어가면 더불어 지극함을 말할 수 있다.

까치는 바람이 부는 방향을 알아 둥지를 짓고 수달은 물의 깊이를 알아 구멍을 판다. 짐새의 수컷은 날이 맑을 것을 알아 울고 짐새의 암컷은 날이 흐릴 것을 알아 운다. 하지만 이런 것을 가지고 사람의 지혜가 새나 짐승에 미치지 못한다고 한다면 그것은 잘못이다. 그러므로 한 가지 재주에만 통하고 한 가지 언사만 생각하는 자와는 단편적인 이야기를 나눌 수 있을 뿐, 더불어 폭넓게 호응할 수 없다.


○ 소리 나는 소리는 백리를 넘지 못하지만 소리 없는 소리는 온 세상에 퍼진다. 이런 이유로 그 공로보다 지위가 과도한 사람은 손상을 입고, 그 실질보다 명성이 과도한 사람은 사회에서 매장당한다. 실정과 행동은 서로 합치하고 명성과

실질은 서로 부합하니 재앙과 복이 그저 아무 연고 없이 찾아오는 것이 아니다.

몸이 악몽에 시달리는 것은 행실이 바르지 않기 때문이다. 나라에 불길한 조짐이 나타나는 것은 정치가 잘못된 까닭이다. 그러므로 고관대작에 부귀영화를 누릴 수 있는 포상이 눈앞에 있더라도 공적 없이 이를 취할 수는 없다. 등 뒤에 시퍼런 칼날 같은 법령이 있더라도 죄 없이 벌을 받지는 않는다. 평소 자신을 바르게 닦은 사람은 도에서 벗어나지 않는다.

군자는 "작은 선행이니 행하기에 부족하다"고 말하지 않는다. 작은 선행이 쌓여 큰 선행이 되기 때문이다. 또한 "작은 악행(不善: 惡)이니 해가 없다"고 말하지도 않는다. 작은 악행이 쌓여 큰 악행이 되기 때문이다. 그러므로 깃털이 쌓여 배를 가라앉히고 가벼운 짐이 모여 수레의 축을 부러뜨린다.

이에 군자는 미세한 것부터 자신을 단속한다. 한번 마음이 흔쾌하다고 바로 선이 이루어지는 것은 아니지만 마음의 흔쾌함이 쌓여 덕이 된다. 한번 한스럽다고 바로 어긋나지는 않지만 한스러움이 쌓여 원한이 된다. 하·은·주 삼대三代에 대한 칭송은 천여 년 동안 쌓인 명예고 걸桀과 주紂에 대한 비방은 천여 년 동안 누적된 오명汚名이다.

○ 오만한 군주에게는 충신이 없고 말 잘하는 사람에게는

믿을 만한 신용이 없다. 한 아름이 되는 큰 나무에는 한 움큼이 안 되는 잔가지가 없고 흔해 빠진 도랑에는 배를 삼킬 정도로 큰 물고기가 살지 않는다. 반대로 나무의 뿌리가 얕으면 가지 끝이 짧고 뿌리가 상하면 가지도 마른다.

복福은 무위無爲에서 생기며 근심은 욕망에서 생긴다. 피해는 예비하지 않은 데서 생기고 잡초는 김매기를 안 해서 생긴다. 성인은 선을 행하되 마치 충분치 못할까 두려워하듯 하며 재앙에 대비하되 마치 화를 면치 못할까 두려워하듯 한다.

하지만 먼지를 뒤집어쓰고도 눈에 티가 들어가지 않기를 바라고 강을 건너면서도 몸을 적시지 않으려고 한다면, 이는 불가능하다. 따라서 자신을 아는 자는 남을 원망하지 않고 천명을 아는 자는 하늘을 원망하지 않는다. 복은 자기 자신에게서 일어나고 재앙도 자기 자신에게서 생긴다.

성인은 명예를 구하지 않고 비방을 피하지도 않는다. 단지 몸을 바르게 하고 행동을 곧게 하므로 모든 사악함이 저절로 사라진다. 하지만 지금 사람들은 정도를 버리고 왜곡된 길을 따르며 옳음을 등지고 대중에 영합하니 이러면 세속과 함께 치달려 정신 내면의 활동에 일정한 기준이 없게 된다. 그러므로 성인은 자신을 되돌아볼 뿐, 세속에 따르지 않는다.

글로 기록되고 형태가 있는 도는 지극한 도가 아니다. 도는 맛을 보아도 무미건조하고 아무리 살펴도 형태가 없으며 다른 사람에게 전할 수도 없다.

약초 가운데 대극大戟은 몸 안의 물을 빼주고 정력葶藶은 몸이 붓는 것을 치유하지만 이를 적절하게 사용하지 못하면 오히려 병이 생긴다. 사물에는 비슷하면서도 다른 것이 많다. 다만 성인만이 그 미묘한 차이를 알 수가 있다.

마차를 잘 모는 사람은 그 말을 잊지 않고 뛰어난 사수는 그 활을 잊지 않으며 잘 다스리는 사람은 그 아랫사람을 잊지 않는다. (아랫사람을) 성심을 다해 사랑하고 이롭게 해줄 수 있다면 천하가 추종하게 될 것이다. 사랑하지 않고 이롭게 해주지도 않는다면 친자식이라도 부모에게 등을 돌린다.

천하에 지극히 귀한 것이 있는데, 권세나 지위 따위가 아니다. 지극한 부유함이 있는데, 금은보화 따위가 아니다. 지극히 긴 수명이 있는데, 천만세를 사는 따위가 아니다. 마음의 근원을 찾고 본성을 되돌리는 것이 곧 귀한 것이다. 정서가 안정하고 만족을 아는 것이 곧 부유함이다. 죽음과 삶의 나뉨을 분명하게 깨닫는 것이 곧 긴 수명이다.

말에 일정한 진실성이 없고 행위에 일정한 타당성이 없는 자는 소인이다. 한 가지 일에 밝고 한 가지 기능에 통달한 자는 중인이다. 모든 것을 포용하여 겸비하고 여러 기능을 두루 헤아려 이를 적재적소에 활용하는 자는 성인이다.

# 제11권 제속훈齊俗訓

**(요략)**

'제속齊俗'은 만물의 길고 짧음을 한결같게 보고, 서로 다른 민족의 풍속을 동등하게 대하며, 고금의 무수한 담론에 두루 통하고, 만물의 이치에 관통하며, 적절한 예의를 따져 정하고, 인간사의 순서를 확정하기 위한 내용이다.

## 세속이 타락한 이유

○ 본성을 따라 행동하는 것을 '도道'라고 하고 천성을 체득하는 것을 '덕德'이라고 한다. 사람들은 본성을 잃은 뒤에 인仁을 귀하게 여기고 도를 잃은 뒤에 의義를 귀하게 여겼다. 그러므로 인의가 확립되자 도덕이 떠나갔고, 예악禮樂으로

치장하자 순박함이 사라졌으며 시비(是非: 옳고 그름)의 관념이 형성되자 백성들이 현혹되었고, 주옥(珠玉: 구슬과 옥 같은 보배)을 귀중하게 여기자 천하가 이를 위해 싸우게 되었다. 무릇 이 네 가지(仁義·禮樂·是非·珠玉)는 타락한 세상이 빚어낸 것으로 말세에 사용하는 것들이다.

본디 예는 신분의 존비귀천尊卑貴賤을 구분하고자 한 것이다. 의는 군신·부자·형제·부부·친구의 관계를 화합하고자 한 것이다.

그런데 지금 세상 사람들이 예를 행한다는 것은 겉으로 공경하는 체하면서 실은 해치는 것이고 의를 행한다는 것은 재물을 베풀며 덕스러운 체하는 것이다. 군신이 서로 비방하고 골육 사이에 원한이 생기니, 이는 곧 예와 의의 근본을 잃어버린 것이다. 그리하여 잔머리로 책략을 짜내고 서로 과다하게 질책하게 되었다.

대저 물이 많으면 서로 먹고 먹히는 물고기가 생기고 흙이 많으면 구멍을 파는 짐승이 생긴다. (마찬가지로) 지나치게 예의를 중시하면 위선적인 유학자들이 생겨나기 마련이다. 무릇 재를 불면서 눈에 티가 들어가지 않기를 바라고 물에 들어가면서 젖지 않기를 바란다면, 이는 불가능한 일이다.


○ 옛날에는 백성들이 어린아이처럼 순진무구해서 동서東

西의 구별조차 몰랐다. 외모에 마음이 나타나 꾸밈이 없었고, 말은 행동과 같아 거짓이 없었으며, 의복은 흰 바탕 그대로여서 무늬가 없었고, 무기는 무딘 채여서 날이 서 있지 않았으며, 노래는 즐거움을 드러낼 뿐이어서 기교가 없었고, 곡소리는 애통함을 드러낼 뿐이어서 억지로 내는 소리가 없었다. 우물을 파서 물을 마시고 논밭을 갈아서 먹을 뿐, 맛을 내는 조미료가 없었고 또한 이를 구하지도 않았다. 친척은 서로 비방하지도 칭찬하지도 않았고, 친구는 서로 원한을 사지도 덕을 베풀지도 않았다.

그런데 예의가 생기고 재화를 귀하게 여기게 되자 사기와 거짓이 싹트고 비난과 칭송이 서로 분분하며 원한과 덕행을 아울러 행하게 되었다. 이때부터 증삼曾參과 효기孝己 같은 인물의 미덕이 일어나고 도척盜跖과 장교莊蹻 같은 자의 악행이 생겨났다. 용의 무늬를 새긴 깃발을 단 천자의 마차, 예복을 차린 사람들이 탄 화려한 장식의 마차, 기병을 거느린 사두마차가 대로를 달리면 반드시 쪽문을 부수고 자물쇠를 비틀며 묘지를 파헤치고 담장을 넘는 도적이 나타난다. 기괴한 무늬와 화려한 수를 놓은 옷, 하늘하늘하게 고운 비단옷이 있으면 반드시 짝조차 틀리는 짚신, 가랑이가 짝짝인 넝마옷도 있게 마련이다. 그러므로 "높고 낮은 것이 서로 의지하고 길고 짧은 것이 상대를 형성한다"(『노자』제2장)는 것이 또한 분명하다.

　대저 두꺼비가 메추라기가 되고 물속에 사는 벌레가 잠자리로 화하는 것은 동류가 아닌 것에서 생긴 변화다. 오직 성인만이 그 변화의 이치를 안다. 무릇 북방의 호胡 지역 사람은 삼씨를 보더라도 그것으로 삼베를 만들 수 있음을 모르고 남방의 월越 지역 사람은 짐승의 솜털을 보더라도 그것으로 모직물을 만들 수 있음을 모른다. 그러므로 만물에 통달하지 못한 사람과는 사물의 변화를 더불어 이야기하기 어렵다.

## 차이를 인정하라

　ㅇ 크고 넓은 집, 겹겹의 문이 이어져 통하는 방은 사람이 편히 거주하는 곳이다. 그러나 새가 그리로 들어가면 근심에 휩싸인다. 높고 험준한 산과 깊고 무성한 삼림은 호랑이와 표범 같은 짐승이 즐기는 장소다. 그러나 사람이 그리로 들어가면 두려움에 전전긍긍한다. 하천과 계곡의 원류, 깊이를 알 수 없는 호수는 자라와 거북이 편안해 하는 장소이다. 그러나 사람이 그리로 들어가면 익사한다. 함지咸池·승운承雲·구소九韶·육영六英 같은 음악은 사람이 즐기는 바다. 그러나 새와 짐승이 이 소리를 들으면 놀라 달아난다. 깊은 계곡의 가파른 절벽, 거목의 긴 가지는 원숭이가 즐기는 거처다. 그러나 사람이 이리로 올라가면 두려워 벌벌 떤다.

이처럼 사물은 형체가 다르고 성질 또한 다르다. 이에 한편에서 즐거움의 원인이 되는 것이 다른 한편에서는 슬픔의 원인이 된다. 한편에서 안전함을 제공하는 것이 다른 한편에서는 위험을 초래하는 것이 된다. 이에 하늘이 덮고 땅이 실으며 햇빛과 달빛이 번갈아 만물을 비추는 것은 각자 그 천성을 향유하고 그 거처에 안주하며 그 적절한 삶에 적응하고 그 재능을 발휘하도록 한다.

그러므로 어리석은 자에게도 장점이 있고 지혜로운 자에게도 부족함이 있다. 기둥으로는 이를 쑤실 수 없고 작은 비녀로는 지붕을 받칠 수 없다. 말은 무거운 짐을 감당하지 못하고 소는 빠르게 속도를 낼 수 없다. 아연으로는 칼을 만들 수 없고 동으로는 쇠뇌를 만들지 못한다. 쇠로는 배를 만들 수 없고 나무로는 솥을 만들 수 없다. 즉 사물을 각각 그 적당한 곳에 쓰고 적재적소에 배치하면 만물이 하나로 가지런해져 서로 과소평가할 이유가 없다.

무릇 맑은 거울은 사물의 형체를 비추는 데 편리하지만 먹을 것을 담는 데는 광주리만 못하다. 털이 고르고 순수한 소는 종묘의 희생으로 적합하지만 기우제에 바치는 것으로는 검은 뱀만 못하다. 이를 통해 볼 때 만물에는 귀하거나 천함이 없다. 그 귀한 바에 따라 귀히 여기면 사물에는 귀하지 않은 것이 없다. 그 천한 바에 따라 천히 여기면 사물은 천하지 않은 것이 없다.

## 마음을 비우고 사물의 진정眞情을 파악하라

ㅇ 무릇 슬픔에 잠긴 사람은 흥겨운 가락을 들어도 눈물이 나고 즐거움에 빠진 사람은 곡하는 사람을 보아도 웃음이 나온다. 즐길 수 있는 것에 슬퍼하고 슬퍼야 하는 데서 웃음이 나오는 것은 감정이 그렇게 시키는 것이다.

그러므로 마음은 '비움(虛)'이 귀하다. 물이 부딪쳐 흐르면 파도가 일고 기氣가 산란하면 지혜가 혼미해진다. 지혜가 혼미하면 정치를 제대로 할 수 없고 파도치는 물에서는 평정을 유지할 수 없다. 이에 성스러운 임금은 '하나(一)'를 잡아 잃지 않으니 만물의 실정이 다 파악되고 나라 안팎이 모두 그에게 복종한다. '하나'는 지극히 귀하여 천하에 대적할 것이 없다. 성인이 천하무적인 것에 자신을 맡기니 백성의 목숨이 그에게 달려 있다.

인仁을 행하는 자는 반드시 슬픔과 즐거움을 근거로 이를 논한다. 의義를 행하는 자는 반드시 주고받는 것을 근거로 이를 설명한다. 하지만 눈으로 볼 수 있는 범위가 고작 10리를 넘지 못하는데 (인仁을 행하여) 천하 만백성의 슬픔과 즐거움을 두루 살피기를 바란다면 아무리 어질어도 도저히 베풀 수 없다. 천하의 재물을 다 맡아가지고 있는 것도 아닌데 (의義를 행하여) 만민의 이익을 두루 넉넉하게 하고자 한다면 아무리 재물이 많아도 부족하다.

또한 희노애락喜怒哀樂은 마음에 어떤 감회가 있어 자연스럽게 일어나는 것이다. 그러므로 곡소리가 입에서 나오고 눈물이 눈에서 나오는 것도 모두 마음속에서 감정이 북받쳐 밖으로 드러나는 것이다. 비유하자면 물이 아래로 흐르고 연기가 위로 피어오르는 것과 같으니 대체 누군가 이렇게 되도록 한 자가 있기나 한 것인가? 그러므로 억지로 곡을 하는 자는 비록 괴로워 보이더라도 슬프지 않고 억지로 친해보려는 자는 비록 웃더라도 마음으로 화합하지는 않는다. 하지만 정감이 마음속에서 일어나면 소리는 밖에서 호응한다.

## 어디든 그 곳의 풍속을 존중하라

○ 공서화公西華는 친구를 대하듯이 부모를 봉양했고 증삼曾參은 지엄한 군주를 섬기듯 부모를 봉양했지만, 이는 부모를 봉양한 점에서 매한가지이다. 호인胡人은 해골에 술을 따르고, 월인越人은 팔뚝에 문신을 새겨 피를 내고, 중국에서는 희생의 피를 마신다. 그 방법은 각기 다르지만 신의를 맹세한다는 점에서 마찬가지이다. 삼묘三苗는 머리에 상투를 틀고, 강인羌人은 옷깃을 묶으며, 중국에서는 관冠과 비녀를 꽂고, 월인越人은 귀밑털을 자르는데, 이는 몸을 꾸민다는 점

에서 마찬가지다. 옛 황제인 전욱顓頊의 법으로는 부인이 노상에서 남자를 피해 지나가지 않으면 네거리에서 추방했는데, 지금의 도읍에서는 남녀가 길거리에서 다리와 어깨를 스치며 지나간다. 하지만 이는 모두 풍속이라는 점에서 매한가지이다.

사방 이민족(四夷)의 예법이 서로 다르지만 모두 그 군주를 받들고 그 부모를 친애하며 그 형을 존경한다. 북방 이민족(獫狁: 匈奴)의 풍속은 상반되지만 모두 그 자식을 사랑하고 그 군주에게 근엄하다. 대저 새들이 열을 지어 날고 짐승이 무리지어 사는 것을 누가 가르쳤겠는가?

노魯나라는 유학의 예법에 따르고 공자의 정치를 시행했으나 국토가 줄고 명성이 떨어져 가까운 나라와 친할 수도, 먼 나라를 회유할 수도 없었다. 월越나라의 왕 구천勾踐은 머리를 자르고 문신을 하며 고급스러운 관이나 화려하게 장식한 예복을 입지 않았다. 그렇지만 오호五湖에서 부차夫差에게 승리하여 군주의 자리를 지키고 천하를 제패하니 공자의 가르침을 받은 12국가의 제후들이 여러 부족을 이끌고 와서 모두 조회했다.

호胡·맥貉·흉노匈奴의 나라에서는 머리를 길게 늘어뜨리고 기마자세로 앉으며 혀말린 소리로 말한다. 그런데도 나라가 망하지 않으니 반드시 예가 없는 것은 아니다.

초楚나라의 장왕莊王은 소매가 넓은 옷에 헐렁헐렁한 윗옷을 걸치고 천하를 호령해 마침내 제후들의 패자霸者가 되었다. 진晉나라 문공文公은 허름한 윗옷에 양가죽 옷을 걸치고 가죽 허리띠에 칼을 찼어도 그 위엄이 나라 안에 확립되었다. 어찌 노나라 (유학儒學의) 예법만을 예라고 할 수 있겠는가?

그러므로 그 나라에 들어와서는 그 나라의 풍속에 따르고 남의 집에 들어가서는 그 집에서 꺼리는 바를 피해야 한다. 금하는 것을 범하지 않고 들어가며 꺼리는 것을 거스르지 않고 나아간다면, 비록 이민족 지역이나 옷 없이 사는 나라에 가며 수레바퀴 자국을 먼 지역까지 내더라도 결코 곤경에 빠지는 일이 없을 것이다.

## 도의 관점에서 보면 절대적 규범이란 없다

○ '밝음(明)'이란 다른 것을 잘 보는 것을 이르지 않고 자기 자신을 잘 보는 것을 가리킨다. '귀 밝음(聰)'이란 다른 소리를 잘 듣는 것을 이르지 않고 자기 내면의 소리를 잘 듣는 것을 가리킨다. '통달함(達)'이란 다른 것을 잘 아는 것을 이르지 않고 자기 자신을 잘 아는 것을 가리킨다. 몸이야말로 도道가 머무는 곳이니 몸을 체득하면 도를 얻을 수 있다.

도를 얻어 이로써 보면 눈이 밝고, 이로써 들으면 귀가 밝고, 이로써 말하면 공평하고, 이로써 행하면 만물이 순종한다. 그러므로 성인이 사물을 재단하는 것은 마치 숙련한 목수가 나무를 깎고 뚫어 문장부(枘)를 만들며 주방장이 고기를 끊고 잘라 나누는 것 같으니, 굴곡진 것이 반듯해지고 부러지거나 상하지 않는다. 하지만 서투른 목수는 그렇게 하지 못한다. 문장부가 너무 커서 들어가지 않거나 너무 작아서 들어맞지 않는다. 마음이 동요하면서 손기교만 부리니 만드는 물건이 갈수록 추해질 뿐이다.

대저 성인은 만물을 다듬고 쪼개고 가르고 떼고 흩어내는 것을 자유자재로 하면서도 다시 이를 하나로 헤아린다. 그 근원을 떠났다가도 다시 그 문으로 되돌아온다. 새기고 다듬었다가도 다시 소박함으로 되돌아온다. 천지만물과 합하여 도덕을 이루고 분리되면 만물의 표준이 된다. 그가 몸을 돌리면 만물의 근원(玄冥)으로 들어가고 그의 정신이 흩어지면 형체 없는 도에 응한다.

예의범절로 어찌 지극한 정치의 본질을 규명할 수 있겠는가? 세상의 현명하다는 자들이 도덕의 근본을 떠나 "예의로 충분히 천하를 다스릴 수 있다"고 말한다. 이들과는 정치를 함께 논할 수가 없다.

이른바 '예의'란 옛 제왕들의 법령과 풍속으로, 한 시대의 흔적에 지나지 않는다. 비유하자면 짚으로 만든 개나 흙으로 빚은 용을 제사용으로 처음 만들 때는 청실홍실로 무늬를 꾸미고 고운 수를 놓으며 붉은 비단실로 꿰맨다. 그리고 시축이 검은 제복祭服을 입고 대부가 면류관을 단정히 쓰고 이들 제물을 받들어 모신다. 하지만 이를 이미 사용한 뒤라면 그것은 한갓 흙덩어리와 짚덩어리에 지나지 않는다. 대체 누가 이를 귀하게 여길 것인가?

그러므로 순舜임금 때 유묘有苗가 복종하지 않자 순임금은 정치를 바르게 하고 전쟁을 중단했으며 방패와 도끼를 들고 추는 춤인 간척무干戚舞를 추었다. 우禹임금 때 천하에 홍수가 나자 우임금은 백성들에게 명하여 제방을 쌓고 땔나무를 쌓아올리며 구릉을 골라 살게 하였다.

무왕武王이 주왕紂王을 토벌하면서 아버지文王의 시체를 싣고 출전했다. 국가가 안정하지 않았기 때문이다. 그리하여 3년의 상喪을 받들지 않게 되었다. 우임금이 처음 홍수의 재해를 만났을 때 제방 축조에 매달려야 했으므로, 아침에 죽은 사람을 저녁에 매장했다. 이는 모두 성인이 그때그때의 형편에 따라 알맞게 일을 처리하여 형세를 보고 올바르게 대처한 것이다.

지금 사람들은 간척무干戚舞를 익히며 가래를 들고 일하는 것을 비웃고 삼년상만을 알아 당일에 장사지내는 것을 비난한다. 하지만 이는 소를 기준으로 말을 비하하고 치(徵)의 음률을 기준으로 우羽의 음률을 비웃는 것과 같다. 이처럼 변화에 대응하는 것은 현악기의 줄 하나만을 뜯으며 극하棘下처럼 절묘한 악곡을 연주하라는 것과 다를 바 없다.

○ 질박한 우주는 지극히 커서 형체가 없다. 도道는 지극히 오묘하여 수량을 헤아릴 수 없다. 그러므로 하늘의 둥글기는 컴퍼스로 잴 수 없고 땅의 모서리는 곱자로 잴 수 없다. 예로부터 지금까지 시간을 '주宙'라고 하고 사방상하의 공간을 '우宇'라고 한다. 도道는 그 사이에 있지만 그 위치를 알 수는 없다. 그러므로 그 식견이 좁은 사람과 함께 큰 것을 이야기할 수 없고 그 지혜가 협소한 사람과 함께 지극한 것을 논할 수 없다.

옛날에 풍이馮夷는 도를 체득하여 큰 강 밑으로 잠수했고, 겸차鉗且는 도를 체득하여 곤륜산에 머물렀으며, 편작扁鵲은 도로써 병을 고쳤고, 조보(造父)는 도로써 말을 몰았으며, 예羿는 도로써 활을 쏘았고, 수倕는 도로써 나무를 자르고 깎았다. 행한 바는 각각 달랐지만 모두 도를 얻었다.

무릇 도를 체득하여 만물에 통달한 사람들은 서로 비난하지 않는다. 비유하자면 한 저수지에서 밭에 물을 대면 그 물을 고르게 받아들이는 것과 같다. 지금 소를 잡아서 그 고기를 요리하는 경우에 어떤 사람은 시게 만들어 먹고 어떤 사람은 달게 만들어 먹는다. 볶기도 하고 굽기도 하는 등 맛을 내는 방법은 수만 가지이지만 그 근본은 한 마리 소의 몸이다. 여러 종류의 녹나무를 베어다가 가공하여 어떤 사람은 관을 만들고 어떤 사람은 기둥과 들보를 만든다. 가로로 절단하거나 결을 따라 깎는 등 가공하는 방법은 수만 가지이지만 그 근본은 한 그루 나무의 질박함이다.

그러므로 백가百家의 말은 취지가 상반되지만 그것이 도에 합치하는 것은 한가지다. 비유하자면 현악기·목관악기·금관악기·돌로 만든 악기 등을 합주하는 것과 같다. 그 악기의 유파는 다르지만 음악의 근본에서 벗어나지는 않는다. 백락伯樂·한풍寒風·진아秦牙·관청管靑 등이 서로 말을 다루는 기술이 각자 달랐지만 그들이 말을 잘 안 것은 한가지다.

따라서 옛 제왕들의 법령은 달랐지만 그들이 민심을 얻은 것은 마찬가지였다. 이에 은殷나라의 탕湯 임금은 하夏나라를 정복하고 그곳의 법을 사용했으며 주周나라의 무왕武王은 은나라를 정복하고 그곳의 예를 사용했다. 이것이 걸桀과 주紂와 같은 폭군이 망한 이유고 탕왕과 무왕이 천하를 다스리게 된 이유다.

# 제12권 도응훈道應訓

**(요략)**

　'도응道應'은 성공한 일의 사적을 가려 추리고 옛 일의 자취를 돌이켜 보며 화복이해禍福利害의 반전을 관찰하되 노장老莊사상에 비춰 득실의 추세에 부합하는 내용이다.

## 아는 것이 모르는 것이고, 모르는 것이 아는 것이다[*]

　○ 태청太淸이 무궁無窮에게 물었다. "선생께서는 도道를 아십니까?"

　무궁이 대답했다. "나는 알지 못하오."

　이번에는 무위無爲에게 물었다. "선생께서는 도를 아십니

---

[*] 이 내용은『장자』「지북유知北遊」 편에서 인용한 것이다.

까?"

무위가 대답했다. "나는 도를 아오."

그러자 태청이 물었다. "선생께서 도를 알게 된 데는 어떤 비결이 있습니까?"

무위가 대답했다. "내가 도를 아는 데는 비결이 있지."

태청이 말했다. "그 비결이 대체 무엇입니까?"

무위가 대답했다. "나는 도道가 약하기도 하고 강하기도 하며, 부드럽기도 하고 강하기도 하며, 음陰하기도 하고 양陽하기도 하며, 어둡기도 하고 밝기도 하며, 천지를 포용하기도 하고 조짐을 알 수 없는 미세한 변화에 응대하기도 한다는 것을 알고 있지. 이것이 내가 도를 아는 비결이라오."

태청이 다시 무시無始에게 물었다. (중략) "무위의 앎과 무궁의 모름 가운데 어느 것이 맞고 어느 것이 틀린 것입니까?"

무시가 대답했다. "도를 모른다는 것이 깊고 도를 안다는 것은 천박하네. 모른다는 것은 내면부터 하는 통찰이지만, 안다는 것은 외면의 고찰에 불과하지. 모른다는 것이 정교한 깨달음이라면 안다는 것은 듬성듬성한 파편적 인식에 지나지 않지."

태청이 하늘을 우러르며 탄식하여 말했다. "그렇다면 모르는 것이 실은 아는 것이고 아는 것이 실은 모르는 것이란 말인가! 앎이 곧 모름이고 모름이 곧 앎이라는 것을 대체 누가 깨달을 수 있단 말인가?"

무시가 말했다. "도는 귀로 들을 수 없으니 들리는 것은 도가 아니다. 도는 눈으로 볼 수 없으니 보이는 것은 도가 아니다. 도는 말로 전할 수 없으니 말할 수 있는 것은 도가 아니다. 사물에 형체를 부여하는 것이 형체 없는 것임을 누가 알겠는가? 따라서 노자는 이렇게 말했다. '세상 사람들 모두 선善이 선임을 안다고 하지만, 이는 선이 아니다. 그러므로 아는 사람은 말하지 않고 말하는 사람은 모르는 것이다'(『노자』 제2장, 제56장)"

## 잘못을 책임지는 자가 진정한 주인이다

○ 진晉나라가 초楚나라를 침공해 3일을 진격하고도 멈추지 않았다. 초나라 대부들이 진나라에 반격할 것을 청하자 장왕莊王이 말했다. "선왕 때에 진나라가 우리 초나라를 친 적이 없었소. 그런데 과인에 이르러 진나라가 초나라를 치니, 이는 과인의 잘못이오. 이 얼마나 욕된 일인가!"

그러자 여러 대부들이 아뢰었다. "신들의 조상 때에 진나라가 우리 초나라를 친 적이 없었습니다. 그런데 지금 신들에 이르러 진나라가 초나라를 치는 것은 신들의 죄입니다. 어서 진나라에 반격을 가하도록 윤허해 주십시오." 장왕은 고개를 숙이고 눈물로 옷깃을 적시며 일어나 여러 대부들에게 절을 했다.

진나라 사람들이 이 소식을 듣고 말했다. "군주와 신하가 다투어 서로 자기에게 잘못이 있다고 하며, 또한 군주가 신하들에게 머리 굽히기를 어려워하지 않으니 초나라는 도저히 정벌할 수 없다." 그리고는 한밤중에 군대를 물려 돌아갔다.

그러므로 노자가 말했다. "나라의 치욕을 떠맡는 자, 그를 사직의 주인이라고 한다."(『노자』 제78장)

## 귀함은 낮음에서 비롯된다

○ 고구장인(狐丘丈人)이 손숙오(孫叔敖)에게 말했다. "사람에게는 세 가지의 원망이 있는데 그대는 그것을 알고 있는가?"

손숙오가 말했다. "무엇을 말합니까?"

고구장인이 대답했다. "작위가 높은 자는 선비들이 질투하고, 관직이 큰 자는 군주가 미워하고, 봉록이 후한 자는 도처에서 원망하게 되오."

이에 손숙오가 말했다. "내 작위가 높아질수록 내 뜻을 더욱 낮게 두고, 내 관직이 커질수록 내 사심을 더욱 줄이며, 내 봉록이 후해질수록 내가 남들에게 더 많이 베풀겠습니다. 이렇게 하면 그 세 가지 원망에서 벗어날 수 있겠습니까?"

그러므로 노자가 말했다. "귀한 것은 반드시 천한 것을 근본으로 하고 높은 것은 반드시 낮은 것을 기반으로 한다."

(『노자』제39장)

# 제13권 범론훈氾論訓

**(요략)**

　'범론氾論'은 바늘로 뜯어진 솔기를 봉합하고 보철로 이빨 사이를 메우기 위한 내용이다. 지름길을 통해 굽은 길을 바로 질러가고 본연의 질박함에서 추론해 이해득실의 변화와 반전을 예견하니, 사람들로 하여금 망령되이 세력과 이로움에 매몰되지 않고, 일순간의 사태에 유혹당하지 않으며, 자연 질서에 부합하고 시세변화에 부응하여 만물의 변화와 더불어 움직이기 위한 것이다.

## 관습과 제도는 시대에 따라 변한다

　○ 불변의 규정은 따르기 어렵고 틀이 고정된 기계에 사물

을 맞출 수는 없다. 마찬가지로 옛 왕(先王)의 법도라도 바뀌고 변하는 것이 있다.

옛날의 제도를 보면 혼례에는 당사자가 관여하지 않았다. 그렇다면 순舜임금이 부모에게 고하지 않고 아내를 맞은 것은 예禮에 어긋나는 것이다. 장남을 후사로 삼는 것이 법도인데, 문왕文王이 장남인 백읍고伯邑考를 제치고 차남인 무왕에게 왕위를 물려준 것도 제도에 어긋나는 일이다. 『예기禮記』에서 "남자는 30세에 아내를 들인다"고 규정하는바, 문왕이 15세에 무왕을 낳은 것 역시 법도에 어긋나는 일이다.

장례를 치를 때 하후씨夏后氏 부족은 동쪽 계단 위에 시신을 안치하고, 은나라 사람들은 두 기둥 사이에 시신을 안치하고, 주나라 사람들은 서쪽 계단 위에 시신을 안치했다. 이는 상례가 한결같지 않은 사례다. 유우씨有虞氏 부족은 흙으로 빚은 관을 사용했고, 하후씨는 벽돌을 구워 관으로 사용했으며, 은나라 사람들은 관을 담는 곽槨을 사용했고, 주나라 사람들은 관에 깃털장식을 하였다. 이는 매장하는 관습이 한결같지 않은 사례다. 하후씨는 한밤중에 제사를 지내고, 은나라 사람들은 한낮에 제사를 지내고, 주나라 사람들은 해 뜰 무렵에 제사를 지내 조회를 열었다. 이는 제사지내는 법도가 한결같지 않은 사례다. 요堯의 음악은 대장大章, 순舜의 음악은 구소九韶, 하나라 우禹왕의 음악은 대하大夏, 은나라 탕湯왕의 음악은 대호大濩, 주나라의 음악은 무상武象이었다. 이는 조정에서 연주하는 음악이 한결같지 않은 사례다.

이처럼 옛날 다섯 제왕(五帝)들의 도道가 서로 달랐지만 그 덕은 천하를 덮었고, 세 왕(三王)들이 서로 다른 일에 주력했지만 그 명성은 후세에 미쳤다. 이는 모두 시대의 변화에 따라 예악을 제정했기 때문이다. 비유하자면 사광師曠처럼 뛰어난 연주자가 악기의 줄을 타면 위아래로 손 놀리는 위치를 정확히 재는 척도가 없이도 언제나 음률이 들어맞는 것과 같다. 따라서 예악의 진수에 통한 사람이 능수능란한 소리를 내는 데는 근본이 있으니 내면에 충실한 상태에서 도구를 다루는 방법을 아는 것이다.

노魯나라 소공昭公은 어릴 때 그를 키워준 유모를 사랑했는데 유모가 죽자 유모를 위해 상복을 입었다. 이로부터 유모가 죽으면 상복을 입는 관습이 생겨났다. 양후陽候는 연회에 참석한 요후蓼候를 죽이고 그 부인을 빼앗았다. 이때부터 큰 연회에 부인이 동석하는 예법이 사라졌다. 비록 옛 임금의 제도라도 적합하지 않으면 폐지되고 후세의 일이라도 좋으면 장려된다. 이처럼 예악은 본래 영원하지 않다. 그러므로 성인聖人은 예악을 제정하지만 예악에 제약받지 않는다.

나라를 다스리는 데는 불변의 원칙이 있으니 백성의 이익을 근본으로 삼는다. 통치에는 한결같은 기준이 있으니 명령이 행해지는 것을 으뜸으로 삼는다. 따라서 진실로 백성에게 이롭다면 반드시 옛 것을 본받을 필요가 없고, 진실로 사리에 맞는다면 반드시 구태를 따를 필요가 없다. 대저 하夏나라와 상商나라가 쇠락할 때는 법을 바꾸지 않았지만 멸망했다. 반면 하나라와 상나라 그리고 주나라의 삼대三代가 흥기할 때는 앞 시대를 계승하지 않고도 왕업을 이루었다.

그러므로 성인聖人의 법도는 시대와 더불어 변하고 예禮는 풍속과 더불어 변한다. 의복이나 기계는 그 쓰임을 편리하게 하면 되고, 법도와 제도와 명령 등은 각각 그 시의적절함에 따르면 된다. 그러므로 옛 것을 바꾸는 것을 비난할 수 없고 풍속을 따르는 것에 인색할 수도 없다.

## 고루한 지식인의 허위를 경계하다

○ 무릇 은나라에 와서 하나라의 문물제도가 변했으며, 주나라에 와서 은나라의 것이 변했고, 춘추시기에 와서 주나라의 것이 변했다. 하·은·주 세 시대의 문물제도가 같지 않은데 옛 것 가운데 어떤 것을 따르겠는가? 선생이 만들면 제자는 이를 따라야만 하는가? 법치의 유래를 안다면 시대에 따라 (법을) 바꾸게 할 수 있지만 법치의 근원을 모르면 옛 법을 따르더라도 끝내 혼란해지고 만다.

지금 법전은 시대와 함께 변하고 예의는 풍속과 너불어 바뛰는데 학문을 한다는 자들이 과거의 학업을 답습하고 전적에 의지해 옛 가르침만을 고수하며, 그것이 아니면 세상이 다스려지지 않는다고 여긴다. 그러나 이는 마치 네모난 자루를 둥근 구멍에 맞추려는 것과 같아서 잘 맞춰 고정하려고 하지만 결코 이루기 어렵다.

지금 유가나 묵가의 지식인들은 하·은·주 삼대三代와 문왕·무왕을 칭송하면서도 그 법도를 실행하지는 않는다. 이는 자신도 행하지 않을 것을 지껄이는 데 불과하다. 지금의 세상을 비난하면서도 고치려 들지 않으니, 이는 자신이 비난하는 행동을 하는 데 불과하다. 입으로는 자신이 옳다고 여기는 것을 칭송하면서도 정작 행동은 자신이 비난하는 짓을 하고 있다. 그러므로 하루 종일 극진히 생각해도 세상을 다스리는 데 전혀 도움이 안 되고 몸과 마음을 혹사하며 학문을 해도 군주에게 아무런 보탬이 되지 않는다.

무릇 그림쟁이가 귀신과 도깨비 따위를 즐겨 그리면서도 개와 말 따위를 그리기 싫어하는 것은 무엇 때문이겠는가? 귀신과 도깨비는 세상에 나타나지 않지만 개나 말은 매일 볼 수 있기 때문이다. 무릇 위기 앞에서 세상을 보존하고 혼란을 다스리는 것은 지혜로운 자가 아니라면 할 수 없는 일이다. 그러나 지난 일을 따르고 옛 것을 칭송하는 따위는 어리석은 자라도 충분히 할 수 있다. 그러므로 쓸모없는 법은 성왕聖王

이 행하지 않았고 실효가 없는 말은 성왕이 귀를 기울이지 않았다.

## 화기和氣를 말하다

○ 천지의 기氣 가운데 화기和氣보다 큰 것이 없다. '화和'란 음양이 조화하고 낮과 밤이 나뉘어 만물을 낳는 것을 말한다. 만물이 춘분春分에 태어나 추분秋分에 성숙하니 만물을 낳고 성숙시키는 것은 반드시 화和의 정기精氣를 얻어야만 한다.

그러므로 성인의 도는 관대하면서도 추상같고, 엄격하면서도 온화하고, 유약하면서도 강직하고, 용맹하면서도 인자하다. 지나치게 강직하면 부러지고 지나치게 유약하면 휘말린다. 성인은 바야흐로 강직함과 유약함의 사이에 머물며 도의 근본을 얻는다. 음기가 지나치게 쌓이면 침체되고, 양기가 지나치게 쌓이면 가벼워진다. 음기와 양기가 서로 만나 어울려야 화기和氣가 이루어진다.

## 흥망의 원인을 말하다

○ 지금 강자만이 이긴다고 하면 사람들은 곧 영토의 넓이와 백성의 수를 헤아릴 것이다. 부자만이 이익을 얻는다고 하면 사람들은 곡식과 금은보화의 양을 계산할 것이다. 만약 이

와 같다면 천 대의 수레를 가진 군주로 패왕霸王이 되지 못하는 자가 없고, 만 대의 수레를 가지고 멸망하는 나라가 없을 것이다. 흥망의 길을 이처럼 쉽게 알 수 있다면 아무리 어리석은 사람이라도 누구나 이를 논할 수 있을 것이다.

그러나 조양자趙襄子는 진양晉陽의 조그만 도성으로도 패자가 되었으며, 지백智伯은 삼진三晉의 넓은 땅을 가지고도 붙잡혀 죽음을 당했다. 민왕(湣王)은 대국인 제齊나라를 다스렸지만 멸망했고 전단田單은 즉묵卽墨의 전투에서 연나라를 이겨 제나라를 부흥시키는 공을 세웠다. 그러므로 나라가 망할 때에는 비록 나라가 크더라도 이를 믿을 수 없고, 도를 실행할 때에는 비록 나라가 작더라도 이를 가볍게 볼 수 없다. 이로써 볼 때, 나라를 보존하는 길은 도를 얻는 데 있지 그 크기가 큰 데 있지 않다. 나라가 망하는 원인은 도를 잃는 데 있지 그 크기가 작은 데 있지 않다.

『시경詩經』에 "서쪽 땅을 돌아보고 이를 내 집으로 삼았다"고 하는 것은 천명이 은나라를 떠나 주나라로 옮겨간 것을 말하는 것이다. 그러므로 나라를 어지럽히는 군주는 그 영토를 확장하려고만 할 뿐 인의仁義에 힘쓰지 않고 그 지위를 높이려고만 할 뿐 도덕에 힘쓰지 않는다. 이는 나라를 보존하는 도를 버리고 나라를 망하게 하는 방도를 취하는 것이다.

따라서 하나라의 걸왕桀王은 초문焦門에 갇혀서도 자기가

한 일의 잘못을 깨닫지 못하고, 오히려 탕왕湯王을 하대夏臺에서 죽이지 않았던 일을 후회했다. 은나라의 주왕紂王은 궁궐 방 안에 갇혀서도 자신의 과오를 반성하지 않고, 도리어 문왕文王을 유리羑里에서 죽이지 않았던 일을 후회했다. 이 두 군주가 강력한 지위에 있을 때 인의의 도를 닦았더라면 탕왕과 무왕이 죄를 모면하기조차 어려웠을 텐데 하물며 감히 그들에게 대적할 꿈인들 꾸었겠는가? 무릇 위로 해와 달과 별의 빛을 어지럽히고 아래로는 백성들의 마음을 잃었으니 비록 탕왕이나 무왕이 아니었더라도 누군들 나라를 빼앗지 못했겠는가?

지금 자신에게 있는 것을 돌아보지 않고 도리어 남을 대비하려 하나, 천하에는 단 한 명의 탕왕이나 무왕만 있는 것이 아니다. 한 사람을 죽인다고 해도 반드시 그 뒤를 잇는 자가 생겨날 것이다. 탕왕과 무왕이 약소하면서도 왕이 될 수 있었던 원인은 도가 있었기 때문이다. 걸왕과 주왕이 강대하면서도 나라를 빼앗긴 원인은 도가 없었기 때문이다. 지금 왕이 될 수 있는 방도를 행하지 않고 반대로 자기가 나라를 빼앗길 원인을 거듭 쌓아 나간다면 이야말로 멸망으로 치닫는 길이다.

무왕이 은나라를 정복하고 궁전을 오행산五行山에 짓고자 하자 주공周公이 이렇게 말했다. "안됩니다. 무릇 오행산은 견고한 요새로 험준한 땅입니다. 우리의 덕이 세상을 덮게 되면 공물을 바치려는 이들이 멀리 돌아와야 할 것이고 만약 우리가 폭정을 행한다면 천하가 우리를 치기도 어려울 것입니다." 이것이 주나라가 36대에 걸쳐 망하지 않았던 이유다. 주공이야말로 원만함을 지킬 수 있었던 인물이라고 말할 수 있다.

## 선행은 쉽고 악행은 어렵다

○ 천하에 선행보다 쉬운 일이 없고 악행보다 어려운 일이 없다. 이른바 선행이란 청정하게 무위無爲하는 것이다. 이른바 악행이란 조급하게 욕심을 많이 부리는 것이다.

자기의 정서에 맞는 것 이외의 나머지를 사양하고 사물에 유혹당하는 바가 없으며 본성에 따라 참됨을 보존하여 자기 자신에게 변함이 없으니 "선행은 쉽다"고 말한다. 성벽을 넘고 견고한 요새를 건너뛰며, 신분을 꾸미고, 자물쇠를 훔치며, 찬탈하고 죽이고 속이고 헐뜯는 것은 사람의 본성이 아니다. 그러므로 "악행은 어렵다"고 말한다.

지금 사람이 옥에 갇히는 죄를 범하고 처형되는 고통에 빠지는 원인은 만족할 줄 모르는 욕망에 끌려 세상의 법도에 따르지 않기 때문이다. 어떻게 이를 알 수 있는가? 천하에 선포된 법이 말한다. "묘를 파헤친 자는 죽이고 절도를 한 자에게는 형벌을 가한다." 이는 집정관이 맡은 일이다. 무릇 법령은 간악한 자들을 법망으로 포획하고 형사는 그들의 종적을 추적한다. 그러니 아무리 어리석은 자라도 악행을 저지르고 도망칠 수 없음을, 범법행위가 면죄될 수 없음을 모두 잘 알고 있다. 그런데도 자질이 부족한 자들은 자신의 욕망을 이기지 못해 사형되고 형벌을 받는 치욕을 당한다. 그리하여 입추立 秋가 지난 뒤 사법관이 차례로 성문을 나서면 시중에서 사형 당한 자의 피가 거리에 흘러넘친다. 어찌하여 재물을 얻는 데만 정신이 빠져 죽음의 재난을 보지 못하는가?

지금 병사들이 진을 치고 병기를 설치하여 양군이 대치한 가운데 장군이 "적군의 목을 베는 자에게는 벼슬을 주고 적군에게 굴복하는 자는 참수하겠다"는 명령을 내렸다고 치자. 부대의 병사들이 모두 진격해 적의 목을 베는 공을 세우기는 커녕 물러나 참수당하는 죄를 얻는다면, 이는 죽음의 공포에서 도망치려다 오히려 피할 수 없는 죽음에 직면하는 꼴이 된다. 그러므로 이로움과 해로움의 반전, 재앙과 복의 이어짐은 잘 살피지 않을 수 없다.


**제사는 귀신에게 아부하려고 지내는 것이 아니다**
○ 지금 세상에서 우물·부뚜막·대문·방문·쓰레받기· 빗자루·절구와 절굿공이 등을 제사지내는 것은 그것들이 신

령스러워 제사지낼 만하다고 여겨서가 아니다. 그것들의 은덕을 입으면서 신세지는 것에 대한 부담을 지울 수 없기 때문이다. 그러므로 시기를 정해 그 은덕을 기리는 것은 그것들의 공을 잊지 않으려는 까닭이다.

암벽에 부딪혀 솟구쳐 오른 구름이 뭉쳐 모여 하루아침에 천하에 비를 뿌릴 수 있게 하는 것은 오직 태산太山뿐이다. 가뭄이 3년 동안 이어져도 흐름이 끊기지 않고 연못이 백리에 걸쳐 이어져 초목을 윤택하게 하는 것은 오직 장강(長江: 양자강)과 황하黃河뿐이다. 그러므로 천자는 순위를 정해 놓고 이것들에 제사지낸다.

사람을 재난에서 구해낸 말이 죽으면 사람들이 후하게 장사지내고 사람에게 덕행이 있는 소가 죽으면 큰 소수레를 공물로 삼아 장사지낸다. 말과 소에게 공이 있어도 오히려 잊을 수 없거늘 하물며 사람에 대해서랴! 이야말로 성인이 어진 은혜를 중하게 여기는 이유이다.

그러기에 불을 발견한 염제炎帝는 죽은 뒤에 부뚜막의 신이 되었고, 천하를 경영한 우禹는 죽은 뒤에 땅의 신이 되었으며, 농경을 시작한 후직后稷은 죽은 뒤에 곡물의 신이 되었고, 천하의 해로움을 제거한 예羿는 죽은 뒤에 재앙을 없애는 종포宗布의 신이 되었다. 이야말로 여러 신을 세운 연유다.

## 존귀함은 도에서 비롯한다

○ 무릇 올빼미는 눈이 크지만 시력은 쥐에 미치지 못하고 노래기는 발이 많지만 빨리 가는 것은 뱀에 미치지 못한다. 사물 가운데는 크면서도 작은 것만 못하고 많으면서도 적은 것만 못한 것이 있다. 하물며 강한 것이 약한 것이 되고, 약한 것이 강한 것이 되며, 위험한 것이 안전한 것이 되고, 보존하는 것이 잃는 것이 됨에 이르면 성인이 아니고서야 누가 이를 꿰뚫어 볼 수 있겠는가? 크고 작고 존귀하고 비천한 따위의 구분은 논할 가치조차 없다. 오로지 도가 있는 것이 존귀할 뿐이다. 어떻게 그것을 알 수 있는가?

천자가 교외의 정자에 머무르면 고관대작들이 종종걸음으로 바삐 움직이며 앉은 자는 몸을 구부리고 기대고 있던 자는 자세를 바로잡는다. 하지만 바로 이 때, 궁궐의 전각에서는 신하들이 갓을 벗고 검을 풀어놓으며 허리띠를 느슨히 하여 휴식을 취한다. 교외의 정자가 넓고 궁궐 전각이 협소해서 그런 것이 아니다. 지극히 존귀한 천자가 교외의 정자에 머물고 있기 때문이다.

하늘의 도가 존귀하니 특별히 천자만 이를 귀하게 여기지 않는다. 도가 있으면 만물이 우러른다. 겨울잠을 자는 곤충이나 까치집까지 모두 하나같이 하늘을 향하는 것은, 지극한 화기和氣가 그곳에 있기 때문이다. 제왕이 정성스럽게 도를 품고 지극한 화기와 일체가 된다면 금수와 초목조차도 그 혜택을 입지 않는 것이 없을 터인데, 하물며 백성이야 더 말할 것이 있겠는가?

# 제14권 전언훈詮言訓

**(요략)**

　'전언詮言'은 인간 세상사의 요지를 유추하고 치세와 난세의 요체를 풀어 비유하기 위한 내용이다.(이하 생략)


**'태일太一'을 말하다**

　○ 천지를 하나로 꿰뚫으며 혼돈하고 질박해 조작하지 않고도 만물을 이루어내는 것을 '태일太一'이라고 한다. 하나의 근원에서 생겨났으나 행하는 바가 각기 달라 새도 되고 물고기도 되고 짐승도 되는 것을 '나뉜 사물(分物)'이라고 한다.

　개체군은 종류로 구별하고 사물은 무리로 구분하는데 그 각자의 본성이 다르다. 모두 유형의 모습을 갖추고 종이 갈려

서로 통하지 않으며 나뉘어 만물이 되니 그 근원을 소급할 수 없다. 그러므로 움직이면 이를 '살았다(生)'고 하고 죽으면 이를 '다했다(窮)'고 한다. 이 모든 것은 사물일 뿐, 사물이 아니면서 '사물을 사물이게끔 하는 것(物物者)'은 아니다. 사물을 사물이게끔 하는 것은 만물 가운데 없다.

태초의 일을 생각해 보면 사람은 무無에서 생겨나 유형의 모습을 갖추었는데, 형체가 있으므로 사물에 제약을 받는다. 그 생겨난 근원으로 되돌아가 마치 형체가 없는 것 같은 사람을 '진인眞人'이라고 일컬으니 진인은 본디 태일에서 분리한 적이 없는 사람이다.

## 근본을 지키는 것이 중요하다

○ 성인은 명예의 주인공이 되지 않고, 정략의 출처가 되지 않으며, 사업의 책임자가 되지 않고, 지략의 주체가 되지도 않는다. 형체 없이 숨고 흔적 없이 다니며 아무런 조짐도 없이 노닌다. 복이 따르는 일을 하지 않고 화를 부르는 일도 하지 않으며, 심신을 텅 비우고, 부득이해야 비로소 움직인다.

복을 바라는 자가 혹은 화를 입고 이익을 구하는 자가 혹은 해를 입는다. 그러므로 무위無爲하여 편안한 사람이 그 편안함의 근원을 잃으면 위험에 빠지고, 아무 일이 없이 잘 다스리던 사람이 그 다스림의 근본을 잃으면 혼란스러워진다.

별은 하늘에서 밝게 빛나기 때문에 사람들이 손가락으로 이를 가리킨다. 큰 뜻은 덕에서 드러나기 때문에 사람들이 이를 주시한다. 그런데 사람들이 손가락으로 가리키던 별이 이동하면 단지 그 광채만 남고, 사람들이 주시하던 큰 뜻이 움직이면 단지 그 흔적만 남는다. 별이 이동해 광채만 남으면 아무 것도 아니고, 큰 뜻이 움직여 행적만 남으면 논란거리가 될 뿐이다. 그러므로 성인은 총명함을 가려 밖으로 드러내지 않고 행적을 숨겨 무위를 유지한다.

용맹했던 왕자 경기慶忌는 검으로 죽음을 당했고, 활을 잘 쏘던 예羿는 복숭아나무 몽둥이에 맞아 죽었으며, 공자의 제자인 자로子路는 위나라에서 소금에 절여졌고, 말 잘하던 소진蘇秦은 입을 잘못 놀려 죽임을 당했다.

사람들은 누구나 자기가 가진 재능을 귀하게 여기고 자기에게 부족한 자질은 하찮게 여긴다. 뿐만 아니라, 대개 자신이 귀하게 여기는 재능에 탐닉해 자신이 하찮게 여기는 자질을 끝까지 방치하니, 귀하게 여기는 재능은 현저해지지만 하찮게 여기는 자질은 소실된다. 그리하여 호랑이와 표범 같은 맹수는 강한 탓에 사살되고 원숭이는 민첩한 탓에 포획 당한다. 사람이 자신의 하찮은 능력을 귀하게 여기고 자신의 귀한 재능을 하찮게 여길 수 있다면, 가히 그와 더불어 지극한 도를 말할 수 있을 것이다.

## 사대事大는 망국의 지름길이다

○ 외교로 원조를 구하고 대국을 섬겨 안전을 보장받는 것은 내정을 튼튼히 하면서 시기를 기다리는 것만 못하다. 무릇 다른 사람을 섬기는 자는 진귀한 공물을 바치지 않으면 비굴한 언사를 써야 한다. 진귀한 보물로 섬긴다면 재화가 바닥나더라도 (재물을 받는 자의) 욕망이 충족되지 않을 것이고, 몸을 낮춰 좋은 말로 비위나 맞추면 아무리 상대를 달래도 정상적인 교류관계가 맺어지지 않는다. 불평등한 조약을 맺으면 규약이 정해지더라도 바로 등을 돌리고 만다. 비록 나라의 반을 쪼개어 바치더라도 스스로 믿을 만한 도가 없으면 나라를 온전히 보존할 수 없다.

밖으로 외세와 하는 교류에 의존하는 정책을 버리고 나라 안을 신중히 다스리며, 경제력을 키워 저축을 늘이고, 그 백성들이 목숨을 다해 나라를 지키도록 독려하며, 위아래가 한마음이 되고 군주와 신하가 한 뜻이 되어 함께 사직을 지키고, 죽음에 이르러도 그 백성이 이탈하지 않게 되면, 명분을 앞세우는 자가 무고하게 공격하지 않고 이익을 구하는 자가 이기기 어려운 싸움을 걸지도 않을 것이다. 이것이야말로 반드시 나라를 지키는 도다.

## 정기正氣를 지키고 사기邪氣를 제거하는 길

○ 성인聖人은 마음이 우세하고 범인凡人은 욕망이 우세하다. 군자는 바른 기운으로 행하고 소인은 요망한 기운으로 행한다. 안으로 본성에 따르고 밖으로 의로움에 부합하며, 순리대로 움직이고 사물에 사로잡히지 않는 것은 '바른 기운(正氣)'이다. 미식에 편중하고, 음악과 미색을 탐닉하며, 희노애락의 감정을 드러내고, 근심거리를 돌보지 않는 것은 '요망한 기운(邪氣)'이다. 요망한 기운과 바른 기운은 서로 손상하고 욕망과 본성은 서로 해쳐 도저히 양립할 수 없으니, 한 쪽이 서면 한 쪽은 사라진다. 그런 까닭에 성인은 욕망을 줄이고 본성을 따른다.

눈은 색을 좋아하고, 귀는 소리를 좋아하며, 입은 맛을 좋아한다. 만나면 기뻐하고 이로움과 해로움을 분별하지 않는 것은 욕망이다. 먹어서 신체에 해가 되고, 들어서 도에 어긋나며, 보아서 본성을 상하게 한다. 먹고 듣고 보는 이 세 감각 기관이 서로 다툴 때 의로움에 의하여 이것을 제어하는 것은 마음이다.

종기를 째면 아프고 극약을 먹으면 쓰지만, 이런 일을 하는 것은 몸에 좋기 때문이다. 목마를 때 물을 들이키면 시원하고 배고플 때 듬뿍 먹으면 포만하지만, 이를 못하게 하는 것은 본성에 해가 되기 때문이다. 이 네 가지에 대하여 귀·

눈·코·입 따위는 취하거나 버릴 줄 모르고 마음이 제어해야만 각각 그 적합함을 얻게 된다. 이로써 볼 때 욕망을 갈구하면 절대로 현명할 수 없다.

대저 몸을 다스리고 본성을 함양하며, 잠자리를 절제하고, 음식을 적절히 먹으며, 희로애락의 감정을 조화시키고, 활동을 편안하게 하여 자기에게 본래 있는 것을 얻는다면, 요망한 기운이 생기지 않는다. 이것이 어찌 암과 종기가 생기는 것을 근심하여 예비하는 따위와 같겠는가? 쇠고기를 삶는 솥에 물이 펄펄 끓으면 파리나 등에 따위가 근접하지 못한다. 곤륜산의 옥으로 귀고리를 하면 먼지와 때 따위는 끼지 않는다.

성인은 버리는 마음이 없이도 마음에 추함이 없고 몸에 지니는 아름다운 물건이 없이도 아름다움을 잃지 않는다. 그러므로 제사지낼 때는 부모를 생각할 뿐, 복을 구하지는 않는다. 귀한 손님으로 대접받는 향응에서도 경건함을 유지할 뿐, 덕을 입을 생각을 하지 않는다. 오직 구하지 않는 사람만이 능히 그것을 가질 수 있다.

높은 자리에 있는 사람이 공도公道로 일을 처리해 사사로움이 없으면 존귀하다고 칭송하지 현명하다고 칭송하지 않는다. 큰 땅을 가진 사람이 정해진 규칙에 따라 일을 처리해 권모술수가 없으면 공평하다고 칭송하지 지혜롭다고 칭송하지 않는다. 안으로는 폭정으로 백성의 원성을 사는 일이 없고 밖으로는 책모로 제후들의 반감을 사는 일이 없으면 위아래가 엄정한 질서를 이루어 이반하지 않고 비판하려는 자가 아무 조짐도 보지 못한다. 이것이 이른바 '무형無形에 감춘다'는 것이다. 무형에 감추지 않는다면 어찌 능히 드러날 수 있겠는가?

# 제15권 병략훈兵略訓

**(요략)**

　'병략兵略'은 싸워 이기고 공격해 승리하는 전술, 군사의 형세, 고도의 기만술을 밝히고 시세에 따르는 도를 체득하고 몸을 뒤로하는 논의를 견지하기 위한 내용이다. 전쟁도 도가 아니면 수행하기 어렵고 공격과 수비도 덕이 아니면 강고할 수 없음을 알리기 위함이다.

**전쟁의 기원을 말하다**

　○ 옛날의 전쟁은 땅을 넓히고 재물을 구하려는 책략이 아니다. 이로써 망하는 나라를 보존하고, 후대가 끊어질 위기에 놓인 집안의 대를 이어주며, 천하의 난을 평정하고, 만민의

해로움을 제거하고자 했을 뿐이다.

무릇 혈기가 있는 동물은 이가 있고 뿔이 나며 앞발톱과 뒷발굽이 있다. 이가 있는 것은 물고, 독이 있는 것은 쏘며, 발굽이 있는 것은 걷어찬다. 기쁘면 서로 희롱하지만 화가 나면 서로를 해치니, 이는 곧 천성이다.

사람은 입고 먹으려는 본성이 있는데 물량은 이를 충족시키기에 부족하다. 그러므로 사람이 무리지어 섞여 살면서 분배가 균등치 않고 욕구가 충족되지 않으면 다툼이 일어난다. 다툼이 일어나면 강한 자가 약한 자를 위협하고 용맹한 자가 비겁한 자를 범한다.

사람은 강한 근육과 뼈가 없고 날카로운 이빨도 없다. 그러므로 가죽을 오려 갑옷을 만들고, 쇠를 녹여 칼을 만들었다. 탐욕스러운 사람이 이를 가지고 천하를 해치니 만민이 동란에 빠져 편히 안주하지 못하게 되었다. 그러자 성인이 분연히 일어나 포악한 자를 토벌하고 난세를 평정하며 위험을 없애고 더러움을 제거하며 탁한 것을 맑게 하고 위험을 편안하게 다스렸다. 그리하여 인류가 중도에 멸망하지 않고 이어져 왔다.

전쟁의 기원은 아득하다. 황제黃帝가 일찍이 염제炎帝와 싸우고, 전욱顓頊은 일찍이 공공共工과 싸웠다. 또 황제는 탁록涿鹿의 들에서 싸우고 요堯는 단수丹水 가에서 싸웠으며,

순舜은 유묘有苗를 정벌했고, 계啓는 유호有扈를 공격했다. 성스러운 오제五帝 시대부터 전쟁을 억지하지 못한 것이다. 하물며 쇠락한 세상에서야!

무릇 전쟁은 포악을 금지하고 난을 토벌하고자 하는 것이다. 염제가 화재를 일으켰기 때문에 황제가 그를 사로잡았고, 공공은 수해를 일으켰기 때문에 전욱이 그를 죽였다. 도道로 가르치고 덕으로 인도해도 듣지 않으며 위세로 다스려도 따르지 않으면, 결국 군대로 제압하게 된다. 그러므로 성인이 벌이는 전쟁은 헝클어진 머리에 빗질을 하고 밭의 잡초를 뽑는 것 같아서 잃는 것이 적고 이로운 바가 많다.

## 전쟁에서 승리하는 법

○ 탕湯의 영토가 사방 70리에 지나지 않았지만 그가 왕이 된 것은 덕을 닦았기 때문이다. 지백智伯이 사방 천리의 영토를 가지고도 망한 것은 무력에만 의지했기 때문이다. 따라서 작은 나라라도 문치의 덕을 행하면 왕국이 되고, 큰 나라라도 전쟁을 좋아하면 멸망한다.

그러므로 완전한 전쟁은 먼저 승리한 뒤에 싸우고, 패배하는 전쟁은 먼저 싸운 뒤에 승리를 구한다. 덕이 같다면 수가 많은 자가 적은 자를 이길 것이고, 병력이 필적한다면 지혜로운 자가 어리석은 자를 이길 것이며, 세력이 대등하다면 전략이 있는 자가 전략이 없는 자를 포획할 것이다.

　무릇 병력을 움직이는 자는 반드시 조정에서 우선 작전을 짜니 군주는 어느 편이 현명한가, 장수는 어느 편이 유능한가, 민심은 어느 편인가, 나라는 어느 편이 잘 다스려지는가, 재물은 어느 편이 많은가, 병졸은 어느 편이 정예인가, 무기는 어느 편이 예리한가, 장비는 어느 쪽이 편리한가를 따진다. 그러므로 조정에서 전쟁의 판세를 가늠하고 천리 밖에서 승리를 결판 짓는다.

# 제16권 설산훈說山訓 / 제17권 설림훈說林訓*

**(요략)**

　설산說山과 설림說林은 세상만사의 막힌 것에 구멍을 뚫어 만물을 구속하는 질곡을 개통하기 위한 글이다. 비유하고, 눈에 보이는 예를 들고, 천차만별의 이야기를 늘어놓는다. 이로써 사람의 마음을 정리하고, 엉켜 맺힌 것을 풀며, 뭉친 것을 펴서, 사물의 조짐을 밝힌다.

---

\* 설산說山과 설림說林은 말 그대로 '이야기의 산과 숲'이다. 여러 전설과 문헌에서 가려 뽑은 이야기들이 모여 산이 되고 숲을 이루었다. 하지만 워낙 천차만별인 단편들인지라 여기서는 이 두 편의 취지를 밝히는 「요략」의 글을 소개하는 것으로 발췌를 대신한다.

# 제18권 인간훈人間訓

**(요략)**

　'인간人間'은 화복禍福의 변화와 이해利害의 반전을 관찰하고 득실의 자취를 탐사하며 일을 시작하고 끝내는 경과를 드러내고자 하는 내용이다.(이하 생략)

**인생사의 세 가지 위험**

　○ 천하에 세 가지 위험이 있다. 덕이 적으면서도 큰 총애를 받는 것이 첫 번째 위험이다. 재능이 천박한데도 지위가 높은 것이 두 번째 위험이다. 몸소 쌓은 공이 없는데도 많은 봉급을 받는 것이 세 번째 위험이다. 그러므로 사물은 때로 손해를 보는 것이 오히려 이익이 되고, 때로는 이익을 보는 것

이 도리어 손해가 되곤 한다.

## 천성을 지키면서도 세속에서 사는 길

○ 천지자연의 섭리를 알고 사람이 행하는 바를 알면 그에게 세상을 맡길 수 있다. 천지자연만 알고 인사를 모르면 세속과 교류할 수가 없고 사람의 일만 알고 천지자연을 모른다면 도道와 더불어 노닐 수 없다.

…… 도를 얻은 선비는 밖으로 사물에 따라 변하지만 내면은 변하지 않는다. 밖으로 변하는 것은 사람들 속으로 들어가기 위한 것이고 내면이 변하지 않는 것은 몸을 보전하기 위한 것이다. 그러므로 내면에 일정한 지조를 지니고 밖으로 천변만화千變萬化하여 사물의 추이와 함께한다. 그리하면 수많은 일을 하면서 그 무엇에도 함몰되지 않는다. 성인을 귀하게 받드는 까닭은 그들이 용처럼 변할 수 있기 때문이다.


○ 지금 온 힘을 다해 하나의 절도만 지키고 하나의 행위만 밀고 나가 비록 부서지고 멸망하더라도 오히려 더욱 변하지 않는 사람이 있다. 이런 자는 자기가 선호하는 작은 가르침만을 살필 뿐 대도大道에는 막혀 있다.

# 제19권 수무훈脩務訓

**(요략)**

　'수무脩務'는 사람이 도에 미숙하고 논의가 천박하면서도 문장이나 꾸미는 것을 돌이켜 청정淸淨을 떳떳하게 여기고, 염담恬淡을 근본으로 삼으며, 구태의연한 학문을 버리고, 자연스러운 욕구와 감정에 충실하고, 자유자재로 방일하여, 큰 도에 합치되기 위한 내용이다.(이하 생략)

**무위와 유위**

　○ 내가 말하는 '무위無爲'란 사심이 공적인 일에 끼어들지 않고, 욕심이 올바른 수단을 왜곡하지 않으며, 순리대로 일을 처리하고, 자질대로 공을 세우며, 자연스러운 추세에 따

라서 편법이 용납하지 않도록 하는 것이다. 그러므로 일을 성취하더라도 자신을 자랑하지 않고 공을 세워도 명성을 가지지 않는다. 무위란 느껴도 반응하지 않고 공격해도 움직이지 않는 것 따위를 가리키는 것이 아니다.

만약 불을 피워 우물을 말리고 회하淮河 같은 큰 강물로 산에 물을 댄다면, 이는 자기 힘을 써서 자연에 거역하는 것이다. 따라서 이런 것을 '유위有爲'라고 한다.

하지만 물위를 가는 데는 배를 이용하고 모래땅을 가는 데는 작은 수레를 이용하며, 늪지를 가는 데는 썰매를 이용하고, 산길을 가는 데 가마를 이용하며, 비가 많은 여름에는 도랑을 트고, 물이 귀한 겨울에는 물을 막으며, 높은 곳에는 밭을 만들고, 낮은 곳에는 연못을 만드니, 이런 것들은 내가 말하는 '유위'가 아니다. (이처럼 자연의 순리에 따르는 것은 곧 '무위'다)

# 제20권 태족훈泰族訓

**(요략)**

'태족泰族'은 팔방의 극한을 가로지르고 지극히 높은 경지에 이르러 위로는 해·달·별과 함께 빛을 발하고, 아래로는 물·불과 조화를 이루며, 고금의 도를 경영하고, 윤리 질서를 다스리며, 천하 만방의 요지를 총괄하여 하나의 근본으로 돌아가는 내용이다. (이하 생략)

## 사람의 신명은 천지의 신명과 통한다

○ 은나라 고종高宗이 복상服喪하는 3년 동안 말을 하지 않았는데 나라 안이 잠잠해 아주 조용했다. 그러다가 한 마디 말을 하자 천하가 크게 움직였다. 이는 하늘의 뜻에 따라 입

을 열고 닫은 것이다.

그러므로 한번 그 뿌리가 움직이면 수많은 가지가 모두 반응한다. 마치 봄비가 만물을 적시는 것이 사방으로 졸졸졸 흐르며 흠뻑 퍼져서 모든 땅을 골고루 적시고 만물을 살리는 것과도 같다.

따라서 성인은 하늘의 마음을 품고 호령을 하듯이 천하를 움직이고 감화시킬 수 있는 사람이다. 정성이 내면에서 감응하면 형기形氣가 하늘에서 움직이고, 신성한 별이 나타나며, 황룡이 내려오고, 상서로운 봉황이 날아오며, 단 샘물이 솟아오르고, 아름다운 곡식이 자라며, 하천은 범람하지 않고, 바다에는 큰 파도가 일지 않는다. 그러므로 『시경』에서 "온갖 신(百神)을 회유하여 큰 강과 높은 산에도 그 정성이 미친다"고 한다.

그러나 천지자연에 거역하고 만물을 학대하면 해와 달은 일식과 월식을 일으키고, 오성五星은 운행궤도를 벗어나며, 네 계절은 혼란해지고, 낮이 어둡고 밤이 밝아지며, 산은 무너지고 강은 마르며, 겨울에 우레가 치고 여름에 서리가 내리게 된다. 『시경』에서도 "정월에 서리가 내리니 내 마음이 우울하다"고 했다. 하늘과 사람은 서로 통하는 바가 있다.

그러므로 나라가 위태로워지면 천문에 변화가 일어나고 세상이 혼란스러워지면 불길한 무지개가 나타난다. 만물은 서로 이어진 바가 있고 '정기(精)'와 '재앙을 일으키는 기운(沴)'은 서로를 쓸어내는 경향이 있다. 따라서 신명神明의 일은 지혜와 기교로 알 수 없고 근력으로 힘써서 이를 수도 없다.

## 자기를 다스리지 못하면, 천하도 다스릴 수 없다

○ 패왕霸王의 업을 이루려는 사람은 반드시 승리하는 자다. 승리하는 사람은 반드시 강한 자다. 강한 사람은 반드시 남의 힘을 쓰는 자다. 남의 힘을 쓸 수 있는 사람은 반드시 사람의 마음을 얻은 자다. 사람의 마음을 얻을 수 있는 사람은 반드시 자신의 주인이 된 자다. 따라서 마음은 몸의 근본이며 몸은 나라의 근본이다. 자신의 주인이 되고도 사람을 잃는 자는 없다. 자신을 잃어버리고 사람을 얻는 자도 없다.

정치의 근본은 백성을 안정시키는 것이다. 백성을 안정시키는 근본은 일용을 충족시키는 것이다. 일용을 충족시키는 근본은 농번기에 백성을 동원하지 않는 것이다. 농번기에 백성을 동원하지 않는 근본은 일을 줄이는 것이다. 일을 줄이는 근본은 아껴 쓰는 것이다. 아껴 쓰는 근본은 본성을 돌이키는 것이다. 그 근본을 흔들어 놓고 그 말단을 고요하게 하거나 그 근원을 흐려놓고 그 지류를 맑게 할 수는 없다.

## 근본과 말단本末

○ 학자가 천지자연의 질서와 인간사의 차이를 명찰하고, 다스림과 혼란의 근본에 통달하며, 마음을 맑은 상태로 유지하고, 사물의 처음과 끝을 볼 수 있다면, 도道의 대략을 알았다고 말할 수 있다.

천지자연의 질서가 다스리는 것은 금수와 초목이고, 사람이 다스리는 것은 예절과 제도다. 집을 지어 궁궐과 방을 만들고 기물을 제작해 배와 수레를 만드는 등이 그것이다.

나라를 다스리는 근본이 되는 것은 인의仁義고 말단이 되는 것은 법과 제도이다. 무릇 사람이 생명을 살리는 것이 근본이고 죽이는 것이 말단이다.

근본과 말단은 일체다. 그 두 가지에 애착을 가지는 것도 실은 하나의 본성이다. 단지 근본이 우선이고 말단이 나중인 사람을 '군자'라고 하며, 말단으로 근본을 해치는 사람을 '소인'이라고 한다. 군자와 소인의 본성이 다르지 않다. 그 차이는 무엇을 우선시하고 무엇을 뒤로 돌리는가에 달렸을 뿐이다.

초목은 굵은 것을 근본으로 하고 가는 것을 말단으로 한다. 금수의 본성은 큰 것을 머리로 하고 작은 것을 꼬리로 한다. 말단이 근본보다 크면 부러지고 꼬리가 허리보다 크면 움직이지 못한다. 그러므로 입으로 먹는데도 온 몸의 마디마디가 살찌고 뿌리에 물을 주는데도 가지와 잎이 아름다워진다. 이는 천지의 본성이다. 천지가 만물을 살리는 데는 근본과 말단이 있고 만물을 기르는 데는 앞뒤가 있다. 사람이 세상을 다스리는 데 어찌 처음과 끝이 없겠는가? 그러기에 인의仁義야말로 다스림의 근본이다. 지금 그 근본을 닦는 데 종사할 줄 모르고 그 말단을 다스리는 데만 힘쓴다면, 이는 그 뿌리를 내버려두고 가지에 물을 주는 것과 같다.

또한 법의 발생은 인의를 보완하기 위한 것이었다. 그런데 지금 법을 중시하고 인의를 버린다면 이는 갓과 신발을 귀중히 여기면서 정작 머리와 발을 망각하는 것과 같다. 그러므로 인의는 기반을 두텁게 다지는 것이다. 기반을 두텁게 하지 않고 그 규모만 확장한 건물은 무너지고, 기반을 넓히지 않고 그 높이만 올린 건물은 전복된다.

조정趙政은 자신의 덕을 쌓지 않고 그 지위만 높였기 때문에 멸망했다. 지백智伯은 인의를 행하지 않고 영토의 확장에만 힘썼기 때문에 그 나라가 망했다. 『국어國語』에서 말했다. "그 주춧돌이 크지 않으면 무게를 견디지 못한다. 무겁기로는 국가만 한 것이 없고 주춧돌로는 덕德만 한 것이 없다."

4부

관련서 및 연표

유안의 모반 이후 『회남자』는 궁중 도서관 한구석에 처박혀 한동안 잊힌 책이

되었다. 그러다가 서한 말 유향劉向이 도서목록을 정리하면서 세간에 다시 회

자되었고 동한 시기에 와서 허신許愼·마융馬融·연독延篤·노식盧植·고유高

誘 등이 주석을 달았다. 하지만 그 대부분을 소실하고 허신의 주석을 일부 포

함한 고유의 주석본만 전해진다. 게다가 후대의 유학자들이 『회남자』를 이단

으로 배척했기 때문에 1천8백 년 가까이 단지 한두 편의 주석이 더해졌을 뿐이

다. 현재 중국에 전하는 160여 종의 주석본은 제자諸子의 학설을 폭넓게 고증

하고 재해석하는 기풍이 일어난 청대 이후에 나온 것들이다.

# 관련서

## 1. 회남자의 판본과 주석서

고전은 판본과 간행시대에 따라 체제와 문자 등이 차이가 난다. 현존하는 『회남자』는 대개 「요략」을 포함해 21편의 체제로 이뤄져 있다. 유독 정통도장正統道藏본만 「원도」·「숙진」·「천문」·「지형」·「시칙」·「주술」·「범론」의 7편을 각각 상上과 하下로 나눠 모두 28편의 체제로 되어 있다. 『회남자』의 주요한 판본은 다음과 같다.

○ 명나라 정통正統10년(1445년)에 간행된 도장道藏본: 흔히 '정통도장본'이라고 한다. 위에서 언급한 것처럼 28권의

편제로 되어 있다. 현존하는 가장 오래된 판본으로 자료가치가 매우 높다.

○ 유묘생劉泖生이 북송北宋본을 필사한 판본: 흔히 '북송본'이라고 한다. 『사부총간四部叢刊』에 포함되어 있으며, 역시 자료가치가 높다.

○ 청나라 건륭乾隆53년(1788년)에 장규길莊逵吉이 도장본을 근간으로 북송본 등의 여러 판본을 대조·교정해 간행한 판본: 흔히 '장규길본'이라고 한다. 청대 이후의 학자들이 많이 참고하기는 했으나, 장규길이 저본으로 삼은 도장본이 정통도장본이 아닌 필사본으로 판명되는 등 오류가 적지 않다는 연구결과가 나와 있다.

이상 3종이 청나라 이전의 판본 가운데 가장 대표적인 것으로, 비교적 널리 공개되었으며 자료가치도 높다. 하지만 이외에 명·청 시대에 간행된 적잖은 판본들이 있다. 예를 들어, 명나라 홍치弘治14년에 간행된 왕보(王溥) 교정본, 명나라 가정嘉靖9년에 왕형등王瑩等이 간행한 판본, 명나라 만력萬曆7년에 간행된 주동광朱東光 편집본 등 십여 종의 판본이 있다. 이 판본들은 대부분 출판되지 않은 데다 각급 도서관의 귀중본실에 소장되어 있어 전문가가 아니면 접근하기 힘들다. 근대 이후에 정리되어 나온 판본으로는 다음 두 종을 추천할 만하다.

○ 중화민국12년(1933년) 북경대학 교수 등을 역임한 유문전劉文典이 장규길본을 근간으로 청나라 여러 학자들의 학설을 섭렵해 펴낸 『회남홍렬집해淮南鴻烈集解』의 판본: 최근까지 『회남자』를 연구하는 학자들이 가장 많이 참고한 판본이다. 중화서국中華書局이 1989년 '신편제자집성新編諸子集成'에 포함해 출판했으며, 1998년에는 은광희殷光熹가 유문전의 미공개 원고를 포함해 교정을 본 『회남홍렬집해』를 안휘安徽대학출판사와 운남雲南대학출판사에서 공동으로 출간했다.

○ 1997년 북경대학 중문과의 장쌍체張雙棣 교수가 정통 도장본을 근간으로 고대와 근대의 여러 판본을 대조해 펴낸 『회남자교석淮南子校釋』(上·下) 판본: 이전의 여러 판본을 꼼꼼히 대조하고 상세한 주석을 달아, 가독성은 물론 자료가치도 상당히 높다. 유문전의 『회남홍렬집해』본을 대신해 최근 널리 읽히고 있다.

한편 『회남자』의 주석서 역시 무수히 많다. 20세기 초까지 중국에서만 160여 종의 주석이 나왔다고 한다. 하지만 시기를 보면 후한 시대에 이뤄진 주석과 청대 이후에 나온 주석으로 크게 양분된다.

유안의 모반 이후 『회남자』는 궁중 도서관 한 구석에 처박혀 한동안 잊힌 책이 되었다. 그러다가 서한 말 유향劉向이 도서목록을 정리하면서 세간에 다시 회자되었고 동한 시기에 와서 허신許愼·마융馬融·연독延篤·노식盧植·고유高誘 등이 주석을 달았다. 하지만 그 대부분을 소실하고 허신의 주석을 일부 포함한 고유의 주석본만 전해진다. 게다가 후대의 유학자들이 『회남자』를 이단으로 배척했기 때문에 1천8백 년 가까이 단지 한두 편의 주석이 더해졌을 뿐이다.

청대에 와서 제자諸子의 학설을 폭넓게 고증하고 재해석하는 기풍이 일어나면서 『회남자』에 대한 주석도 비로소 쏟아져 나왔다. 그 가운데 특히 왕념손(王念孫, 1744~1832)과 그의 아들 왕인지(王引之, 1766~1834)가 『독서잡지讀書雜誌』에 남긴 연구와 주석이 가장 권위 있고, 유월(俞樾, 1821~1907)의 『제자평의諸子平議』에 포함된 주석, 도방기(陶方琦, 1845~1884)의 『회남자허주이동고淮南子許注異同詁』, 유가립(劉家立, 1846~?)의 『회남집증淮南集證』(中華書局, 1923) 등이 유명하다.

근대 이후에는 앞서 소개한 유문전의 주석본이 『회남자』 연구에 큰 영향을 미쳤다. 대만의 왕숙민王叔民이 1964년에 출간한 『제자각증諸子斠證』에 포함된 내용, 그리고 그의 제자인 정양수鄭良樹의 『회남자각리淮南子斠理』와 우대성于大成의 『회남자교석淮南子校釋』등도 중요하다. 근자에는 위에서 언급한 장쌍체의 『회남자교석』이 학계에서 널리 읽히고 있다.

## 2. 우리말 번역서와 연구서

다른 제자諸子 연구도 그렇지만 우리나라의 『회남자』 번역과 연구는 그리 활성화되지 않았다. 우리나라의 동양철학 연구는 유학, 그것도 성리학 연구가 지나치게 비대한 기현상을 보인다. 반면 다른 분야의 연구는 매우 빈약하다. 그나마 유학과 불교를 제외하고 '학계'로 부를 수 있는 정도의 연구 인력과 성과를 축적한 분야가 도가(도교) 영역인데 여기서도 주된 논의는 노자와 장자에 집중해 왔다.

최근 들어서야 비로소 연구 분야가 확장하고 있으며, 특히 『회남자』에 대한 연구를 상대적으로 증대했다. 이는 시기로 볼 때 『회남자』가 『노자』 『장자』의 바로 뒤를 잇는 데다, 이른바 '황로학'에 대한 관심이 증대하면서 생긴 현상이다. 어쨌거나 1990년대 중반 이후 우리나라 연구자가 국내외에서 『회남자』를 주제로 쓴 4편의 박사학위 논문이 나왔고, 십여 편의 연구논문도 발표했다. 학위논문으로는 김동천의 「회남자의 원도론과 경세론 연구」(서강대학교 박사학위 논문, 1995), 김용섭의 「회남자 철학체계의 연구」(경북대학교 박사학위 논문, 1996), 이석명의 「『회남자』의 무위론 연구」(고려대학교 박사학위 논문, 1997), 박승현의 「『淮南子』與漢初的莊學」(北京大學 박사학위 논문, 1999)이 있다.

전문적인 연구서 말고도 독자들이 쉽게 접할 수 있는 번역서와 저서 역시 충분치 못하다. 번역서로는 이석호가 1972년 을유문화사에서 처음 출간했다가 1992년 다시 세계사에서 펴낸 『회남자』, 그리고 2001년 안길환이 명문당에서 펴낸 『신완역 회남자』(상·중·하)가 거의 전부다. 그나마 이석호의 책은 이미 절판되었으므로 안길환의 책이 시중에서 구할 수 있는 유일한 번역본이다. 안길환은 많은 동양 고전을 우리말로 옮긴 번역가로 난해한 『회남자』를 완역한 것만으로도 독서계에 큰 공헌을 했다고 할 수 있다. 하지만 전문 연구자가 아니어서 생긴 잘못된 번역과 빠진 내용이 위험수위를 넘는다. 사실 이것은 역자의 탓이라기보다 충실한 번역을 내놓지 못한 학계의 책임이 더 크다고 할 수 있다. 어쨌거나 당장 안길환의 번역을 대체할 책이 없으니 달리 추천할 만한 번역서가 있을 리 만무하다. 단지 독자들에게 이런 사정을 감안하고 시중의 번역서를 조심스럽게 읽을 것을 권할 도리밖에 없다.

연구서로는 이석명의 『회남자, 한대 지식의 집대성』(사계절, 2004)을 출간했다. '한대 지식의 집대성'이라는 부제를 달고 있는 것처럼, 이 책은 "중국 문화를 이해하기 위해서 한나라의 문화와 사상부터 접근해야 한다"는 취지로 『회남자』를 소개한다. 『회남자』로 석사와 박사 학위를 취득한 전문가다운 시선에서 『회남자』 사상의 전모를 평이하게 서술하는 장점을 가지고 있다. 김용섭 역시 『회남자』 연구로 박사학위를 취득한 연구자로 『회남자 철학의 세계』(경산대학교 출판부, 1997)를 출판했다. 박사학위 논문을 토대로 한 책인데 현재 절판되어 시중에서 구하기 어렵다.

과문인 필자가 e시대의 절대사상 시리즈에 『회남자』를 얹기로 한 데는 저간의 사정에 대한 안타까움이 컸다. 부분이나마 제대로 된 번역과 해설을 아울러 제공해 독자들이 『회남자』를 이해하는 데 작은 도움이라도 되기를 바라는 마음에서 이 책을 쓰기 시작했다. 철학사의 문맥에서 『회남자』를 소개하는 연구서는 이미 나와 있어서 나는 주로 고전이 현재 우리의 삶을 반추하는 거울이 되도록 하는 견지에서 『회남자』를 소개했다. 무엇보다 '고대 집단지성'의 문맥으로 『회남자』를 풀었다. 또한 비록 부분이나마 제대로 우리말로 옮기기 위해 한 글자 한 글자를 원문과 대조해 가며 세심하게 작업했다.

그것이 얼마나 성공을 거두었는지는 동료 전문가와 독자들이 판단할 문제지만, 어쨌거나 나로서는 유안 및 『회남자』와 더불어 매우 뜻 깊은 시간을 보낼 수 있었다. 부족한 글을 여기까지 읽어준 독자들에게 깊이 감사한다.

# 연표

유안의 행적을 전하는 자료로 『사기』 『한서』 등의 역사 기록이 있다. 연표는 주로 『사기』 「회남형산열전淮南衡山列傳」에 의거해 정리했다. 자료에 따라 연도 등이 다른 경우는 모두 『사기』를 기준으로 했다. 그런데 이 기록들은 모두 한나라 황실의 입장에서 저술되었다. 따라서 유안을 반역자로 보는 시각에서 꾸며낸 것으로 의심되는 내용이 많으나, 일단 연표에는 모두 포함시켰다. 이 점을 염두에 두고 연표를 보기 바란다.

## 기원전 199년

한고조 유방이 동원東垣에서 한왕韓王 신信의 반란을 토벌하고 회군하던 길에서 조나라를 들른다. 조나라 왕 장오張敖가 미인을 유방에게 바치고, 이 일로 미인은 유방의 아이를 임신한다.

## 기원전 198년

조왕의 역모에 연루되어 투옥된 미인은 옥중에서 아들 장長을 낳고, 한을 품은 채 자살한다. 유방이 유장을 거둬 황실에서 키운다.

## 기원전 196년

유방이 반란을 일으킨 회남왕 영포英布를 제거하고, 나이 어린 아들 유장을 회남왕으로 세운다.

## 기원전 180년

전한의 제5대 황제인 문제가 즉위했다.

## 기원전 179년

유장의 큰아들 유안이 출생한다. 유장은 자신이 황제의 최측근 인척임을 내세워 자주 국법을 어겼으나, 문제가 항상 이를 관대하게 용인했다.

## 기원전 177년

유장이 자주 조정에 들었는데, 심히 방자하였다. 황제와 한 수레를 타고 다니며, 항상 '형님'으로 불렀다. 유장이 어머니의 원한을 갚는다며 벽양후辟陽侯 심이기審食其를 철퇴로 내리쳐 죽였다. 문제는 마음이 상했으나 하나뿐인 형제의 일이므로 그 죄를 묻지 않았다. 그 후로 유장이 더욱 교만해졌으니, 귀국한 뒤 한나라의 국법을 지키지 않고 스스로 법령을 제정하는 등, 마치 황제처럼 군림했다.

## 기원전 174년

유장의 모반이 발각되었다. 유장은 장안으로 압송되었다가 촉蜀 땅으로 유배를 가던 중 옹雍 땅에서 스스로 굶어 죽었다. 문제가 동생의 죽음을 탄식하고 자신의 처사를 후회하며, 열후列侯의 예로 유장을 장사지냈다.

## 기원전 172년

문제가 유장의 죽음을 가엽게 여겨, 7~8세에 불과하던 유장의 어린 네 아들을 모두 열후로 봉했다.

## 기원전 168년

민간에 문제와 유장의 반목을 풍자하는 노래가 나돌았다. 이에 문제가 유장을 여왕厲王으로 추존하고, 제후의 위상을 복원했다.

## 기원전 164년

문제가 유장의 세 아들을 각각 왕으로 삼았다. 유안을 회남왕으로, 유발劉勃을 형산왕衡山王으로, 유사劉賜를 노강왕盧江王으로 봉했다. 유장의 남은 아들인 유량劉良은 그전에 죽었으며, 자식이 없었다. 이로써 유장이 다스렸던 땅이 모두 그의 자식들에게로 귀속되었다.

## 기원전 158년

유안이 조정에 들어왔다. 황제가 유안이 문장에 능하다는 것을 알고 『이소전離騷傳』을 지으라고 명했다. 유안이 아침에 명을 받고 저녁에 작품을 완성했다.

### 기원전 156년

전한의 제6대 황제인 경제가 즉위했다.

### 기원전 154년

오吳나라를 중심으로 일곱 제후국이 반란을 일으켰다. 이른바 '오초칠국吳楚七國의 난'이다. 유안의 형제들은 모두 이 난에 휘말리지 않았다.

### 기원전 153년

오초칠국의 난이 평정되고, 형산왕 유발이 조정에 들었다. 경제가 모반에 가담하지 않은 유발을 제북왕濟北王으로 삼아 치하하고, 노강왕은 형산왕으로 삼아 강북을 다스리게 했다. 회남왕은 변동이 없었다.

### 기원전 141년

전한의 제7대 황제인 무제가 즉위했다.

### 기원전 139년

유안이 조정에 들어 새로 지은 『내편』(『회남자』)을 바쳤다. 무제가 이를 아껴 깊숙이 보관했다. 태위太尉직에 있던 무안후武安侯 전분田蚡이 유안을 연회에 초청해 황제가 될 수 있다는 취지의 말을 하고, 유안이 이를 흡족히 여겨 금품을 하사했다고 한다. 유안이 은밀히 인재를 모으고 민심을 다독여, 모반을 준비했다고 한다.

## 기원전 135년

혜성이 출현했다. 누군가 이를 전쟁이 발발할 징조로 해석했고, 유안도 그렇다고 여겨 군대를 보강하는 한편 재정을 정비하고 인재를 끌어 모은다.

## 기원전 126년

무제가 회남왕에게 등받이 의자와 지팡이를 하사하고, 계절마다 조회하지 않아도 좋다는 특혜를 준다. 유안에게 릉陵이라는 딸이 있었는데, 유안이 딸에게 많은 돈을 주어 장안에 머물게 하면서 조정의 고관대작들과 교류하도록 했다. 또한 회남왕은 왕후 도荼와의 사이에서 태어난 아들 천遷을 일찌감치 태자로 삼았다. 그런데 태자비가 장안의 황제 측근들과 은밀히 내통하고 있어 유안에게 부담이 되었다. 이에 태자와 모의해, 태자비가 이혼을 자청하도록 일을 꾸민다. 계획이 적중하여 이혼이 이뤄진다.

## 기원전 124년

회남의 낭중郎中 뇌피雷被가 태자와 검투놀이를 하다가 실수로 태자를 다치게 한다. 태자가 뇌피에게 원한을 가지자, 불안해진 뇌피가 장안으로 도망쳐 자신의 무고한 면직과 회남왕의 모반을 고발한다. 조정에서 회남왕을 처벌해야 한다는 논의가 크게 일어났으나, 무제는 일단 회남왕의 영토에서 2개 군郡을 삭탈하는 처벌로 사건을 마무리한다. 이에 회남왕이 "내가 인의로 정치를 행했는데 땅을 삭탈당하니 참으로 부끄럽다"고 술회했다고 한다. 이를 기화로 모반이 더욱 깊이 진행되었다고 한다.

## 기원전 123년

유안에게 서자 불해不害가 있었는데, 유안은 물론 왕후와 태자까지 모두 그를 괄시했다. 이에 유불해의 아들 유건劉建이 앙심을 품고, 태자를 폐위시키려는 음모를 꾸미다 발각된다. 그러자 유건이 무제에게 회남왕 일가가 반역을 꾸미고 있다는 상소를 올린다. 조정에서 조사관이 파견되고, 모반으로 판결난다. 급기야 왕후와 태자가 잡히고 왕궁이 포위되었으며, 회남에 있던 유안의 빈객들이 모두 체포되었다. 이 사건과 연루되어 열후·유협·호걸 등 수천 명이 목숨을 잃었다.

## 기원전 122년

무제는 조왕趙王 팽조彭祖를 비롯한 43명의 열후들로 하여금 사건의 처리를 처결케 하였다. 유안의 처형이 결정되고, 이를 시행할 관원이 파견된다. 그런데 그 관원이 회남에 도착하기 전, 유안 스스로 목을 매어 자결한다. 왕후와 태자 천을 포함해 회남왕의 일족이 멸족 당한다. 이로써 회남국은 없어지고 구강군九江郡으로 편입되었다.

# 주

## 1부

1) 이에 관해서는 필자의 논문 「4세기 동아시아 질서의 재편과 한국사상의 전환─선교仙敎적 국가이념의 정비, 그리고 불교와 유교의 수용에 대한 재고찰」(한국동양철학회, 『동양철학』 제22집, 2004)을 참고할 수 있다. 논문은 필자의 홈페이지 http://www.AsianThought.com에 올라 있다.

2) "백가를 배척하고 오직 유교만을 숭상한다"는 의미의 "파출백가罷黜百家, 독존유술獨尊儒術" 정책으로, 동중서董仲舒가 한무제에게 건의한 것으로 알려져 있다. 한무제가 이 정책을 수용해 유교를 국교로 삼았고, 유학자들은 공자와 선진유가의 사상을 전면적으로 개조해 강력한 중앙집권체제에 부응하는 '경학經學'을 확립했다.

## 2부

1) 혼천설渾天說은 개천설 이후에 등장한 우주론이다. 우주를 달걀 모양에 비유해, 하늘을 달걀 껍데기처럼 땅을 노른자처럼 본 우주구조론이다. 이 학설은 후한後漢 때 장형張衡이 저술한 『혼천의渾天儀』에서 처음 보이며, 서구근대의 천문학이 소개되기 전까지 동아시아의 정통적 우주론이었다.

2) 『莊子』 「在宥」: 世俗之人, 皆喜人之同乎己, 而惡人之異於己也.

3) 『菜根譚』 88장: 靜中靜非眞靜, 動處靜得來, 纔是性天之眞境.

4) 天衾地席山爲枕, 月燭雲屛海作樽, 大醉居然仍起舞, 却嫌長袖掛崑崙.

**회남자** 고대 집단지성의 향연

| 펴낸날 | 초판 1쇄 | 2007년 5월 21일 |
| | 초판 4쇄 | 2021년 8월 13일 |

지은이    **김성환**
펴낸이    **심만수**
펴낸곳    **(주)살림출판사**
출판등록  1989년 11월 1일 제9-210호

주소      **경기도 파주시 광인사길 30**
전화      **031-955-1350**    팩스  **031-624-1356**
홈페이지  http://www.sallimbooks.com
이메일    book@sallimbooks.com

ISBN    978-89-522-0641-1    04080
ISBN    978-89-522-0314-4    04080 (세트)

※ 값은 뒤표지에 있습니다.
※ 잘못 만들어진 책은 구입하신 서점에서 바꾸어 드립니다.